하나님 나라에 홀리다

하나님 나라에 홀리다

초판 1쇄 인쇄 2020년 8월 20일
초판 1쇄 발행 2020년 8월 27일

지은이 최성욱
펴낸이 유동휘
펴낸곳 SFC출판부
등록 제104-95-65000
주소 (06593) 서울특별시 서초구 고무래로 10-5 2층 SFC출판부
Tel (02)596-8493
Fax 0505-300-5437
홈페이지 www.sfcbooks.com
이메일 sfcbooks@sfcbooks.com
기획 · 편집 편집부
디자인편집 최건호
ISBN 979-11-87942-44-3 (03230)
값 15,000원

하나님 나라에 올리다

천국소시민의 소소한 일탈

©최성욱

SFC

차례

2부_ 평화를 향한 선을 넘어 소통하다

하나님 나라는 성경의 중심주제다. 예수님께서도 하나님 나라의 복음만을 전파하셨다. 그런 까닭에 예수님께서 세우신 교회는 모든 영역에서의 선교사역을 통해 하나님 나라의 확장을 이루어간다. SFC는 이 땅의 청소년과 청년들에게 하나님 나라의 복음을 전파하는 사역을 70년 이상 쉬지 않고 이어왔다. 지난 20여 년 이 운동의 캠퍼스간사로 섬긴 저자는 뜨거운 열정으로 청년들을 품어왔다. 그리고 그들을 하나님 나라의 복음으로 사로잡아 개혁주의 교회건설과 캠퍼스복음화, 세계복음화를 위해 헌신하도록 이끌었다. 그런 의미에서, 청년들이 급격히 교회를 떠나는 시대의 뒤틀림 속에서 그들을 품고 그들의 걸음을 되돌릴 복음의 열정과 청년 사랑의 길을 이 책을 통해 발견하게 되길 기대하며 추천한다.

신수인 목사 대한예수교 장로회 고신총회장

'하나님 나라'란 주제를 어떻게 잘 전달할 수 있을까? 특히 청년들에게 그것을 오늘의 언어로 풀어낼 수 있을까? 우리의 고민은 가장 고전적 주제를 가장 현대적 언어 속에 어떻게 담아내느냐 하는 것인데, 그 힘든 작업을 이 책은 매우 성공적으로 해내고 있다. 하나님 나라 담론이 오늘 여기의 이야기처럼 들린다. 저자가 구사하는 언어들도 매우 바삭바삭하고 구수하다. 이렇게 맛있는 책읽기는 오랜만이다.

정현구 목사서울영동교회 담임

가치관이 격변하는 우리 시대에는 청년사역이 곧 땅끝이다. 그 싸움의 최전방에서 평생을 헌신한 베테랑 사역자의 진솔하고 예리하고 따뜻한 고백에는 처절함과 행복이 공존한다. 무엇보다 시대의 아픔을 청년들과 공감하고자 하는 큰 가슴에는 나라와 민족 그리고 전체 교회까지 품었다.

홀린 사람이 쓴 홀리는 글이다. 몇 쪽을 넘기기도 전에 포괄적 패턴이 드러나기 시작하고 이내 큰 그림이 눈앞에 그려진다. 저자와 함께 성경과 신학 그리고 정치, 경제, 인문학을 넘나드는 동안 청년이나 청년사역자들뿐 아니라 목회자와 교인들까지 하나님의 나라를 이 땅에 구현하고자 하는 열정에 다시금 사로잡히게 될 것이다.

권수경 교수고려신학대학원 변증학

처음에 제목만 보고 대충 이런 책청년들의 감성을 자극해서 헌신을 요구하는 책이 아닐까 생각하고 한 장씩 읽어가는데 어! 어! 하면서 문장들이 나를 끌어들인다. 빠르게 속독을 하려고 했는데 한 문장 한 문장이 쉽게 놓아주지를 않는다. 결국 많은 시간을 들여 정독을 할 수밖에 없었다.

이 책은 한마디로 '이런 책이다'라고 분류하기가 쉽지 않다. 우선 신학적으로 정통 개혁주의 신학의 전통에 기반하고 있지만 보수 신학에서 제시한 교리의 선을 넘어가면 어떻게 하나

벌벌 떨면서 사람들을 통제하려 들지 않는다. 오히려 개혁주의 신학에 대한 자신감을 바탕으로 다양한 신학적 전통에서 고민해 온 내용을 주체적으로 인용하고 수용하면서 하나님 나라의 풍성함과 부유함을 드러낸다.

기본적으로 청년 목회와 관련된 내용을 다루지만 청년들이 혹시 세상에 물들까 하는 두려움에서 교회 밖으로 한 발자국도 못 나가게 통제하지 않는다. 오히려 문학, 철학, 역사 등 세상 학문의 창을 통해 이 세상을 이렇게 아름답게 창조하시고 다스리시는 하나님의 경륜과 지혜의 경이로움을 맛보도록 이끈다. 청년들을 향해 세상을 두려워하지 말고 세상 가운데로 적극적으로 나가라고 권한다. 세상을 바꾸고 세상 속의 친구들을 이해하고 그들에게 복음을 전하기 위해 그들이 누리고 있는 대중가요, 드라마, 영화, SNS들을 적극 활용한다.

이 책은 기본적으로 청년들을 위한 책이지만 청년들을 가르치거나 정답을 주려는 시도를 하지 않는다. 오히려 고민하며 살아왔고 지금도 끊임없이 흔들리면서 길을 찾고 있는 저자의 생각의 여정을 솔직하게 나눔으로써 청년들이 현재 하고 있는 고민과 흔들림의 과정을 보다 담대하게 해 나가라고 격려한다. 이런 의미에서 이 책은 청년들뿐 아니라 믿음의 길을 열심히 달려왔지만 여전히 길을 찾으며 고민하는 어른들에게도 소중한 동반자가 되는 책이다.

여러모로 참 매력적인 책이다.

정병오 기독교윤리실천운동 공동대표, 오디세이학교 교사이 책에는 하나님 나라의 복음을 들고 청년들과 함께 살아온 한 간사의 삶과 생각이 고스란히 담겨 있다. 특히 어려움조차 사역자가 걷는 길의 한 부분으로 이해하고 그것을 시로 표현한 비긋이 쓴 글이 가슴 깊이 와 닿는다. 또한 책 곳곳에서 조금은 낯설고 생소한 우리말 표현들 및 청년들의 언어를 만나는 즐거움과 재미가 쏠쏠하다. 우리나라의 젊은이들과 다음세대를 사랑하는 성도들이 이 책을 통해 그들을 향한 하나님의 소망과 비전을 찾고 협력할 수 있길 기대한다. 그리고 무엇보다 저자와 함께 동고동락해 온 간사들과 후원자들에게 멋진 선물이 되길 기대하며 이 책을 추천한다.

허태영 목사SFC대표간사

이 책은 '하나님 나라'라는 핵심어로 압축된 청년사역자의 자서전이요, 중간보고서이다. 인생의 중간에 서서 자신의 삶과 사역을 회고하면서도, 그 중심에는 일관된 하나님 나라에 대한 열망으로 가득하다. 청년사역자로서 사역의 자리에서 맞닥뜨리며 경험한 이야기와 체득한 지식이 농축된 언어들의 집합체이다. 30년에 이르는 청년의 삶에서 저자에게 일어난 일, 저자가 이룬 일, 이루지 못한 일, 그리고 저자가 만난 책과 사람들, 생각들이 총천연색처럼 입체감 있게 묘사되어 있다. 청년 사역자의 장르와 통념의 경계를 가로지르는 이 책은 독자의 마음을 청년들과 하나님 나라로 향하게 하는 비전과 열망으로 이끌게 될 것이다. 생명을 고갈시키고 영적인 상상력을 소진시키는 사역의 자리에서 고민하며 자책하며 착상했던 주제들은 독자의 마음을 북돋운다. 이 책을 읽는 사람은 자신 속에 갈무리된 청년 사랑, 나라 사랑, 하나님 사랑의 이야기를 풀어놓고 싶은 열망으로 가득하게 될 것이다.

김성희 목사캠퍼스청년연구소 소장

　　이 시대의 교회가 청년들에게 매력적이지 않다는 것은, 나를 비롯한 모든 목회자들이 뼈저리게 인식하고 반성해야 하는 진실일 것이다. 하지만 하나님 나라가 그들에게 매력적이지 않을까? 진정한 하나님 나라가? 저자는 하나님 나라의 복음에 대한 확신과 경이를 가지고 청년들에게 말을 걸고, 그 급진적이고 위대한 세계관으로 초대한다. 한편으로 청년 세대를 위로하고 공감하며 소망을 주는 동시에, 다른 한편으로는 그들보다도 더 어린 세대들이 지금 청년 세대를 보며 절망하지 않도록 경고하기도 한다저자는 2007년생과 2014년생 자녀를 키우며 90년대생들에게 말한다!. 진지하게 신앙을 생각하고 있는 청년들이라면 누구나 저자가 말하는 바에 공감하며 자신을 돌아보기도, 소망과 위로를 얻기도 할 것이다.

이정규 목사시광교회 담임

하나님 나라에 홀리고
청년에 미치다

하나님 나라에 홀린 삶이다. 믿음으로 앞선 이들의 긴 세월 사연이 덧붙고 추억이 쌓인 손때 묻은 범상한 흔적 덕분이다. 그 앞에서 매무새를 가다듬으며 쓴 글이다. 청년들을 유혹하고 싶은 게다. 하나님께서 주권자가 되시고, 그분께서 이끄시며, 그분으로 말미암아 풍성하게 채워지는 황홀한 삶마6:33에 흠뻑 매료되기를 바라며…….

청년의 삶을 응원하는 치어리더

2001년 11월, 캠퍼스선교단체인 SFCStudent For Christ, 학생신앙운동와 교회 청년부에서의 사역을 위해 부산을 떠나 서울로 삶의 터전을 옮겨왔다. 얼마 지나지 않아 교회의 어느 집사님 가정에서 사내아이가 태어났다. 이러구러 세월이 흘러 그 아이는 자랐고, 올해 대학에 입학했다. 기어이 내가 섬기고 있는 청년부로 올라왔다. 그 아이의 인생 전체를 지금껏 한 교회 안에서 보아온 셈이다. 머물러 있는 청춘인 줄 알았는데, 어느새 나는 기성세대로서 청년을 살아갈 그의 삶을 설핏하게라도 지켜보게 되었다. 어떠할까? 청년으로 살아갈 그의 삶이 궁금하다. 꼭 들려주고 싶은 얘기들도 있고…….

대충 봐도, 이 땅의 청년들은 불공평하고 불안정하며 끝없고 얄짤없는 경쟁으로 점철된 거대한 자본주의라는 세계 속에서 아등바등 살아가고 있다. 바우만Zygmunt Bauman이 지적한 바, 삶을 쓰레기로 만드는 배제의 논리들이 여러 층위로 작동하는 세계임을 청년들은 몸으로 실감하며 산다. 여차하면 '쓰레기가 되는 삶'이다. 그러니까, 잉여 혹은 막가는 인생이다. 그럴 수 없다. 그러니 그들 나름 기성세대와는 다른 삶을 추구하며 시대의 음영을 뒤바꿀 듯 꿋꿋이 살아내려 한다.

지금, 청년들은 부모세대보다 더 가난할 수 있다는 불안정한 사회적 경험이 주는 불안의 확산 속에서 안정을 추구한다. 그러면서도 약육강식의 확률로만 작동하는 불공평하고 불의한 사회에 대한 분노를 표출하며 나름 평등과 공정과 정의를 요구한다. 신자유주의 경제체제에서의 생존을 위한 숨 막히는 경쟁체제로 인한 항시적 우울을 이겨내고자 즐거움에서 의미도 찾는다. 기성세대가 정해준 답이 아닌 삶의 다양성에 대한 호기심을 숨김없이 표출하며 개인적이어서 창의적인 생生을 명랑하게 살고자 한다. 그래서 청년青年이다.

그런 까닭에, 이 시대 청년들은 'N포세대', '청년실신', '헬조선', '이생망', '흙수저', '인구론', '장미족'과 같은 서글픈 세대론의 범람 속에서도 '뭐든 하고 싶은 대로 해볼래. 대가가 뭐든!'을 외치며 '욜로'와 '탕진잼'의 삶을 살고, 때로는 '워라벨 Work-life balance'과 '업글인간', '뉴트로New-tro'를 도모한다. 그것도 이기적이기보다는 창의적인 개인주의에 기반을 둔 멋들어진 콜라보Collaboration, 그러니까 공감과 연대와 협업을 통한 함께함을 기막히게 끌어낸다. 그래서 절망적이기보다는 희망적이다. 이게 청년정신靑年精神이다. 분명, 그 아이도 이런 청년의 삶으로 뚜벅뚜벅 걸으며 성장 이야기를 써가리라. 나의 소망이고 기도다.

비록 나의 감각으로는 다 이해하거나 공감할 수 없다 하더라도, 청년들이 추구하는 안정성과 공정성과 유희성, 그리고 창의성에서 비롯될 새로움을 마음 다해 응원한다. 분명, 그들은 그것으로 삶의 구석구석에서 하나님 나라의 가치를 더 또렷이 드러낼 것이다. 새로워서 건강한 교회를 세워갈 것이며, 하나님의 뜻을 온전히 드러내는 자발적 헌신을 일상에서 창의적으로 추어올릴 것이다. 하여, 이 글은 지금의 교회가 처한 어떤 궁지 속에서 청년세대가 이루어갈 새로운 가능성에 대한 더없는 뜨거운 애정의 응원가다. 그런 까닭에 나는, '나를 따르라'고 감히 주장하지 않고, 힐러Healer까지는 되지 못하더라도, 그들과 함께하며 응원하는 치어리더Cheer leader로 살고 싶다.

기성세대와 청년세대의 콜라보

하지만 어찌하나? 이러나저러나 현실은 다르게 흘러가는

듯하다. 청년세대의 교회이탈현상이 급격하다. 안타깝고 아프
다. 특별히 청년사역자들에게는 그야말로 자괴감이 들 수밖에
없는 무겁고 고통스러운 상황이다.

여러 통계이 책의 맨 뒤쪽 <기타자료>를 참고할 것를 보노라면, 청년들
은 지도자들의 권위주의적이고 비민주적인 태도와 교회의 비
도덕적인 모습에 실망하고, 청년의 삶에 대한 몰이해 속에서
교회 성장을 위한 소모품으로 취급되는 것에 질리고, 영혼의
갈증을 채워주지 못하는 설교와 신앙교육에 지치고, 교회 밖의
사람들이나 활동에 대한 지나친 배타성에 의문이 생기고, 특정
정치적 입장을 신앙의 이름으로 강요하되 다른 입장을 정죄하
는 분위기에 마음이 무너지니, 그렇게 떠났거나 떠나고픈 마음
겨우 달래며 주저하고 있다. 세속에 물든 외형적 교회주의와
중세 사제우선주의를 닮아가는 목사중심주의라는 탁류 앞에서
의 이 머뭇거림, 어찌하나? 하여, 청년들은 소망한다. 하나님 중
심, 성경 중심, 교회 중심의 아름다운 전통이 회복되는 은혜가
임하기를. 사도 바울이 말했던 은혜, 그러니까 인간을 정의롭게
하는 믿음이 회복되는 그 은혜롬 3:24-28가 다시 임하기를……

청년세대의 두드러진 특성들과 교회에 마음을 두지 못하는
현상이 기성세대의 관점에서는 자기연민에 빠진 영적 빈곤이나
헌신 회피나 신앙 일탈로 보일 테다. 그런 시선이 힘들어 교회를
떠나는 청년들이 적지 않고, 불편한 마음 꾹 누르며 앙버티는 청
년들 또한 수두룩하다. 그렇게 해서 존재하는 교회 안의 세대갈
등은 사회보다 더 심각할지도 모른다. 교회는 그 갈등, 그 실패
를 떠맡지 않는 듯 보인다. 아니, 그럴 능력이 없을지도 모른다.

그러니 그냥 각자의 몫이다. 하여, 각자도생各自圖生. 아, 이건 아니다! 청년이 사는 길이 길게 교회가 사는 길일 텐데.

교회 안 청년들의 휘청거림, 무엇일까? 그리고 어찌할까? 그 답을 나는 안다 말하면 언어도단言語道斷일까? 그들은 '가만히 있으라'는 기성세대의 거친 언어를 곧이곧대로 받아들이지 않되 막무가내로 빈정거리거나 외면하지도 않은 이들이다. 그들의 휘청거림은 무게중심을 잃은 그 배, 그러니까 구원의 방주인 교회의 기울어짐을 바로잡고자 하는 열망의 마음짓이고 몸짓임을, 나는 믿는다. 그것은 종교적 허영에 머물지 않고 삶의 진실을 보아낼 줄 아는 순정純情이자 순정純正이며, 교회사랑이다.

사랑하는 까닭에 무언가 부족한 것에 대해서는 아쉬움을 갖게 되고, 때로는 그것을 토로하기 마련이다. 교회를 향한 성도들의 마음 또한 그러하다. 교리를 강조하는 이들은 그것의 건강한 정립을, 성령을 강조하는 이들은 그분으로 말미암은 충만함을, 변혁을 강조하는 이들은 사회 이슈에 대한 적극적인 참여를 제각각 강조함으로써 현실교회의 부족함을 비판한다. 물론 이 모두에는 우리 동네 교회가 바르고 건강하게 세워져 가기를 바라는 마음이 그 저변에 깔려 있을 테니, 나름 교회사랑이다. 그러니 무언가 다른 질감의 낯설고 이물스러운 감각이 없잖아 있더라도 서로 의심할 이유 없다.

이런 맥락에서 이 글의 바탕에는 건강하고 바른 교회를 소망하는 청년세대의 마음의 레짐regime을 살피고 공감하는 것에서 비롯된 설익은 비판의식이 살짝 깔려있다. 더해서, 제각기 강조하는 바를 놓침 없이 넓게 품을 수 있는 키워드로 성경의 중심

주제인 '하나님 나라'가 가장 적합하다고 보았다. 앞서 언급한 입장들의 선한 뜻을 잘 끌어모으면 영락없는 하나님 나라일 테다.

그런 까닭에, 이 글이 갖는 주제의식은 분명하다. 신앙의 추상과 관념만으로는 결코 포착할 수 없는 현실의 한복판에서 누리는 하나님 나라 백성으로서 청년의 해방과 자유라는 실천적 지향, 이것이 이 글이 담아내고자 하는 사실적 주제다. 하나님 나라의 깨어있는 시민으로 살기인 셈이다. 기성세대와 청년세대 둘 모두의 마음이 하나님의 다스림이 임하는 곳에서 드러나는 가치들, 곧 정의, 평화, 사랑, 섬김, 나눔, 구원, 자유, 치유, 회복, 빛, 기쁨이라는 가치들에 사로잡힐 때 발생하게 될 콜라보레이션은 덤이다. 기성세대에 대한 청년세대의 자유분방하면서도 정직한 비틀기가 활발할수록 서로의 엮임과 꼬임, 곧 새끼줄 같은 단단한 어울림이 실현될 테다.

코로나19의 팬데믹pandemic이라는 절체절명의 위기 상황에서 역사상 유례없이 치솟은 대한민국의 독보적 위상이 그렇다. 누구도 예상하지 못했던 일이다. '헬조선'으로 대표되었던 숱한 부정적 담론들이 어쩌면 엄살이고 허언이었을지도 모른다는 자각을 갖게 되었다. 그동안 이민 가고 싶은 이상적인 나라로 추앙했던 선진국들의 민낯이 까발려지는 코로나19 상황에서 무기력하고 비참했던 모습을 적나라하게 보아 버렸다. 어쩌면 대한민국이 '헤븐조선'일 수도 있다는 상대적 사유를 조심스럽게라도 시작하게 된 것이다.

이러저러한 이유들로 머물렀던 그 나라들로부터 급히 탈출해 고국으로 되돌아 온 이들이 얼마나 많았던가. 국내의 어려움과 여러 비판에도 불구하고 민주성, 공공성, 투명성을 정직하게 지켜내며 한민족 특유의 창의성을 발휘하여 위기에 처한 수많은 나라와의 머뭇거림 없는 엮임과 꼬임을 통한 단단한 어울림, 곧 세계적 개방성을 실현한 까닭이다. 국가 차원에서 성취된 이 방식이 개인이나 세대 차원에서도 실현될 가능성을 지금의 청년세대에게서, 특히 기독청년들에게서 볼 수 있으리라는 희망이 크다. 이런 큰 희망을 품고서 좋은 방향으로 돌아설 교회를 살갑게 상상한다.

하나님 나라의 밥상지고

사실 누구나 삶에 대해 말하지만 아무나 잘 살 수 없듯, 누구나 하나님 나라를 말하지만 아무나 그 나라를 잘 살지 못한다. 특히 누군가를 배타적으로 대하며 하나님 나라를 말하거나 산다는 것은 어불성설이다. 그럼에도 내가 선 자리에서 어쩔 수 없이 청년 편에 기운 반풍수半風水의 글을 썼다. 누구나 글을 쓸 수 있지만 아무나 좋은 글을 쓸 수 없음을 알기에, 일용할 양식에 겨우 기대어 사는 나의 미미하고 부족한 삶을 고백하며 주님의 웅숭깊은 손길에 의지했다. 하여, 예수님께는 다른 이들이 알지 못하는 풍성하게 나눌 먹을 양식이 있음을 청년들에게만 살짝 귀띔해 주고 싶다. 요한복음 4장 34절 말씀이다.

나를 살게 하는 음식은, 나를 보내신 분의 뜻을 행하고 그분이

시작하신 일을 마무리 짓는 것이다.유진 피터슨, 『메시지(신약)』, 복있는 사람, 2014, 283쪽

　예수님께서 자신의 살과 피를 재료 삼아 우리의 양식과 음료로 차려내신 하나님 나라 밥상에 숟가락 하나 없는 송구스러운 마음으로 이 글을 썼다. 아브라함과 이삭과 야곱이 함께하는 밥상마8:11에서 이 책을 읽을 모든 청년들과의 풍성한 나눔이 있는 밥상지교를 꿈꾸는 글이다. 좋아하는 음식을 혼자 먹을 때의 안락함보다는 함께 모여 개밥바리기별을 보며 나눠먹을 때의 따뜻함을 느끼며 살고 싶은 게다. 그리하여 주의 만찬에 참여하는 식구食口로서의 황홀한 삶이기를. 청년들을 향한 곡진한 소망이다.

정답을 드리지 못해
죄송합니다만

지금 나의 이 글쓰기가 시기상조時機尙早일까? 만시지탄晩時之歎일까? 나 자신에게 묻고 또 물었다. 고민은 깊었고 답은 가리산지리산했다. 이른 것도 아니지만 늦은 것도 아닌 것 같아서. 나의 삶과 사역을 돌아보건대, 이 글이 사후약방문死後藥方文이 아니길 바랄 뿐이다. 영화「기생충」봉준호 감독, 2019년 개봉에서 배우 송강호기택 역가 무심하게 던졌던 그 대사, "참으로 시의적절하다"를 떠올리며.

원고를 다듬는 과정에서 미리 읽고 의견을 주었던 청년들이 여럿 있다. 부족한 글을 다듬는 데 큰 힘이 되어준 고마운 이들이다. 그런데 그들 대부분이 내가 쓴 단어나 문체가 통속적이어서 상스럽고, 또 낯설다는 지적을 해주어 참으로 난처했다. 구체적으로는, 잘 통용되지 않는 순우리말이 너무 많다거나, 한자어가 많아 청년들이 거부감을 느낄 것이라거나, 기독서적 치고 일상적 언어를 너무 남발해서 신앙적 이해의 어려움이 있다거나 운운, 그랬다. 그래서 수정하는 작업을 나름 열심히 한다고 했지만, 가진 습성 버리지 못해 기대에 미치기는 턱없다.

대신, 송영목 교수가 최근에 낸 『하나님 나라 복음과 교회의 공공성』SFC출판부, 2020에서는 교회가 공공성을 추구할 때 염두에 두고 적용하면 유익할 여섯 가지 내용을 제안하고 있는데, 여기에 기대어 희망을 가져보려 한다. 세 가지만 소개하자면, 복음과 개혁신앙을 세상의 서민들이 사용하는 일상 언어로 소통해야 하고, 일상 언어로 소통하기 위해 간학문적interdisciplinary 통찰력을 활용해야 하며, 혼합주의에 빠지지 않으면서도 다른 전통이나 입장을 가진 이들과 간상황적inter-contextual 대화를 시도해야 한다는 것이다65~66쪽. 굳이 변명하자면, 나의 글쓰기가 갖고자 하는 맥락이 이에 맞닿아 있다. 그래서 통속적이고, 때로는 아슬아슬하다. 그래도 교회의 공공성에 대해 지금 청년세대의 관심이 어느 세대보다 깊은 편이니, 영 불편하지는 않으리라 믿고 싶다. 순우리말이나 한자어는 요즘 쏟아져 나오는 신조어처럼 익히는 셈 치라며 퉁치려 했다.

쓴 글의 얼개

대략이라도 글마루의 흐름과 내용을 언급하려니 이내 얼굴이 불콰해진 느낌이다. 이 글을 힘껏 짜내면 마지막에 남을 한 줌의 핵심어는 '하나님 나라'다. 이 나라에 매료되어 살아가고 있고, 함께하는 모든 이들이 완전무결하게 사로잡힌 삶이기를 바라는 마음으로 '하나님 나라에 홀리다'라는 유혹하는 제목을 내걸었다. 특히 청년들이 그러하기를 바라는 마음이 크다. 하여, 글의 배경에는 '하나님 나라에 홀리고 청년에 미친' 나 자신의 곡진한 고백이 깔려 있다. 그럼에도 어설프게 홀리고 덜 미친 까닭에 미처 미치지 못한 단념丹念의 경지가 있음을 안다.

'홀리다'라는 말이 갖는 '매료되다', '반하다', '미치다', '현혹되다'와 같은 의미의 반영이자, 무언가에 중독된 사람을 뜻하는 영어의 '홀릭-holic'의 발음과 그 뜻을 빌려온 것이기도 하다. 그래서 제목이 곧 주제인 셈이다. 이 땅의 기독청년들이 하나님 나라와 그 나라의 가치에 매료된 삶을 사는 것이다. 공의와 정의를 행하며 진리를 구하되 언제나 평화를 지향하는 일상으로 교회를 섬기는 청년의 삶, 이 책의 지향이다. 하나님 나라에 홀려 사로잡힌 자만이 복음으로 홀릴 수 있으리라.

하나님 나라는 현재성과 미래성이라는 독특성을 갖고 있다. 그중에서 '지금 여기'로 표현되는 현재성, 그러니까 목숨 부지하며 살아가는 일상에서 하나님 나라가 갖는 가치들을 추구하는 삶에 글의 무게를 두었다. 하나님 나라의 가치를 따르는 삶은 결국 세속적 가치로부터의 일탈逸脫이라는 양상을 드러낼 수밖에 없다. 하나님의 뜻을 따라 공의와 정의를 행하며 아름드리 샬롬공동체를 일구어가려는 기독청년은 언제나 일탈한다. 물론 영원을 품고서 오늘을 바라보는 마음을 놓지 않을 때 가능할 일이다. 하나님 나라의 현재를 사는 것은 아직 오지 않은 시간, 그러니까 그분의 나라의 미래를 앞당긴 초월의 여행을 떠나는 것이기도 한 까닭이다.

예수님께서는 말씀과 기도를 통해 가르치셨고, 몸소 그렇게 사셨다. 그분의 가르침과 행동은 속 각각 말 각각인 기성 종교인들의 눈에 거슬렸고, 인기 먹고 사는 정치꾼들의 의심을 샀다. 분명 시대일탈적이었다. 그들을 본받지 않는 삶마6:8, 곧 '다른 삶을 사는 것'이 예수님께서 제자들에게 주신 가르침의 알짬이었다. 고막을 찢을 듯 터져 나오는 굉음에 몸을 맡겨 미친 듯 헤드뱅잉Head Banging 하는 로커처럼, 그분의 가르침에 홀린 듯 자신의 삶을 맡기는 기독청년의 강렬한 몸짓을 끌어내고 싶어 자극하는 용어와 문장을 일부러라도 더 욱여넣었다. 글이나 말이 촌철살인과는 거리가 먼 까닭도 있지만, 자극될 때까지 자극하고 싶어 더 부풀리고 덧붙이려 했던 바, 빼야 할 군살이 덕지덕지 붙어 있다.

아내와 연애를 하면서 첫 키스를 시도했을 때가 기억난다. 한참을 주저했었다. 그러다가 간절한 눈빛으로 얼굴을 가까이 다가가 입술을 내미니 아내는 이내 눈을 질끈 감아버렸다. 그 순간, 끝을 알 수 없을 것만 같던 서로에 대한 기나긴 탐색전이 끝났음을 깨달았다. 나도 눈 감았다. 서로 눈 먼 사이가 되어버린 것이다. 누구나 이런 경험 한 번쯤은 있을 테다. 아내에게는 미안하지만 청년을 향한 내 마음이 그렇다. 위험한 이중생활까지 눈감아 주는 아내가 늘 고맙다. 그래서 비슷이 쓴 두 개의 글도 추가로 담았다. 우리 가족의 애환이 담긴 지금 여기에서의 삶을 통해 얼핏이라도 하나님 나라에 대한 생각을 표현해 보고 싶었다. 곰팡이와 황제 변기, 그리고 하나님 나라가 얽힌 이야기다.

잡식성 박학다식의 글쓰기

　살아오면서 전문성을 갖추지 못해 젠체할 것 없어 그것을 갖춘 이들이 쏟아내는 글들을 기호에 따라 찾아 읽으며 응집성 잃은 잡다한 지식을 내 안에 주워 담았다. 그래서 푸석푸석한 잡식성 지식이다. 그냥 B급이다. 박학다식博學多識, 학식이 넓고 아는 게 많다는 이 말과는 달리 '薄學多食박학다식'이 어울리는 사람이다. 한자 '薄박'은 엷고 얇고 작고 낮고 좁고 천하여 싫어한다는 의미를 담고 있다. 나의 학문적 소양을 표현하기에 가장 적절한 한자다. '多食다식'은 말 그대로 많이 먹는다는 뜻이다. 하여, 학문이 천한 반면 먹고 사는 것에 힘쓴 삶이다. 학문적 심층보다는 일상의 표층에 더 눈길을 주며 사는 얕은 삶이다. 그래서 내가 쓸 수 있는 글의 임계치를 설핏이라도 알기에 책을 내놓는 일은 그야말로 만용이다. 민망하게 A급을 자처하거나 홍보하는 짓은 꿈도 꾸지 않는다. 그래도 용기 내어 쓰는 글에 대한 조금의 생각과 기대는 이렇다.

　나의 글은 전문성 없으니 이론으로 무장한 글일 수 없다. 이론이 약하니 답을 향해 체계적으로 짜인 글도 아니다. 이론도 체계도 약하니 그저 일상에서 일어나는 표면적 상황에 의존할 수밖에 없다. 그런 까닭에 일상을 속이지 않는 글을 쓰고 싶었다. 이론으로 무장한 답을 내야한다는 조바심이 없으니 일상의 물음에 천착한 절실함이 묻어나는 글을 쓰고 싶었다. 어렵사리 추어올린 지식의 언어들이 몸생활의 감각을 짓누르지 않는 친절한 글쓰기가 되기 위해 단어 하나 문장 하나를 주시하는 글

을 쓰고 싶었다. 비록 엷고 얇고 낮고 좁아서 천한 능력이라 할
지라도 가진 사유의 힘을 쥐어짜내 청년들과 공유할 공간을 마
련하는 감각의 절차를 구체화하는 글을 쓰고 싶었다. 그런 까
닭에 나태주 시인이 풀꽃을 보았던 그 눈으로 청년들의 예쁘고
사랑스런 면모를 제대로 보고 느끼고자 자세히 보고 오래 보려
애썼다.

　누군가 이런 반문을 던질지도 모르겠다. 이 책에 담긴 내용
들이 과연 하나님 나라를 제대로 이해하는 데 도움이 되겠느냐
고. 혹 그런 기대를 하고 있거들랑 얼른 거두시라고 말씀드리
고 싶다. 이 글은 하나님 나라에 대한 이해를 위해 조직신학이
든 성경신학이든 곧이곧대로 풀어 쓰자는 목표와는 애당초 거
리가 멀다. 나는 하나님 나라의 얼개와 그 안의 씨줄과 날줄을
체계적으로 짚을 요량도 없고, 신학의 속 깊은 원리를 눈 부릅
뜨고서 설명할 깜냥도 아니다. 세상 물정 교회 물정 모르는 무
지렁이의 푸념에 더 가까운 가난한 언어로 썼다. 그러니 담음
새가 정갈하지 못한 글이다.

　굳이 밝히자면, 나는 하나님 나라에서 청년들과 함께 즐기
고 노는 데 혼신의 힘을 쏟고 싶은 사람이다. 즐기며 놀고자 하
는 사람한테 찾아와서 이해를 위한 논리와 체계를 설명하라는
것은 동문서답하는 격이 될 터이니, 이를 옛사람은 상산구어上
山求魚라 하고, 연목구어緣木求魚라고도 했다. 물고기를 찾으러 산
이나 나무 위를 오르는 어이없는 짓을 이르는 말이다. 불가능
한 일을 굳이 하려 한다는 뜻이다. 하나님 나라의 아슴아슴한
황홀경에 빠져 노는 글이니 익숙한 언어의 질서를 지켜가고자

하는 신실한 분들의 정서를 살짝 비트는 낯선 언어와 무논리가 난무하는 불편한 글이 될 수도 있겠다. 어쩌겠나. 놀고자 할 때는 제대로 놀아야 신나고 흥 돋는 법이다.

유서遊書, 하여 계획 없이 흐르는 글

그러고 보면, 고기 잡으며 노는 법은 역시 예수님께 배워야 제대로다요21:6. 하여, 이 글의 장르를 굳이 밝히자면, 에세이essay이되 하나님 나라를 장유壯遊하는 유서遊書, 하여 길게 노는 글이고 싶다. 하나님의 다스림 속에서 성령으로 더불어 평안을 누리며 즐기고 노니는 것롬14:17을 진술하게 추동해내는 글이면 족하다. 갈지자之를 그리며 주구장창 흐르는 글이니 읽는 이들의 사유 또한 부디 자유롭기를.

아버지, 저는 오늘 계획을 세웠습니다. 근본적인 계획입니다. 돈을 벌겠습니다. 아주 많이.

영화 「기생충」이 아카데미 시상식의 네 개 부문에서 수상한 다음 날, 세계적 명작을 대하는 겸손한 감각으로 연이어 두 차례 다시 보았다. 그리고 그날따라 배우 최우식기우 역이 했던 저 대사에 찌릿했다. 시장지상주의로 치닫는 자본주의 문명을 살아가는 우리가 흔히 하는 생각이다. 영화 저변에 깔린 빈부격차, 양극화, 계급투쟁이라는 모티브가 너무 순진하고 진지해서 우습게 표현된 까닭에 더 서글프게 했던 저 비현실적인 대사. 근본적인 계획이라고 내세운 게 무계획처럼 여겨지니, 허탈할 수밖에. 자못 아연한 느낌마저 들었다.

그러니까 저 대사, 이 글을 세상에 내어놓는 게 청년들을 향한 근본적인 대책이라도 되는 양 여태껏 순진하게 써 왔던 것 아닌가, 하고 또 한 번 돌아보게 했다. 그렇더라도, 청년들로 하여금 하나님 나라를 가장 현실로서 꿈꾸게 하는 글이라는 그 목적을, 그런 글이고 싶다는 그 바람을 단 한 순간도 놓을 수는 없었다. 이 마음 이 결기로 쓴다고 썼다.

허나, 무어라 해도 절차탁마切磋琢磨하지 못해 부족하고 부끄러운 마음으로 쓴 글이다. 그래서 보고 들을 때는 앞선 이들의 눈과 귀를 빌리려 애썼고, 느낄 때는 청년의 머리와 마음을 얻으려 힘썼다. 그럼에도 삼위로 존재하시는 한 하나님의 도우심을 구할 수밖에 없음을 안다. 특히 성경의 친숙한 구절들이 새로이 다가와 새삼스런 사유를 촉발하는 것은 전적으로 성령님의 도우심이다. 성령님께서 친히 역사하셔서 이 땅의 기독청년들이 하나님 나라 백성다운 삶을 갈구하는 데 이 글로 말미암은 조금의 공감과 울림이라도 있기를 소망한다.

주여, 도우소서!

2020년 8월
북한산 자락 아랫마을 은평뉴타운에서
최성욱 쓰다

1부

공의와 **정의**를 위한 **부르심**에 **반응**하다

1. 하나님 나라의 소확행

└ RE: 하늘 뜻에 마음을 건다

허투루 자신의 생각과 취향을 포기할 수는 없습니다. 소확행의 삶이 주는 기쁨이 있지요. 그 와중에도 혹 놓치고 있는 소중한 것이 있지는 않을까요? 항상 스스로에게 물어야 합니다. "뭣이 중헌디?" 기독청년이라면, '하나님 나라'가 당연에 웃당연이겠지요. ㅇㄱㄹㅇ.

예수께서 이르시되
내가 다른 동네들에서도
하나님의 나라 복음을 전하여야 하리니
나는 이 일을 위해 보내심을 받았노라 하시고

누가복음 4장 43절

좋아하는 것을 좋아하고
사랑하는 것을 사랑하는 용기

오래전 내 꿈은 청년이었다. 지금 나는 청년사역자로 살고 있다. 그리고 여전히 내 꿈은 청년과 어울리는 삶이다. 그래서 SFC간사로 살고 있고, SFC간사를 살고 싶다. 좋아하는 것을 좋아하는 삶이다. 사랑하는 것을 계속 사랑하며 살고 싶어 필요한 만큼 용기를 낸다. 가난한 삶이어서 누군가에게는 작아 보이고 별것 아닌 것처럼 보일 수 있겠다. 길섶의 삶이다. 그래도 좋다. 그것은 소소小小하지만 확실한 행복을 붙잡고 사는 나의 세계이고, 나의 삶 자체인 것을. 그리고 나의 오래된 미래다.

집은 없어도 생각과 취향은 있어!

영화 「소공녀」전고운 감독, 2018년 개봉에 나오는 대사다. 소확행小確幸의 의미가 고스란히 담겨 있다. 좋아하는 것들을 위해 집도 포기한 채 사는 미소배우 이솜이 실감나게 연기했다의 이야기다. 정말 그렇다. 삶의 많은 것을 순삭하는 'N포'라는 기괴한 개념어를 생각해 볼 때, 좋아하는 것을 좋아하고 사랑하는 것을 사랑하며 사는 삶을 위해서는 많은 용기를 필요로 하는 시대를 우리는 힘겹게 산다.

비슷한 시기에 개봉했던 영화 「리틀 포레스트」임순례 감독, 2018년 개봉도 완상하며 즐겼다. 임순례 감독의 섬세하면서도 노련한 기량을 엿볼 수 있어 좋았다. 「소공녀」를 보았을 때와 비슷한 감각의 잔잔하지만 깊은 반향을 나의 마음에 불러일으켰다. 혜원김태리 분과 그녀의 고향 친구들인 재하류준열 분와 은숙진기주 분의 어울림이 우리 시대 청춘들에게 던져 주는 아름다운 메시지가 짠했다. 혜원은 시험, 취업, 연애에 지친 일상을 잠시 멈춘 채 도망치듯 고향 빈집으로 내려왔다. 재하는 맞지 않는 일을 그만두고 자신만의 삶을 위해 고향에서 과수원 농사를 짓는다. 은숙은 평범한 일상으로부터의 탈출을 꿈꾸며 고향에서 산다. 그렇게 그들은 다시 모였다. 처지가 다르니 때때로 티격태격하지만 따뜻한 케미를 보여준다. 생각과 취향은 제각각이지만 유유자적悠悠自適하며 확실한 행복을 찾아가는 그들의 모습을 감상하면서 간만에 건강한 집밥을 먹으며 소박한 삶을 나누는 것 같은 치유의 시간을 가졌다.

우리 세대에 비하면 요즘 청년들은 참 다르다. 바쁜 일상에서도 기어코 틈내어 국내외로의 여행을 쉽게 다니는 편이다. 이 책의 원고를 한창 마무리할 때쯤, 내가 섬기는 청년부의 성실한 청년인 보석이는 4개월 이상의 여정으로 해외를 떠돌고 있었다. 다니던 직장 그만두고 떠난 걸음이었다. 미얀마를 시작으로 네팔, 인도에서 2개월여 보낸 후, 이집트로 넘어가 요르단, 터키, 조지아, 아르메니아, 그리스, 이탈리아, 동유럽으로 이어지는 엄청난 여행길이었다. 일상으로 복귀한 후 그가 들려주는 여행의 감흥과 추억을 듣는 것만으로도 적지 않은 날을 행복하게 보낼 수 있으리라 기대했다. 하지만, 코로나19로 인해 한참을 고립되어 있다가 아쉽게도 중간에 귀국할 수밖에 없었다.

나도 소소하지만 확실한 행복 즐기기를 용기 내어 틈틈이 실행한다. 생활의 때가 덕지덕지 묻어난 취미들 중 하나다. 아내의 면박과 아이들의 눈총을 애써 외면하며 해외여행 상품을 판매하는 홈쇼핑방송을 흐뭇한 마음으로 키들거리며 시청하곤 한다. 익숙한 곳의 풍경이 반복되는 그 영상 속으로 빠져들며 얼마간 추억을 부추기는 기쁨이 크다. 어쩌면 일상의 삭막한 적요를 떨치고자 함일지도 모르겠다. 더 나아가, 공허한 일상을 삽상한 의미로 채워가고자 하는 몸부림의 일환일 수도 있겠고.

그렇다. 여행 다녀왔던 곳의 풍경들을 TV로 보며 하릴없이 추억 떠올리기. 탐닉하는 수준은 아니지만, 가난한 주머니 차고 사는 나의 소소한 취향의 하나라고 할 수 있다. 소설가이자 여행작가인 폴 서룩스Paul Edward Theroux는 "여행은 되돌아보았을 때에만 매력적이다"라고 하지 않았던가.

여행은 여성을 행복하게 하는 것여행은 '여성행복'의 줄임이라는 의미에서이라는 속설도 있는 바 여행旅行은 여행女幸이어야 하는데, 우리 부부에게는 그렇지 못한 경우가 허다했다. 특히 유럽행이 그랬다. 아내와 함께한 여행이었다면 더 좋았겠지만, 미안하게도 유럽행은 언제나 아내가 함께할 수 없는 단체에 낀 여행이었다. 그러니 유럽 여행 관련 방송을 함께 시청해도 공감대가 약할 수밖에. 아내가 뭐래도 난 할 말 없다.

여행 관련 방송을 시청하는 나를 두고서 혹 목사가 현세의 덧없는 유락遊樂거리에 홀렸노라 욕할 이들도 있을까? 그럴 수 있다. 그들은 분명 훌륭한 분들일 테다. 변명하자면, 방송이 주는 재미가 성경이 주는 의미보다 더 가치 있게 느껴졌다면 진즉 목사 그만 두었으리라. 영상이 주는 재미도 누릴 줄 아는 삶이면 더 좋지 않을까. 매사에 이렇게 산다.

그래서 「꽃보다 할배」나 「뭉쳐야 뜬다」가 있어 즐거웠고, 「알쓸신잡」이나 「짠내투어」, 「배틀트립」, 「스페인 하숙」이 있어 좋았고, 근래엔 「트래블러-쿠바」와 「트래블러-아르헨티나」가 있어 좋았다. 2005년부터 오랜 기간 이어오고 있는 KBS의 「걸어서 세계속으로」나 2008년부터 시작된 EBS의 「세계테마기행」은 그야말로 두말할 것 없이 짱이다. 예능이 아닌 다큐 형식의 교양 프로그램이어서 여행지의 풍경과 일상을 세세하면서도 차분하게 전해주는 영상의 웃음기 쏙 뺀 재미가 쏠쏠하고 매력적이다. 매번 시청할 수 있는 것은 아니지만, 혹 가봤던 곳에 대한 예고방송이 있으면 챙겨보기도 했다.

가서 보았으나 미처 보지 못했던 것, 느끼지 못했던 것, 알지 못했던 것에 대한 이야기들로 더 풍성해져서 좋다. 여행이라는 게 다른 삶의 맥락 속으로 들어가 자신의 익숙한 의식과 몸짓을 풀어헤치고 재정렬시키는 체험인 까닭이다. 켜켜이 쌓인 일상의 무게를 잠시라도 내려놓는 시간이기도 하다. 홈쇼핑

방송에서 여행상품을 자주 방송하는 것도 나름 큰 정보고 즐거움이고 위안이다. 유혹이지만, 상상하게 하는 힘이 있다.

우리는 종종 너무 나이가 들기 전에 세계 곳곳을 자유롭게 누비며 맘껏 즐기는 여행을 꿈꾸지 않는가. 설핏 상상하는 것만으로도 마음이 흐뭇해지곤 한다. 익숙함이 채워주지 못하는 낯섦이 주는 경험의 가치를 알기에. 그리고 헐값으로 매겨지지 않을 이질적 체험의 진가를 담지한 여행의 맛을 알기에. 나의 객적은 생각이다.

한순간의 달뜬 감정이 아니니

첫사랑을 잊지 못하듯, 첫 여행을 잊을 수 있는 사람은 없다. 나는 인생에서 가졌던 많은 여행들 중 유럽으로의 첫 여행을 특별히 잊지 못한다. 이후 결코 길지 않은 기간 안에 두 차례 더 그곳으로의 여행 기회가 있었다. 모두 종교개혁 코스를 중심으로 도는 여행이었다. 가난한 삶인데, 그야말로 복 터졌다. 그중 두 차례 여정 속에는 이탈리아 방문도 있었다. 밀라노, 피렌체, 피사, 그리고 로마. 주로 이탈리아 서쪽 라인을 따라 이동하는 가뿐 여정이었다. 종교개혁과 르네상스의 역동적 정서에 흠뻑 취해 달랠 여심旅心 하나 끼어들 틈도 없었다.

아쉬웠던 것 하나, 이탈리아를 가면 꼭 가보리라 마음먹고 있었던 아시시Assisi에는 여태 가보지 못했다는 거다. 로마나 피렌체에서 동쪽으로 두 시간이면 너끈히 닿을 수 있는 거리였건만, 두 차례 모두 아쉬움만 삼켜야 했다. 돌아보건대, 가보고 싶다는 나의 오랜 열망보다 여행의 목적이나 일행의 눈치가 더 강렬했었나 보다. 어쩌겠는가.

아시시, 그곳에 대한 열망이 탄생한 경로는 이렇다. 대학에서 철학을 전공했지만 사회학과에서 개설한 과목을 자주 수강했다. 그 과목들 중 하나를 수강할 때였다. 지금은 이름도 기억나지 않는 어느 교수님께서 아시시를 방문했던 여행 경험을 학기 내내 틈내어 실감나게 이야기해 주셨는데, 그때 가졌던 가보고 싶다는 마음이 어느 새 꼭 이루고 싶은 소원 같은 것이 되어 있었다.

간혹 아시시의 유적이나 풍경, 13세기의 프란체스코Francesco d'Assisi나 그에 대한 여러 예술가들의 작품들과 관련된 방송이나 짤이나 글들을 볼 때면, 그곳에 대한 실감을 갖고 싶다는 열망은 더 간절해졌다. 요즘은 SNS에 올라온 다양한 여행 후기를 보며 그곳으로 갈 상상 속 계획을 세워 보기도 한다. 현재 세계적으로 큰 인기를 얻고 있는 교황의 이름도 프란체스코이니, 그곳을 떠올릴 일이 더 잦다.

> 주여 나를 평화의 도구로 써 주소서
> 미움이 있는 곳에 사랑을
> 다툼이 있는 곳에 용서를
> 분열이 있는 곳에 일치를
> ......
> 우리는 줌으로써 받고

용서함으로 용서 받으며
자기를 버리고 죽음으로써
영생을 얻기 때문입니다
아멘

로마가톨릭교회에서 성인으로 추앙받는 프란체스코가 지은
「평화의 기도」는 주님께서 가르쳐 주신 기도와 함께 어떤 삶이
어야 하는지 성찰하는 데 항상 좋은 안내자가 되어 준다. 그러
니 아시시를 향한 마음이 한순간의 달뜬 감정은 아니었던 게다.
「평화의 기도」는 우리 인생이 예수님의 길을 걷는 여행이어
야 함을 깨닫게 한다. 예수님께서는 자신이 곧 길이고, 진리며,
생명이라고 말씀하셨다요14:6. 이를 두고 영성신학자인 유진 피
터슨Eugene H. Peterson은 『그 길을 걸으라』IVP, 2010에서 "예수님의
길이 예수님의 진리와 결합해서 예수님의 생명이 생겨난다"17-
18쪽라고 했다. 그는 이어서 이렇게 적고 있다.

예수님의 진리를 선포해 놓고는 우리가 원하는 방식대로 아
무렇게나 그 진리를 따를 수는 없는 일이다. 역으로 예수님의
진리를 말하지 않고는 예수님의 길을 따를 수 없다. …… 예
수님의 길은 우리가 예수님의 진리를 실천하고 이해하는 방
식이다. 가정과 일터에서 친구와 가족과 함께 예수님의 방식
을 살아내면서 우리는 예수님의 진리를 실천하고 이해하게
된다.18쪽

예수님의 길을 걷는 여행자의 걸음은 어떠해야 할까? 단언

컨대, 그것은 지금 여기에서 하나님 나라의 실재를 드러내는 방식으로 생각하고 말하고 행동하는 것이어야 한다. "나를 따르라"라고 하신 예수님을 따라 그 길을 걷는 걸음의 의미다_막8:34. 이처럼 예수님께서 하신 말씀을 그분께서 하신 행동과 분리하지 않으며 따를 때, 우리의 인생 여행은 하나님 나라의 가치들로 가득하게 되지 않을까. 누가는 예수님과 제자들의 하나님 나라의 복음을 전파하는 걸음을 '여행'이라고 표현했다_{눅9:1-2}. 그러니 예수님의 제자로 살고자 하는 이들에게 여행은 숙명인 게다. 이게 누군가에게는 너무 억지스럽게 여겨질까? 나는 너무 좋은데…….

사랑하는 것과 익숙해지는 것은 다르다

사정이야 여하튼, 이탈리아를 다녀온 두 번 모두 아시시를 방문하지 못한 아쉬움을 설핏한 웃음만 흘리며 주변 사람들에게 헛푸념하곤 했다. 하물며 유럽 근처도 가보지 못한 이들에게조차 아시시를 가보지 못해 너무 아쉬웠다는 무례한 자랑으로 기만적 허세를 떨기도 했다. 아, 왜 그랬을까? 그냥 후회막급이다.

2018년 가을, tvN 「알쓸신잡3」의 '이탈리아 피렌체편'을 흥미롭게 시청했다. 그때, 아시시에 매인 상상과 동경에서 비롯된 익숙한 욕구와 반복된 사고방식이 다른 도시들이 품고 있는 소중한 것들에 충분한 마음을 주지 못하게 했구나, 하는 뒤늦은 후회의 감정이 몰려오기도 했다. 아시시에 대한 상상으로 쌓은 이미지가 몽롱하게 겹치는 까닭에 눈앞의 현실이 뭉개지는 식이었던 게다. 시선의 리얼리즘realism을 붙들지 못해 로마를 비롯한 이탈리아의 각 도시가 갖는 역사적 의미나 문화적 가치가 주는 소중함에 소홀했던 여행에 대해 반성적으로 성찰했다. 익숙함이 때로는 소중한 것을 놓치게 하는 것은 아닐까 하는 깨달음을 얻은 셈이다. 그리하여 이내 객쩍은 상상에 빠져들 수 있었다. 이렇게 해서 20년 세월을 품어왔던 꿈 하나를 가벼운 마음으로 내려놓았다.

짐짓 에둘러 많은 이야기를 늘어놓았다. 익숙한 것에 매인 삶이 소중한 것을 놓치게 할 수 있다는 깨달음, 정말 그렇게 살아온 것 같다. 그렇게 살아가는 삶에 대한 깨달음에 흠칫했던 경험을 가진 이들이 결코 적지 않을 테다. 그런 의미에서, 영화 「케빈에 대하여」Lynne Ramsay 감독, 2012년 개봉에 나오는 대사는 되새길만하다. "사랑하는 것과 익숙해지는 것은 달라요." 아들 케빈의 말이다. 정말 그렇다. 그리고 덤덤하게 이어지는 말, "엄마도 나를 익숙하게 여기기는 하잖아요." 아들을 사랑하지 않기에 사랑하는 척했던 엄마 에바와 엄마를 사랑했기에 사랑하지 않는 척했던 아들 케빈의 관계는 파국이다.

엄마 에바 역을 연기한 배우 틸다 스윈튼Tilda Swinton은 영화와 거리가 먼 나에게도 이제는 제법 익숙해졌다. 영화 「설국열차」와 「어벤져스: 엔드게임」에서 다시 만나고, 여행 숙박 관련 CF광고에서도 자주 보니 친숙해져 간다. 하지만, 케빈의 엄마 에바의 이미지가 영 지워지지 않아 마음 한편에 여전히 불편함도 있다. 익숙해서 갖는 친숙함과 사랑하지 못해 갖는 불편함의 뒤섞임으로 가득 찬 게 일상일까? 사랑은 익숙해지는 것이라고 말하는 이들의 생각과 다른 방향의 사고, 그러니까 이 글쓰기의 한 부분은 분명 이 깨달음의 반영이다.

일상日常, daily routine, 그 복잡성을 생각하면 단순하게 정의하기는 쉽지 않지만, 날마다 반복되는 생활의 표현이니, 익숙한 것들의 총체總體, whole에 가까우리라. 누군가에게는 익숙함 그 자체일 수도 있겠다. 굳이 뜻매김하자면, 그 정의를 에워싼 물음과 대답이 앞뒤 없이 일어나는 생활공간을 일상이라고 할 수 있지 않을까.

나의 글쓰기는 그 물음과 대답의 어울림을 궁구하면서도 그 바깥의 언어를 또렷이 현시하고 다른 질서의 삶을 예언하는 것을 어쭙잖게라도 꿈꾼다. 어쩌면 이 땅의 모든 설교가 이 과녁에 닿고자 하는 말 걸기가 아닐까, 라는 생각을 해 본다. 정수복 교수의 표현을 빌리자면, '당연의 세계 낯설게 보기'다.『한국인의 문화적 문법』, 생각의나무, 2007.

사실 나에게는 다른 이들이 보지 못하고 볼 수 없는 것을 새롭게 발견해낼 능력이 없다. 만약 그런 능력이 얼마라도 있었다면, 어쩌면 지금 다른 일을 하며 살고 있을지도 모르겠다. 꼭 그랬으면 하는 바람이 있는 것은 아니다. 지금 삶에 조금의 후회도 없다. 그런 까닭에 내가 꿈꾸는 다른 삶은, 새로운 것의 발견이라기보다 익숙한 것을 다르게 보고, 당연하게 여기는 낯익은 세계를 낯설게 보는 삶이다. 이렇게 해서 발견하는 새로움만으로도 충분히 가치 있는 삶이 가능하다고 믿기 때문이다.

빤하게 살고 있는 익숙한 일상에 날마다 하나님 나라의 가치를 포개는 방식이 주는 새로움이다.

낯익은 것들을 낯설게 볼 용기를 내자는 말, 분주한 일상에 매여 아슬아슬한 하루하루를 앙버티며 번다하게 살아내는 이들에게 얼마나 한가한 소리인가. 가진 자, 여유 있는 자의 배부른 소리처럼 들릴 수도 있겠다. 하지만 이게 그리스도인의 숙명인 것을 어쩌겠는가. 가진 것의 유무有無나 다소多少를 넘어 궁구해야 할 하나님 나라의 가치들과 그 나라 백성의 다른 삶이 있는 것을. 하나님의 정확무오하신 작정을 따라 그리스도와의 끊을 수 없는 연합 안에서 그분의 성품에 참여하는 삶이다. 그러니까, 성화聖化.

어떤 상황을 두고서 문득 기시감既視感, Deja vu을 느낄 때보다 미시감未視感, jamais vu을 느낄 때가 더 좋다. 기시감은 이전에 한 번도 경험한 일이 없는 상황이 이미 경험한 것처럼 친숙하게 느껴지는 감각을 뜻한다. 반면, 미시감은 이전에 여러 번 경험한 적이 있는 상황을 지금 처음 경험하는 것처럼 느끼거나 착각하는 감각이다. 기시감은 편안함을 느끼게 할 테고, 미시감은 새로움을 느끼게 할 테다. 반복되는 익숙한 일상에서 새로운 경험을 할 때 얻는 기쁨이 아직은 더 크다. 여태 철들지 못한 까닭일까?

두뇌를 세척하자

> 그럼에도 우리는 여전히 사회의 미덕과 통념을
> 불변의 진리로 여기며 살아간다
> 하지만 가치는 개인의 선택 영역이고,
> 우리가 삶을 지탱하기 위해 절실한 건
> 통념이 아닌 스스로가 세운 신념이다.
> 그러면 우리는 어떻게 해야 할까?

세상에 나온 지 2년이 되지 않아 100쇄를 훌쩍 넘긴 김수현 작가의 『나는 나로 살기로 했다』마음의숲, 2016에서 건져 올린 글 86쪽이다. 「당연했던 것에 질문할 것」의 일부분인데, 정수복 교수의 글과 맥을 같이 한다. 익숙해서 당연하게 여기던 것에 물음을 던지는 것은 그동안 당연한 것으로 받아들였던 사회적 통념을 의심해 보는 것이다. 그리고 그 의심의 자리에서 스스로의 신념을 확고하게 세워야 한다고 말한다. 이를 위해 어떻게 해야 할까? 작가는 깜찍한 제안을 한다. 익숙한 것으로 가득 찬 두뇌를 세척하자고.

> 경제학을 배우기 위해 미국으로 유학을 갔던 이의 말에 따르면,
> 미국 대학에는 브레인 워싱 클래스(Brain Washing Class)라는
> 것이 있었다고 한다.
> 내용인즉, 지금까지 배운 경제학 지식은 모조리 틀렸으니
> 두뇌를 세척하자는 수업이었다.
> 우리가 세계적인 석학들의 경제학 이론이 무엇인지 배울 때,

그들은 그 이론의 어떤 점이 틀렸는지를 찾아내고,
그렇기에 새로운 답을 찾을 수 있었다.
우리, 당연했던 것들에 질문하자.
당신이 믿어온 것이 정말 당신 내면의 목소리인지
아니면 어느 순간 의심 없이 따라온 타인의 목소리인지 묻자.
믿어왔던 진리에 대하여 질문할 때
우리는 한 발 앞으로 나아갈 수 있다.86~87쪽

너무 씩씩해서 매력적이다. 익숙한 것이 숨기고 있는 것에
대해 의심하며 물음을 던지자는 용기가 한없이 가상하다. 짧은
시간에 이룬 100쇄의 위업이 결코 허투루 된 게 아닌 게다. 목
사가 이런 글을 인용하는 게 적절하냐고 따져 물을 이들이 있
을지 모르겠으나, 의심을 거두어도 될 영역이 어디 있겠는가.
"통념의 자리에 우리의 신념을 채우기 위해 우리에게도 브레인
워싱 클래스가 필요하다"87쪽라는 결론 같은 그의 말, 청년들이
새기고, 더 나아가 실행에 옮기면 좋겠다. 지극히 당연한 것으
로 여겨왔던 암묵적 전제들에 균열을 내는 시도가 있어 새로운
이론, 새로운 체제, 새로운 세상이 가능했고, 그러하기에 옛 사
람을 벗고 새 사람을 입는 변화가 가능해질 테다엡4:22-24.

그래서 실행하려 한다. 오랜 꿈이다. 늦었지만, 더 늦고 싶
지 않아 빠르게 실행에 옮긴다. 익숙함에 속아 소중함을 잃어
버리게 하는 일상의 상식常識과 상궤常軌를 벗어나는 일탈을 꿈
꾸는 하나님 나라 이야기를 소소하게라도 짓고 싶다. 「알쓸신
잡3」의 유희열, 유시민, 김영하, 김진애, 김상욱과 같이 밝은 눈

을 가진 출연자들이 피렌체를 비롯하여 많은 도시들을 아름답게, 그리고 가치 있게 전달해 주었던 것처럼.

소소하지만 확실한 행복

소확행, 작지만 확실하게 실현 가능한 일상의 행복을 뜻하는 이 말이 시대정신의 권좌를 차지한 것처럼 보인다. 일본의 소설가 무라카미 하루키가 1986년에 쓴 「랑겔한스 섬의 오후」 『무라카미 하루키 수필집 3』, 백암, 1994에서 처음 쓰인 이 말이 강렬한 설득과 유혹으로 우리의 마음을 사로잡고 있다. 백화점에서 팬티를 대여섯 장씩 사 모아 서랍 안에 잔뜩 쌓아 놓는 것이나 막새로 산 런닝셔츠의 향을 느끼며 입을 때, 하루키는 소확행을 표현했다.

정말 그렇다. 햇살 가득한 창가에 앉아 갓 볶은 원두로 내린 커피를 마시며 깊은 감상에 젖거나 외진 공원 벤치에 앉아 바람에 날리는 낙엽 소리를 들으며 좋은 생각을 떠올리는 일은 그지없는 행복감을 준다. 조용한 예배당에 홀로 앉아 그윽한 상념에 잠길 때 찾아오는 평안함은 말로 표현할 길이 없다. 집 부근 북한산 계곡을 따라 난 등산로를 아내와 함께 걸을 때 느끼는 행복감도 이루 말할 수 없다. 삶의 구석구석에서 일어나는 작은 일들 속에서 실현하는 확고한 행복을 발견하고 소중하게 누리는 것, 분명 삶의 지혜다. 그렇게 사는 유익이 크다.

"2018년 6월 2월 토요일", 내가 섬기고 있는 교회청년부에 몸담고 있는 한 청년과 그의 여자 친구에게서 선물과 함께 손으로 쓴 엽서 한 장을 받았다. '6월 2월', 나의 오타가 아니다. 엽서에 적힌 그대로다. 분명, 그해 '6월 2일 토요일'에 내가 사는 구파발역 주변에서 우리의 만남이 있었다. 이렇게 청년들과 만나 삶을 나누는 일은 내 인생에서 사명 이전에 가장 소중한 소확행 중 하나다. 특히 '소개할 사람이 있다'며 비밀작전 펼치듯 교제하는 상대를 데리고 오는 만남은 언제나 더 설렌다. 이것도 청년사역자의 열매이고 보람이리라.

그 엽서 한 면에는 둘의 마음이 고스란히 묻어난 고마운 글로 꽉 채워져 있었다. 그리고 당시 떠남에 대한 생각이 깊었던 나를 위한답시고 박준 시인의 산문집 『운다고 달라지는 일은 아무것도 없겠지만』난다, 2017에서 인용한 글을 다른 면에 친절하게 써 주었다. 그대로 옮긴다.

일상의 공간은 어디로든 떠날 수 있는 출발점이 되어주고 여행의 시간은 그간 우리가 지나온 익숙함들을 가장 눈부신 것으로 되돌려놓는다. 떠나야 돌아올 수 있다.110쪽

일상의 공간에서 누려온 익숙함들을 가장 눈부신 것으로 되돌려놓을 여행이라면 만사 제쳐두고서라도 떠나야 하지 않을까. 그래서 시인에게 묻고 싶은 게 있다. 여행의 시간을 갖기 어려운 이들은 어떻게 하면 좋을까, 하고.

익숙한 일상에서 가치를 건져내는 마음

　일상 속에서 소중함을 발견해내는 것은 사실 말처럼 그리 쉬운 일이 아니다. 특히 '빨리빨리' 문화가 압도하는 대한민국에서 신음하는 육체로 살아가는 청년들에게는 그저 먼 나라 이야기이기도 하다. 우리의 일상은 삶에서 놓쳐서는 안 될 소중한 것들을 쉬이 지나치게 하는 분주함과 막연한 욕망에 익숙해져 있다. 특히 SNS의 활성화와 함께 인포데믹Infodemic, 거짓정보 유행병. 잘못된 정보나 악성루머 등이 미디어나 인터넷을 통해 전염병처럼 빠르게 확산되는 현상의 확산은 우리의 일상을 한없이 어지럽게 만든다. 코로나19의 팬데믹 상황에서 범람하는 가짜 뉴스에 얼마나 많은 혼란을 겪었던가. 이런 의미에서 21세기형 경건한 그리스도인이기를 진정 원한다면 혀에 재갈을 물릴 뿐만 아니라약1:26, 손가락에도 수갑을 채워야 할 테다. 필요하다면 발에 족쇄까지도.

　사실, 찬란하기를 바라는 멀고 불투명한 미래보다는 가깝고 확실한 일상을 북돋는 욜로YOLO, 소확행, 탕진잼소소하게 탕진하는 재미를 뜻하는 신조어, 방탄소년단의 「고민보다 Go」 가사에 나와 청소년 사이에 퍼짐으로 이어지는 카르페 디엠Carpe Diem, '현재를 즐겨라'는 뜻의 라틴어 아포리즘 계열의 외침은 현실이기보다 희망사항에 가깝다. '88만 원 세대'에서 출발해 'N포세대'를 거쳐 '흙수저'에 이르는 비관적인 전망을 가진 세대론과 잇대어 있기 때문이다. 아, 이 지리멸렬한 청년세대 담론도 이제는 지겹다. 청년들이 맞닥뜨린 현실의 문제를 그대로 끌어안을 뿐 아무것도 바꿔놓지 못하고 있으니.

　청년들의 여행이 잦아지고 있다고 해서 일상이 여유로워졌다고 할 수도 없다. 막막한 미래를 준비하는 버거운 일상 속에서 겨우 숨 쉴 틈을 얻는 정도가 대부분이기 때문이다. 혹 조금의 여유 속에서 지금의 작고 확실한 행복을 누린다 해도 소수의 이야기에 가깝다. 언론이나 SNS에서, 또 설교에서 소수의 성공적인 이야기를 들추어내어 폼나게 장식하는 것은 다수 청년들의 가혹한 현실을 감추는 효과를 가져올 뿐이다. 청년들의 전반적인 삶이 그렇다.

내가 만나는 그들의 일상은 여전히 섬뜩하게 메말라가는 중이다. 무의미한 일상을 빈손으로 견뎌내며 앙버티고 있다. 불길하고 불안하고 불편하니, 아픈 징후다. 마치 실패와 좌절이 예비된 길을 떠나는 이들처럼 보이니, 아프고 슬프다. 의지할 데 없이 외롭고 답답하니, 한없이 막막하다. 좌우ideology의 문제를 넘은 생사life and death의 문제다. 기독청년이라 해서 별다르랴. 그들과 어울리다보면 고단한 자아의 깊은 한숨 소리를 귓결로 자주 듣는다. 그 소리들이 쌓여 내가 쓰는 문장들로 토해져 나오는 것이리라. 살고 죽는 일로 꽉 찬 일상이다.

그래서일까, 소확행 라이프스타일에 호응하는 이들 못지않게 불편한 마음을 드러내는 이들도 꽤 있다. 미래의 삶에 대한 대비도 절실하기 때문일 터. 어느 쪽이든 안정과 행복을 추구하는 삶에 대한 욕구는 별반 다르지 않을 테다.

나에게도 두 입장이 혼재해 있다. 그래서 갖는 물음이 있다. 작지만 확실한 행복을 추구하는 삶에서 일상의 소중함을 발견하려는 마음이 혹 놓치고 있는 것은 없을까? 있다면 무엇일까? 많은 이야기가 가능할 것이다. 나의 소소한 생각 하나를 밝히자면, 소확행의 가치는 익숙함에 기반을 두고 있는 것으로 보인다. 익숙한 일상에서, 그리고 일상의 익숙한 것들에서 가치를 건져내는 마음, 적어도 하루키의 글에서는 그렇게 읽힌다.

하나님의 뜻에 마음을 걸고

살짝 비틀어 묻자면, 우리 그리스도인에게도 소확행이라는 게 있을 수 있을까? 있다면 무엇일까? 이 또한 많은 이야기가 가능할 테다. 스탠리 하우어워스Stanley Hauerwas와 윌리엄 윌리몬 William H. Willimon은 『주여, 기도를 가르쳐 주소서』복있는사람, 2006에서 주님께서 가르쳐 주신 기도의 "오늘 우리에게 일용할 양식을 주시옵고"마6:11를 해석하면서 이렇게 썼다.

> 구원이란, 우리의 삶이 선물일 뿐 아니라 우리의 삶이 하루하루 밥에 의존하고 밥으로 이루어진다는 사실을 깨닫는 것이다. 이 기도는 우리에게 밥이 하나님의 선물이라고 가르친다. 우리 하나님은 우리를 먹이기를 기뻐하시는 분이다.116쪽

이 글은 밥벌이의 숭고함을 떠올리게 한다. 그리스도인은 하나님 나라에서 제공되는 가장 현실적인 선물인 일용할 양식, 곧 그 밥심으로 사는 존재다. "우리의 삶이 하루하루 밥에 의존하고 밥으로 이루어진다." 일상의 익숙함을 이보다 더 실감나게 표현해 주는 글을 아직 알지 못한다. 소확행의 의미도 얼추

읽힌다. 사도 바울이 쓴 서신들의 표현을 빌리자면, 하나님 우리 아버지와 주 예수 그리스도로부터 주어지는 '은혜와 평강이 있는 삶' 정도 되지 않을까 싶다롬1:7, 고전1:3. 너무 거룩해서 부담스럽고 멀게 느껴질까?

달리 표현하자면, 예수님께서 인간의 몸으로 보여주신 '하나님 나라의 복음을 담은 삶'마4:23, 눅4:43이다. 예수님의 삶은 당대 낯익은 종교적 일상과 친숙한 신학적 수사학이 철두철미하게 살균 처리된 것이었다. 소확행이 서랍에 여러 장의 새 팬티를 쌓아두고 새 셔츠를 입으며 그 향을 느끼는 것에서 가치를 찾는다면, 하나님 나라의 복음을 담은 삶은 일상 속에서 하나님의 뜻을 지켜 공의와 정의를 행하는 것에 마음을 건다창18:19. 사람의 아들人子 예수님께서는 그렇게 사셨다.

그리스도인은 예수님과의 거리를 좁히며 사는 존재다. 그 거리를 앞서 헤아리는 사람들은 영적 통증에 시달리는 아픈 이들이다. 왜? 사랑하기 때문이다. 하나님을 사랑하고 이웃을 사랑하기 때문에 그 거리를 좁히려 애쓴다. 그 거리 좁히기의 과정은 언제나 미완이지만, 그것을 조금이라도 메우는 믿음의 행보는 지금 여기를 사는 우리의 몫이다. 그래서 그 거리는 따뜻한 아픔이 된다. 공의와 정의에 건 마음의 실행이 동반되는 까닭이다. 그리고 이것은 하나님께서 아브라함을 선택하여 부르신 이유이기도 하다. 창세기 18장 17절에서 19절까지 말씀을 곱씹으며 읽어보자.

17 여호와께서 이르시되 내가 하려는 것을 아브라함에게 숨기

겠느냐 18 아브라함은 강대한 나라가 되고 천하 만민은 그로 말미암아 복을 받게 될 것이 아니냐 19 내가 그로 그 자식과 권속에게 명하여 여호와의 도를 지켜 의와 공도를 행하게 하려고 그를 택하였나니 이는 나 여호와가 아브라함에게 대하여 말한 일을 이루려 함이니라

하나님께서는 아브라함을 아무 이유 없이 선택하고 부르신 게 아니었다. 의와 공도, 그러니까 공의와 정의를 행하게 하시려고 부르신 것이다. 김회권 교수는 『하나님 나라 신학으로 읽는 모세오경』복있는사람, 2017에서 "아브라함이 세계 만민에게 복이 되리라는 하나님의 약속은 실상 그의 후손과 권속이 공의와 정의를 실천하는 나라와 민족이 되어야 성취된다는 것이다"228쪽라고 했다.

하나님 나라 백성으로서의 관점으로 볼 때, 소확행의 익숙한 일상이 놓칠 수 있는 소중한 가치가 있다면 이것이 아닐까 싶다. '공의와 정의를 행하는 삶이 복되다'는 것. 식상한 신학적 상투어로 읽힐까? 그렇지 않기를 바란다. 상투적인 말은 우리의 사고를 고착시킬 뿐만 아니라 현실로부터 우리를 멀어지게 만들기 때문이다. 공의와 정의는 노동하고 생육하며 번식하는 삶의 길을 이어가는 것에서 행해져야 한다.

공의와 정의를 행하는 것, 곧 하나님의 뜻에 우리의 마음을 걸고 그 마음을 이웃에게 매는 삶이다마22:37-40. 이것이 하나님 나라의 익숙한 이야기가 담고 있는 소중함이자 우리 신앙의 전부다. 주님께서 가르쳐 주신 기도의 정신을 담아 표현하자면,

익숙함에 속아 소중함을 잃어버리게 하는 일상의 경로를 벗어나 다른 삶을 살자는 이야기인 것이다마6:8. 이것이 아브람이 아브라함으로 산 믿음의 이야기이고, 사울이 바울의 길을 걸은 선교의 이야기이며, 초대교회가 그 전통을 이어간 일상의 이야기였다. 그리고 이런 이야기들에 잇대어, 그것은 오늘 우리 삶의 현실 이야기여야 한다.

아브라함이나 바울, 초대교회 성도들은 세속에서 믿음의 삶을 이루어간 성자들이었다. 그들은 가장 암울하고 가장 춥고 가장 배고픈 속에서도 복음의 정신을 놓지 않고 신앙의 줏대를 지켜간 사람들이었다. 이런 맥락에서 같은 신앙을 가진 우리도 세속을 살아가는 성자로서의 면모를 갖추는 게 마땅하다. "내가 거룩하니 너희도 거룩할지어다"레11:45 거룩하신 하나님께서는 우리를 부르셨고, 모든 행실에서 거룩한 자가 되라고 명령하셨다벧전1:15. 거룩은 하나님의 사람들이 일상의 모든 면에서 이루어가야 할 생의 목표다. 거룩, 곧 성스러움을 향한 우리의 걸음은 성속이원론聖俗二元論의 단순한 판단구조가 작동하는 방식으로 이루어지지 않는다. 복잡한 세상 속으로 뛰어들고, 그 속에서 좌충우돌 상박하되 때로는 연약하여 넘어지거나 좌절하기도 한다. 그래서 자주 아프고 서글프다. 그럼에도 불구하고 세속에 물들지 않을뿐더러, 사회적 약자들의 고통에 반응하는 삶을 살아간다. 이를 '경건'약1:27이라 이른다.

성스러움과 상스러움

이와 관련해서 이런저런 자리에서 강의할 때 자주 설명하는 것이 있다. '성聖스럽다'와 '상常스럽다'는 말의 의미에 대한 내용이었다. '상스럽다'는 말은 주로 '언행이 천하고 교양이 없다'는 의미로 사용된다. 더해서, '변함없이 규칙을 지킨다'는 뜻이 담겨 있다. 일상의 익숙한 것들에 변화를 주는 것에 대한 거부감을 가지는 태도라고 할 수 있다. 반면, '함부로 가까이 할 수 없을 만큼 고결하다'는 의미로 쓰이는 '성스럽다'는 말에는 '약삭빠르다'는 뜻이 내포되어 있다. 어떤 변화에 적절하고도 빠르게 반응하는 태도를 가리킨다.

이렇듯 한자어 '聖'과 '常'의 쓰임새가 절묘하고 맹랑하다. 앞서 이 땅을 살았던 우리 선조들은 규율에 매여 변하지 않으려는 삶의 태도를 상스럽게 여겼다면, 그 규율의 빈틈을 눈치 빠르게 포착해내는 삶의 방식을 성스럽게 받아들였던 게다. 새 시대와 새 세상을 여는 방식에 대한 독특하고도 깊은 통찰을 읽을 수 있다.

우리 교회에 '슈퍼창따이'라는 별칭으로 대중음악계에서 활동하는 청년이 있다. 작곡과 작사에 프로듀싱까지 한다. 신승훈, 김범수, 허각, 장우영, 백아연, 코요테, 에이핑크, 틴탑, 미쓰에이, 레이디스 코드, 비스트, 2PM, 2AM 등이 그가 지은 곡으로 노래했고, 많은 가수들이 그의 곡을 받아 데뷔한 경우가 잦았으니, 그 세계에서 꽤 활발하게 활동하는 청년이다. 언젠가 그와 카페에서 장시간 대화를 하는데, 버릇처럼 계속해서 '세상 노래'라는 표현을 사용하는 게 아닌가. 교회에서 부르는 노래와 구별해서 사용하는 것이겠지만, 왠지 귀에 거슬렸다. 그래서 그에게 물었다. "왜 자꾸 '세상 노래'라고 하느냐?"라고. 그의 길었던 대답을 요약하자면, '속俗되다'는 의미에서 '세상 노래'라고 표현한 것이었고, 하나님께 영광이 되는 것과는 거리가 멀다는 뜻에서 사용하고 있었던 게다.

그에게 '성스럽다'와 '상스럽다', 혹은 '거룩하다'와 '속되다'는 말의 의미를 짧게 설명하고, '영역주권'을 말하고, 성경적 텍스트와 세속적 콘텍스트의 만남이 이루어질 때 진리가 실재로서 드러나게 됨을 설핀 말투로 이야기했다. 일반대중이 부를 수 있는 노랫말 속에 얼마든지 하나님 나라의 가치를 담아낼 수 있음에 대해서도 소략하게 설명했다. 이 시대 속에서 현대적 감각으로 성경적 텍스트에 새 생명을 불어넣는 작업이 될 수도 있음을 알아들을 때까지 토로했다. 그리하여, 세속에서 성스러움을 추구하는 삶의 방식에 대해 더 깊이 고민하며 살고 싶다는 그의 말에서 진정성을 느낄 수 있어 흐뭇한 대화였다.

이 맥락에서 잠깐 나눈 대화 중 블랙가스펠의 느낌을 살린 CCM을 짓고 싶다고 했었는데, 그 작업도 진척이 있는 모양이니 기대가 크다. 그는 분명 하나님의 뜻에 마음을 걸고서 세속성자世俗聖者로 잘 살아가리라.

다른 삶을 사는 것

존 스토트John Stott 목사는 산상설교의 핵심을 "그들을 본받지 말라"마6:8라는 말씀에서 찾는다. 그는 『예수님의 산상 설교』 생명의말씀사, 1999에서 이렇게 설명하고 있다.

이 말씀은 예전에 하나님께서 이스라엘 백성에게 "너희는 그 거하던 애굽 땅의 풍속을 좇지 말며 내가 너희를 인도할 가나안 땅의 풍속과 규례도 행하지 말고"(레 18:3)라고 하신 말씀을 생각나게 한다. 그것은 곧 다르게 되라는 명령과 똑같은 것이다. 그리고 이 주제는 바로 산상 설교를 통해서 구체화된다. 그들의 특성은 세상 사람들이 바라는 것과는 완전히 다른 것이 되어야만 했다(팔복). 그들은 어둠 속에 있는 빛과 같이 빛을 발해야만 했다. 그들의 의는 윤리적인 행동에서나 신앙적인 헌신에서 서기관들과 바리새인들의 의를 능가해야만 했다. 또한 그들의 사랑과 야망은 이방사람들보다 더욱 크고 고귀해야만 했다.12~13쪽

'다르게 되라'는 것은 곧 종교개혁자들이 선언한 '성경으로 돌아가자'와 맥을 같이한다. 단순히 다시 성경공부에 천착하자거나 예배 정신을 회복하자는 정도의 말은 아니었을 거다. 오히려 그것은 성경이 가르치는 바를 일상에서 확실하게 실현하는 삶, 곧 다른 삶을 살자는 것에 더 가까웠으리라. 그런 의미에서 성경의 중심주제인 하나님 나라는 그리스도인에게 있어 일상을 지배하는 해석의 절대지평絶對地平으로써 작동할 뿐만 아

니라, 메타적 사유Mata-Thinking, 사유 위의 사유로 존재한다. 일상의 가치를 제공하는 원천이라는 의미다. 그러니 일상의 이야기는 곧 하나님 나라를 사는 이야기여야 한다.

이런 삶을 내가 속한 장로교단에서는 '개혁신앙改革信仰'이라고 한다. 2018년에 SFC출판부를 통해 개혁신앙과 관련한 두 권의 소그룹공부교재『알아보자! 개혁신앙』과『살아보자! 개혁신앙』를 동료 사역자들과 함께 공동집필하여 세상에 내놓았다. 그때 '교재안내'를 위한 글을 대표해서 쓰면서 개혁신앙인의 삶의 의미를 이렇게 정의했었다.

개혁신앙인은 바른 교리 안에서 개인의 경건을 증진하며 각자의 영역에서 하나님의 주권을 드러내는 삶을 삽니다. 이것이 개혁신앙인의 삶의 문법입니다. '성경으로 돌아가자'는 외침에 가장 신실한 삶입니다.

그렇다. 개혁신앙은 곧 하나님 나라 이야기를 따라 다른 삶을 사는 것이다. 이런 다른 삶을 가능하게 하는 원동력은 무엇일까? 나 자신의 믿음이나 헌신에서 찾는 것은 불완전하고 위험하다. 도덕주의나 자기중심주의에 빠져들 가능성이 항상 농후하다. 결국 세속주의에 이르고 만다. 바른 교리에서 이탈한 신앙, 개인의 경건을 상실한 신앙, 하나님의 주권에 무감각한 신앙, 이 셋 중 어느 하나에라도 기운다면 불안한 개혁신앙, 그래서 결국 탈진한 개혁신앙인이 되고 말 테다. 갈아치우거나 일구어야 한다.

다른 삶의 원동력은 하나님의 언약에 있다고 나는 생각한다. '나는 너희의 하나님이 되고 너희는 내 백성이 되리라'는 언약의 목적에 붙들릴 때 다른 삶이 가능해진다. 하나님 중심의 삶이자 하나님의 주권에 붙들린 삶이다. 이것을 두고 종교개혁자 장 칼뱅Jean Calvin은 『기독교강요』 앞부분에서, 자기 생활 속에서 하나님의 계획에 순응하는 사상으로 무장하는 것이며, 우리라는 존재가 우리 자신에게서 비롯된 것이 아니라 하나님께로부터 온 것임을 분명히 규명하는 삶이라고 설명한다. 하나님께로부터 비롯된 삶을 사는 것, 하여 다른 삶이다.

유진 피터슨은 다윗의 이야기를 통해 현세를 살아가는 그리스도인의 영성에 대해 쓴 『다윗: 현실에 뿌리박은 영성』IVP, 1999에서 이렇게 말하고 있다.

하나님은 다윗이 언약을 배신하지 않도록 그를 지키신다. 하나님은 다윗이 자신의 기름부음에 충실하도록 그를 지키신다. 하나님은 자신의 구원을 이루신다. 영적인 삶의 가장 중요한 관심은 우리가 하나님을 위해 무엇을 하느냐가 아니라 하나님이 우리를 위해 무엇을 하고 계신가이다120쪽.

우리는 참 애쓴다. 우리 자신이 하나님을 위해 무엇을 할 것인가에 몰두한 삶을 올바른 신앙생활이라 여기며 살아간다. 그러나 하나님께서는 성경을 통해 계속 말씀하신다. '나의 뜻이 무엇이고, 너희를 위해 내가 어떻게 역사하고 있는지 알라'고. 그래서 "나라가 임하시오며, 뜻이 하늘에서 이루어진 것 같이 땅에서도 이루어지이다"마6:10, 이렇게 기도하라고 예수님께서는 가르치셨다. 하나님께서 우리를 위해 무엇을 하고 계신지 깨닫고 반응하는 게 영성일 거고, 그 깨달음을 따라 살아가는 게 제자도일 테다.

선한 능력으로

우리는 미지의 세상이 아닌 익히 알고 있는 세상 속에서 하나님을 찾아야 합니다. 하나님은 우리가 해결하지 못한 문제 상황 속에서가 아니라 이미 문제가 해결된 상황 속에서 그분의 존재가 깨달아지기를 원하십니다. …… 하나님은 임시변통적인 존재가 아닙니다. 우리는 평소 삶의 중심에서 하나님을 깨달아 알아야 합니다. 하나님은 죽음이 닥쳤을 때뿐만 아니라 일상 가운데서, 고통 속에서뿐만 아니라 건강하고 혈기 왕성한 시기에도, 죄의식을 느낄 때뿐만 아니라 일상적으로 활동하는 중에도, 우리가 그분의 존재를 인식하기를 원하십니다. 하나님은 예수 그리스도를 통해 우리에게 가까이 다가오신 분이기 때문입니다. 하나님은 삶의 중심이십니다.아랫책, 44쪽

루터교회의 목사인 존 매튜스John Matthews가 쓴 『디트리히 본회퍼의 그리스도 중심적 영성』SFC, 2006에 실린 본회퍼Dietrich Bonhoeffer 목사의 글이다. 1944년 5월 29일에 쓴 글이란다. 그는 반히틀러 운동을 전개하다가 1943년 4월 5일에 체포되었고, 1945년 4월 8일 39세의 나이에 처형당했다. 그러니 저 글은 감

옥에서 쓴 것인데, 그 극한의 상황 속에서도 일상 안으로 찾아오신 하나님을 중심에 모신 삶에 대해 기록하고 있었던 게다. 글이 너무 평온해서 더 강렬하게 마음을 흔든다. 갇힌 몸인 까닭에 간절한 마음으로 구원의 기적에 매달려도 모자랄 판국인데, 오히려 일상에 가까이 찾아오신 하나님을 인지하기 바라며 글을 쓰는 그의 모습을 떠올리니, 일상의 기적에 대한 상상이 더 간절하다.

그러고 보니, 2018년 여름, SFC에서 매년 갖는 '대학생대회'의 기도회 때 1300여 명의 청년들과 함께 불렀던 〈선한 능력으로Von guten Mächten〉라는 찬양이 그랬다. 본회퍼 목사가 1944년 겨울 어느 날 옥중에서 쓴 마지막 시에 독일 작곡가 지그프리트 피에츠Siegfried Fietz가 곡을 붙인 고백찬송이다. 기도회를 인도하면서 처음에 그냥 불렀을 때는 대부분이 멀뚱멀뚱했다. 생소한 곡이었던 까닭도 있지만, 뜨거워야 할 수련회기도회와 어울리지 않는 가사에 공감하지 못했던 까닭이다. 본회퍼 목사의 생애와 가사가 된 시의 내용을 간단하게 설명한 후 다시 불렀다. 아름다운 가사에 삶이 덧붙여지니 뜨거워졌다. 어떤 청년들은 눈물을 흘리며 불렀다. 그리고 그날 청년들의 기도는 어느 때보다 더 간절했다. 평온한 가사 속에서 자신의 일상에 찾아오셨던 하나님을 떠올린 까닭이었으리라. 우리 삶의 뜨거움은 일상과 떨어져 느낄 수 있는 것이 아니었던 게다.

그래서 나무엔CCM가수이 번역하고 부르는 노랫말이 너무 좋다.

그 선한 힘이 우릴 감싸시니 믿음으로 일어날 일 기대하네

주 언제나 우리와 함께 계셔 하루 또 하루가 늘 새로워

곤혹스럽고 당혹스러운

주님께서 언제나 우리와 함께 계시기에 하루하루가 늘 새로운 삶. 본회퍼 목사처럼 성경 속 이야기를 허구가 아닌 진리로 받아들이는 사람들의 삶의 이야기는 늘 새롭고 다르다. 조금 더 솔직하게 적자면, 달라야 한다. 그러하기에, 일상의 익숙함을 이야기하는 마음의 레짐regime을 뒤흔드는 다른 이야기로 삶을 채우며 사는 이가 그리스도인일 테다. 어떤 이야기일까? 어떤 이야기여야 할까? 예수님께서는 하나님 나라의 복음을 이야기하셨고, 그렇게 사셨다눅4:43. 바울 또한 매한가지였다행28:31. 우리가 하나님 나라 이야기를 나누면서 그 이야기 안에 살 때 행복을 느낀다면, 지금 여기에서 그 나라의 백성으로 잘 사는 것일 테다.

"인생은 가까이서 보면 비극이지만 멀리서 보면 희극이다 Life is a tragedy when in close-up, but a comedy in long-shot." 영국의 희극배우였던 찰리 채플린Charles chaplin의 말이다. 이런 점에서 꼭 해야 할 부끄러운 고백 하나가 있다. 그동안 교회의 목사와 SFC의 간사로 살면서 청년들에게 하나님 나라에 대한 설교와 강의를 숱하게 해 왔지만, 실감 있게 가닿지 못하고 있다는 낭패감을 지울 수 없다. 정말 곤혹스럽고, 그래서 당혹스럽다. 청년들의 갈등과 아픔과 분노와 고뇌를 적당하게 감당할 만한 자리에

서 너무도 쉽게, 편하게, 그리고 자의적으로 그들을 타자화하며 살아왔던 까닭일 테다. 나의 알량한 지식의 틀 안에 그들을 가두려는 데데한 좀팽이 노릇을 했던 게다. 이것은 나의 분석이라기보다는 반성이다.

예배당 안에 갇히고 세대에 갇힌 신학적 수사에 지나지 않을 말들의 나열이 무엇 하나 바꿀 수 있겠는가? 날선 의식으로만 채워지지 않는 기독청년들의 신앙적 허기를 채울 수 있는 그 어떤 일을 위한 진정한 쇄신이 가능할까? 나 자신에게 묻는다. 나는 청년들과 어울림으로써만 다행하고 싶기 때문이다. 그러니까, 정情이다.

청년들의 삶에 닿지 못한다는 낭패감에 빠져 마냥 포기하는 것도 곤혹스러운 일이다. 그래서 하나님 나라의 가치에 마음을 거는 이야기를 조금은 더 실감 있는 일상의 이야기로 만들어 보고 싶다는 열망 하나를 버킷리스트에 추가했다. 하나님 나라의 가치는 삶의 열정을 불러일으키는 발전소와 같기 때문이다. 나의 글이 청년들의 영혼을 뒤흔들 만한 열광을 조금이라도 가져올 수 있다면, 그것은 하나님 나라의 가치들에 그들의 삶이 접속된 때문이리라.

의심하고 또 물어야 한다

누가 뭐래도 역시 익숙한 것과의 이별은 쉽지 않은 법이다. 그러니 소중한 것을 잃지 않기 위해 어찌할 것인가? 의심해야 한다. 의심하고 또 물어야 한다. 일상을 곧 세속인양 말하는 데 서는, 그리고 그 세속이라는 말이 주는 울림에서는 저 물음을 더 절실하게 던질 필요를 느낀다.

어느 토요일 계란감자국이 나온 저녁식사 때였다. 여섯 살 이었던 딸 시윤이가 그 국을 몇 숟가락 떠먹더니 갑작스레 이 렇게 말하는 게 아닌가. "아빠, 엄마가 만들어 준 계란감자국을 먹으니까 마음이 따뜻해졌어." 그 순간부터 우리 네 가족 모두 그 말의 울림이 큰 대화를 나누며 따뜻한 식사를 했다. 시윤이 에게는 일상에서 소중한 것을 찾아내는 시인의 마음과 안목이 있었던 게다.

그날 감동은 거기서 끝나지 않았다. 식후 거실에서 제각각 시간을 보내고 있었다. 나는 '카카오톡'에 실린 프로필사진을 한참 보고 있었다. 내 얼굴 대신 시윤이의 예쁜 얼굴이 실려 있 었다. 옆에서 그 모습을 무심한 듯 지켜보던 시윤이가 하는 말, "아빠, 내 얼굴 사진 보면서 사랑에 빠졌지?" 순간 터진 한소끔 웃음과 함께 내 얼굴은 빨개졌다. 아이의 말은 계속 이어졌다. "괜찮아. 부끄러워하지 마. 나도 아빠 사랑해!" 아, 이 감동 어 찌할 것인가.

그랬다. 하나님 아버지께서는 우리를 먼저 사랑해 주시고, 일편단심 우리를 바라보고 계신다. 확신컨대, 우리를 향한 그 사랑의 프로포즈에 응답하는 삶일 때 소중한 것들이 깃드는 일 상이 되리라.

여기까지 이르러 다시 생각해보니, "집은 없어도 생각과 취 향은 있어!", 이 말이 지금은 다양한 의미로 읽힌다. 이 글을 읽고 있는 당신은? 분주한 일상이어서, 가난한 삶이어서 놓치고 있는 당신의 그 무엇이 있는가? 나의 글에 공감하지 않아도 좋다. 당신의 생각과 취향이 있을 테니. 다만, 그분의 사랑이 짝사랑으로 끝나지 않는 일상이면 좋겠다.

커피 한 잔

소중한 것에 대해 글을 쓰려다 커피를 마시며 여행을 떠올렸다. 그래, 뭔가 집중해야 할 일을 앞두고는 늘 커피를 찾는다. 커피와 독서, 커피와 묵상, 커피와 설교준비, 커피와 대화, 커피와 상상, 그리고 이제는 커피와 글쓰기다. 소중한 것을 건져 올릴 수만 있다면 시윤이처럼 낯선 언어와 표현도 서슴없이 써보려 한다. 낯섦이 주는 불편함이 있더라도. 커피 한 잔이면 그 무엇인들 못하랴. 나의 얼마간 소확행은 커피와 함께 실감나는 상상으로 하나님 나라를 여행하는 것이 되리라.

이렇게 하늘 뜻에 마음을 건다. 자꾸 하늘을 올려보다 보니 떠도는 바람인 양 구름인 양 절로 유유자적한 일상인 듯 착각에 빠져들곤 한다. 하늘 보던 그 시선 내리니 흐르는 물처럼 살고픈 일상에 대한 바람이 마음속으로 흘러든다. 그렇게 산다.

"주님, 오늘도 커피 한 잔 하시죠! 상큼한 에디오피아 시다모 G2로 준비했습니다."

2. 하나님 나라의 현재성, '지금 여기'

↳ RE: 이 땅 청년의 성대는 커다랗다

세상은 우리에게 향락을 위한 흥분제를 권합니다. 교회가 세상의 희망이 되지 못하는 절망스런 상황을 이겨내느라 이 땅의 기독청년들은 진통제를 먹으며 울분을 삼킵니다. 그러니 성대가 커다랗게 부어오를 수밖에요. 할많하않…….

바리새인들이 하나님의 나라가
어느 때에 임하나이까 묻거늘
예수께서 대답하여 이르시되
하나님의 나라는 볼 수 있게 임하는 것이 아니요
또 여기 있다 저기 있다고도 못하리니
하나님의 나라는 너희 안에 있느니라

누가복음 17장 20~21절

흥분제가 아닌 진통제를

"내가 그발 강 가 사로잡힌 자 중에 있을 때에"겔1:1, 선지자 에스겔의 처지가 이러했다. 그발 강은 갈대아 땅에 있고 사로 잡힌 상태이니 포로였던 게다. 자유를 침탈당한 노예의 삶이니 울 수밖에 없었을 터. 시편 137편의 시인은 이렇게 울부짖는다.

우리가 바벨론의 여러 강변 거기에 앉아서 시온을 기억하며 울었도다1절

이렇듯 시편 시인詩人은 철저하게 시인時人이었다. 시를 쓰는 사람은 분명 그 시대의 사람이자 삶의 자리에서 일어나는 일을 제대로 포착해내는 사람이다.

포로의 삶이란, 자신이 어디에 속해 있는지 알기에 돌아가 고 싶은 곳이 있지만, 지금은 돌아갈 수 없음을 아는 고통과 비 참이다. 돌아가고 싶은 그곳을 기억하며 외진 곳을 찾아 웅크린

채 울 수밖에. 지배자들 앞에서 비참한 감정을 들킬 수 없어 눈물을 삼키느라 눈은 더 커지고 성대聲帶, vocal cords는 더 확장된다. 그래서 시인 김경후는 시 「코르크」『열두 겹의 자정』, 문학동네, 2012에서 "울음을 참는 자의 성대는 커다랗다"라고 반복해서 말한다.

"자기들을 위해 시온의 노래 중 하나를 노래하라"시137:3하는 지배자들의 번롱하는 요구 앞에서 시편 시인은 그 수치를 되갚으리라 마음먹으며 울분을 삼킨다. 어찌 이방 땅 지배자들 앞에서 그들의 놀잇감 삼아 여호와의 노래를 부를 수 있겠는가. 울분을 삼킨 에스겔의 울대는 부어올랐고 혀는 입천장에 달라붙었을 테다. 지배자들은 자신들의 향락을 위해 포로에게 흥분제를 먹이려 했지만, 에스겔은 진통제를 씹어 삼키고 있었던 게다. 이렇게 키워진 커다란 목청은 세속의 지배정신에 둘러싸여 사는 하나님 나라 백성의 징표가 아닐까.

불꽃으로

하나님의 주권을 이 땅위에!

대학에 갓 입학한 후 지나가던 중앙도서관 앞에 널린 현수막에서 저 무시무시한 글을 발견했다. 동아리들이 내건 수많은 현수막의 휘황찬란한 유혹들을 제치고 운명처럼 나에게 읽혔다. SFC에서 걸어두었던 게다. 그 순간부터 지금껏 내 가슴속 잉걸불이 되어 이글거렸다. 니체Friedrich Nietzsche가 말했던 바, 마치 아모르 파티amor fati라도 되는 양. 저 구호 하나 붙들고서 일상의 주권 전쟁을 치르느라 지금까지 아무도 알아주지 않는 일을 운명 삼아 살고 있다. 캠퍼스에서 SFC간사로, 혹은 교회에서 청년사역자로.

사역자라고 해서 꼭 성경만 읽는 것은 아니다. 할 것 다 한다. TV도 본다. 지나간 프로그램들 중 보지 못했거나 다시 보고 싶은 것이 있으면 '다시보기'의 편리를 이용하기도 한다. 그 덕에 얼마간 식민의 땅에서 울분을 삼키며 산 이들의 얽히고설킨 이야기에 푹 빠져 지냈다. tvN 드라마 「미스터 션샤인」이응복 연출, 2018 방영이다. 그 '얼마간'은 사실 2018년 12월 마지막 주간이었고, A형독감에 걸려 방 한 구석에 격리된 채 보낸 고통의 시간이기도 했다. 12시간마다 빠트리지 않고 타미플루Tamiflue를 복용했다. 영판 실없는 꼬락서니 하고서 드라마의 이야기를 흡수하는 데만 5일이라는 시간을 꼬박 바쳤다. 한해의 마지막 시간을 오직 나만을 위해 사용한 셈이다. 본방사수에 실패한 경우가 잦았던 까닭에 다시 보는 데도 재미가 쏠쏠했다.

이병헌유진 초이 역, 김태리고애신 역, 유연석구동매 역, 변요한김희성 역, 김민정쿠도 히나 역, 김갑수황은산 역, 최무성장승구 역을 비롯한 배우들의 완벽한 연기, 그래서 푹 빠져들 수밖에 없는 실감나는 이야기다. 그들은 커다란 성대의 소유자들이었다. 바벨론 그발 강가에 선 에스겔의 심정 못지않은 구구절절한 사연들을 안고서 격변의 구한말을 살아낸 이들이었기 때문이다.

등장인물들 사이의 대화 중 새기고, 또 새기고 싶은 것들이 너무 많다. 유진 초이와 고애신 사이의 대화 하나를 옮긴다.

유진: 수나 놓으며 꽃으로만 살아도 될 텐데. 내 기억 조선 속
　　사대부 여인들은 다들 그리 살던데.
애신: 나도 그렇소. 나도 꽃으로 살고 있소. 다만 나는 불꽃이
　　오. 양복을 입고 얼굴을 가리면 우리는 얼굴도, 이름도
　　없이 오직 의병이오. 그래서 우리는 서로가 꼭 필요하
　　오. 할아버님께는 잔인하나 그렇게 환하게 뜨거웠다가
　　지려 하오. 불꽃으로. 죽는 것은 두려우나 난 그리 선택
　　했소.

　　바람 앞의 촛불처럼 아슬아슬한 땅 조선으로 미국, 일본, 러
시아와 같은 제국들이 앞다퉈 뛰어들고 있던 시기에, 그들은
비겁과 한탄과 울음 대신 불꽃으로 바둥거리며 살았다. 적당히
타협하면 편안한 삶을 누릴 수도 있었을 고애신이 그랬다. 조
선 사람이면 누구나 우러르는 대가댁 애기씨, 첫 느낌은 이슬
이라도 먹은 듯 투명하고 영롱했다. 하지만, 그녀는 격변의 시
기를 그대로 반영하기라도 한 듯 상상 밖 좌충우돌이다. 그녀
의 교묘한 변신은 권력과 편안함 대신 적의 총칼 앞에서 울분
을 삼키며 비참과 절망에 처한 나라를 구원하는 의병義兵으로
서의 되알진 삶의 한 단면을 생생하면서도 절실하게 보여준다.
조선 땅이 돌아가고 싶은 곳으로 전락하기 전에 먼저 주권을
지켜내려는 생사를 건 삶이다.
　　각기 다른 배경과 신분을 가진 유진 초이나 구동매, 그리고
김희성의 이야기도 의병의 삶에 맞닿도록 에두른다. 뿐만 아니
라, 고애신이라는 한 여인과 세 남자 주인공 사이의 엇갈림과

비틀림, 그리고 엮임으로 인한 사랑이야기가 달콤살벌하다. 역사드라마인 듯하면서도 멜로드라마 같은 재미가 쏠쏠하다. 저항의 낱말과 사랑의 속삭임이 낯설지 않게 공존한다. 이렇듯 작가의 기묘한 발상과 섬세한 대사가 나로 하여금 어두운 시대와 그대로 직면하게 하면서도 무거울 수 있는 마음을 가볍게 녹여낸다.

그런데 이상했다. 회回를 거듭할수록 나의 목이 부풀어 올랐으니, 어쩔 수 없이 한민족韓民族인가 보다. 다른 어떤 것으로도 환원되지 않는 이 땅의 사람임을 자각하게 만들었다. 해묵은 반일감정이었을까? 몇 언론은 그렇게 해석했다.

그러면 민족의 경계를 넘어서야 할 그리스도인으로서 나의 사유가 흔들렸던 것일까? 그럴 수 있다. 결국 제국들이 침범했던 조선 땅은 그발 강가에 선 에스겔이 그렇게도 돌아가고 싶어 했던 예루살렘인 것은 아닐까. 신학의 클리셰cliché, 진부하거나 틀에 박힌 생각로는 쉽게 포착되지 않을 감정이다. 어쨌든 커다란 성대를 가졌던 에스겔처럼 그때 나의 성대는 부풀어 올랐다. 「미스터 션샤인」의 많은 시청자들의 성대 또한 그러했으리라.

사랑에 기초한 저항

불의한 권력에 저항하는 삶은 어떠해야 할까? 로마가톨릭 쪽의 평신도신학자인 김근수 소장해방신학연구소은 "원수를 사랑하라"눅6:35는 예수님의 말씀을 『가난한 예수』동녘, 2017에서 이렇게 해석하고 있다. "원수를 사랑하라는 말은 원수를 비판하거나 저항하지 말라는 뜻이 아니다. 적개심에 기초한 저항이 아니라 사랑에 기초한 저항을 하라는 말이다"123쪽. 원수를 사랑하는 것을 '사랑에 기초한 저항'이라는 독특한 해석으로 연결시켰다. 우리 동네에서는 익숙하지 않은 표현이다. 내가 썼다면 오해 받을 일이다. 로마가톨릭이든 개신교든 해방신학자들의 '정의'나 '사랑', 그리고 '저항'에 대한 신학적 해석은 아무래도 내가 몸담고 있는 곳보다 훨씬 치열하고 강렬하다.

몇 년 전, 200여 명 학생들을 대상으로 하나님 나라를 주제로 강의하던 중 '해방'이라는 말을 언급했더니, 오해받을 표현을 사용했다며 진심으로 걱정해주는 동료가 있었다. 그 걱정이 이상하게 고마웠다. 그래서 했던 말, "우리가 사용하고 있는 성경에 '해방'이라는 용어가 여러 차례 나오는 데도 나는 쓰면 안 되겠니?" 그때 나의 답변이었다. 이른바 해방신학解放神學에 대한 보수신학 진영의 무조건적인 거리두기 때문이었다. 신학의 경계를 숨 막히도록 너무 촘촘하게 세우고 살다보니 무섭고도 우스운 자기검열의 촉수가 쉴 틈 없이 꿈틀거린다. 어찌 보면 자가격리인양 느껴질지도 모를 일이다.

김근수 소장은 누가복음 6장 27절에서 36절까지를 해석하면서 정의와 자비와 사랑, 그리고 저항을 연결하며 이렇게 설명하고 있다.

정의로운 사람만 진실로 자비로울 수 있다. 정의감이 모자란 자비로운 사람이 되려는 욕심은 지나치다. 정의 없이 자비도 없다. 사랑이 없고 저항하지 않는 사람은 원수를 사랑하라고 언급할 자격이 없다. 저항하지 않는 사람은 자신의 태도가 사랑에서 비롯된 것인지 돌아봐야 한다. 불의한 세력에 저항하지 않는 사람이 자신은 사랑으로 가득 차 있다고 생각하는 것은 착각이다. 사랑 없는 저항은 위험하지만, 저항 없는 사랑은 존재하지도 않는다124쪽.

정말 그렇다. 사랑 없는 저항은 위험하다. 마냥 폭력으로 흘러가는 경우가 허다하다. 대신 저항 없는 사랑은 공허하다. 그의 말대로 존재하지 않는다. "너희 아버지의 자비로우심 같이 너희도 자비로운 자가 되라"눅6:36, 자비로우신 하나님, 그리고 예수님께서는 결코 불의와 그것에 기댄 세력을 향해 공허한 사랑을 남발하지 않으셨다. 불의를 용납하지 않으셨고, 선택한 백성들과 제자들로 하여금 그 불의에 저항하도록 이끄셨다. 불의로 진리를 막는 사람들의 불경건과 불의에 대해 진노하셨다롬 1:18. 불의한 세력에 저항하지 않으면서 마치 사랑으로 가득한 척 행동하는 이들의 가식은 세상에서뿐만 아니라 예배당 안에서도 더 이상 설 자리를 찾기 어렵게 될 것이다. 너나없이 성경을 제대로 읽기만 한다면.

최근 스탠리 하우워어스Stanley Hauerwas의 『덕과 성품: 좋은 삶을 일구는 핵심 미덕 14가지』IVP, 2019를 읽었다. 스탠리가 대부모代父母로서 대자녀代子女인 로렌스Laurence에게 쓴 편지글이다. 그리스도인으로서 갖추어야 할 미덕에 대한 따뜻하고 아름다운 가르침이 가득 담겨 있다. 나의 아들 시우와 딸 시윤이가 조금 더 자라면 꼭 읽도록 권하고 싶다. 스탠리는 '정의Justice'에 대해 이렇게 말한다.

하나님이 정의시고, 우리는 하나님을 바라봄으로써만 정의가 어떤 것인지 알 수 있어. 하나님이 예수 그리스도 안에서 우리 중 하나가 되신 이유는 우리가 서로와 세상에 대해 그분의 정의가 되는 법을 배우게 하기 위해서야. 그 정의, 하나님의 사랑에서 태어난 정의는 우리를 상상 이상의 존재로 만들어 우리 한계를 넘어 흘러가지.119~120쪽

사랑에서 태어난 정의는 불의한 자들을 정의롭고 은혜롭게 대할 것을 요구한단다. 그것이 정의롭게 사는 데 있어서 가장 어려운 문제임을 너도 나처럼 발견하게 될 거다. 그러나 우리는 하나님이 바로 그렇게 우리를 대하셨고 우리가 가장 심각한 원수인 우리 자신과 평화롭게 살 수 있게 하셨음을 기억해야 해.120쪽

그리스도의 정의는 '사람들의 얼굴'을 통해 드러난다는 점을 기억하렴. 너는 불의 때문에 일그러진 얼굴을 보고 불의를 알아보게 될 거야. 정의롭기 위해서는 고통받는 이들의 얼굴을 볼 때 고개를 돌리지 말아야 할 거야. 정의롭기 위해서는 고통받는 이들을 위해 무엇인가 하기보다는 그들과 함께하는 법을 배워야 해. 정의롭기 위해서는 그리스도께서 노니시는 수만 곳을 보는 법을 배워야 해. 그리고 거기서 그리스도와 함께 노니는 법을 배워야 하지.같은 쪽

우리는 정의, 평화, 사랑과 같은 하나님 나라의 가치들이 종

교적 모습을 띠며 드러나야 거룩하다며 환호를 보내곤 한다. 그러나 하우어워스는 '사람들의 얼굴'을 통해 드러난다고 가르친다. 사실 이렇게 나뉘는 양상은 예수님과 바리새인들 사이에서, 그리고 오늘날 우리들 사이에서 끊임없이 지속되고 있는 싸움이다. 나는 시우와 시윤이에게 '예수님 편에 서라'고 가르칠 거다. 그러니 '언제나 사람들의 얼굴을 세심하게 보라'고 이르는 게 마땅할 테다.

데퉁맞은 바리새인들의
저 애꿎고 허무한 물음

예수님의 시각으로 바라본 바리새인은 겉치레外飾하는 종교인의 이미지로 각인된다. 겉만 번지르르한 종교인, 그래서 회칠한 무덤 같은 존재로 인식되는 이들이 바리새인들이다. 그러나 그 시대의 눈으로 보면, 하나님의 말씀을 '갖고 노는' 경지의 사람들이 아니었던가. 예수님과의 논쟁에서 보여주는 하나님의 말씀을 갖고 노는 현란함은 쉬이 무시할 수준이 결코 아니었다. 역사적 문헌 속 그들의 삶은 지금 우리의 삶에 비춰 봐도 거룩과 경건의 초절정이었다. 적어도 현란한 신학적 기술에서 진정성의 상실이 들춰지기 전까지는 그랬다.

바리새인들의 알량한 신학적 지식과 얄팍한 교리적 삶을 까발리신 예수님의 정체는, 지금도 영성 깊은 삶을 추구하는 이들에게는 카타르시스 그 자체다. 예수님의 뱀뱀이가 널찍하지 못함에서 비롯되었던 것일까? 그럴 리 없다. 하나님의 뜻에 비추어 볼 때 터무니없는 까닭에 분노하시고 들추어내신 것이다. 율법 습득과 예전 수행과 성경지식 고양을 통한 종교적 실현에 몰두한 까닭에 사회적 감수성을 상실한 그들의 무감각을 질타하신 것이다.

믿는 사람마다 영생을 얻게 하고자 독생자를 내어주시기까지 하나님께서 사랑하신 세상, 그 세상을 사는 이들의 생활에 묻은 불가피한 문법이 있기 마련인 것을. 나름의 율법을 가져다 판단하기 전에 사랑으로 먼저 살펴야 할 생활이 있음을 바리새인들은 알지 못했던 모양이다. 0과 1이라는 두 개의 비트만으로 복잡한 세상만사를 다 설명할 수 있다는 단순한 사고만큼이나 교리로 모든 것을 분별하고 판단할 수 있다는 사고방식은 아찔하고 위험하다. 오랜 세월 뭉근하게 고아지되 같은 듯 반복되지 않는 복잡미묘한 생활의 이야기를 어찌 섣부르고 단순한 이론 속으로 욱여넣을 수 있단 말인가. 사랑은 생활의 복잡함을 복잡하게 보아내는 마음일 테다. 그래야 약자의 삶에 더 진실하게 다가갈 수 있는 법이다.

"하나님의 나라가 어느 때에 임하나이까"눅17:20, 이 돌연한 물음의 생명력은 참으로 검질기다. 2천년 세월을 흘러 오늘을 그리스도인으로 사는 우리의 모습을 보노라면, 이미 임한 나라를 힘껏 살기보다는 장차 임할 나라의 시기를 묻는 일에 더 힘쓰는 듯 보이기 때문이다. 나만의 착각일까? 그러면 좋으련만, 아닐 거다.

저 질긴 물음에 대한 주님의 일갈에 아무 감응 없이 사는 까닭에 옹송망송하기만 하다. "하나님의 나라는 볼 수 있게 임하는 것이 아니요 또 여기 있다 저기 있다고도 못하리니"눅17:20-21, 대체 무슨 말인가? 하나님의 나라가 임하는 징조를 특정할 수 없다는 뜻으로 읽힌다.

이어지는 말씀, "하나님의 나라는 너희 안에 있느니라"눅17:21, 이것은 설명이기보다 단언斷言에 가깝다. 이미 우리 일상 가운데 작동하고 있다는 거다. 예수님께서 이미 임한 하나님 나라에만 빠져 미래에 완성될 것에 대해 소홀한 것일까? 그럴 리 만무하다. 예수님께서는 여러 방식을 동원해 이미 임했고, 지금 임하고 있으며, 앞으로 임할 그 나라의 시차와 어울림을 완벽하게 설명해 주신다. 이것은 구원의 개념과도 이어진다. 우리는 이미 구원을 받았고엡2:8, 현재 구원을 이루어가고 있으며고전1:18, 장차 완성된 구원을 얻게 될 것이다딤후4:18. 우리는 당연히 하나님 나라나 구원에 대한 이와 같은 총체적 이해 속에서 "하나님의 나라는 너희 안에 있느니라"라는 말씀을 읽어야 한다.

"너희 안에", 이에 대한 다양한 해석이 존재한다. '너희 마음속에'로 이해되기도 하고, '너희 공동체 안에'라는 의미로 읽히기도 한다. 예수님께서 함께하시는 바로 그곳이 하나님 나라이기도 하고. 더해서, 우리가 일상에서 맺는 다양한 관계로 확장해서 이해하는 것도 불가능할 일은 아닐 테다. 하나님 사랑을 지향하는 우리가 이웃을 향한 사랑의 관계를 맺고자 하는 일이 곧 하나님 나라의 실현일 테니.

이렇듯 그리스도인은 마음으로, 공동체 속에서, 그리고 일상의 관계 속에서 이미 오신 예수님을 통해 하나님 나라의 복음을 담고 사는 존재다. 애당초 변화산에서 초막 짓고 살겠다는 희망을 내려놓고 사는 자들이다. 그러니 데퉁맞은 바리새인들의 저 물음은 애꿎고, 그래서 허무하다. 예수님께서는 사역을 시작하는 시점부터 때가 찼고, 하나님 나라가 가까이 왔으니, 회개하고, 복음을 믿으라고 줄곧 선언해 오시지 않았던가막1:15.

그러니 바리새인들의 저 물음은 하나님 나라에 대한 몰이해의 뒷북치기이자 종파적 뇌피셜에 불과하다. 이미 도래한 하나님 나라의 복음을 품지 못한 이들의 신학이고, 그 나라의 윤리를 외면하는 몰염치한 이해에 기반을 둔 외식적 종교인들의 교리다. 그래서 나라를 잃고서도 뻔뻔하게 부귀영화를 누리는 이들의 매국적 물음과 닮았다. 분명 그들의 성대는 가늘고, 그 목소리는 간사했을 것이다. 지금도 얄팍한 지적 허세로 나 같은 얼치기 신자를 유혹하는 이들이 곳곳에서 종교전문가를 자처하고 있다. 그들의 성대를 확인해 보고 싶다는 유혹이 더 크나, 무의미하다.

하나님께로부터 온 말씀이면 충분하다

시대를 풍미했던 바리새인들의 태도를 비판하신 예수님의 모습은 자크 엘룰Jacques Ellul의 주장과 닮았다. 그는 프랑스의 법학자, 사회학자, 철학자이자 개신교 신학자였다. 이해를 위해 그가 쓴 『요나의 심판과 구원』대장간, 2010의 서론에서 일부분을 그대로 옮긴다.

예언주의는 어떤 사상들의 흐름이 아니다. 선지자들의 특정한 교리에 대하여 말하는 것은 마치 20세기의 어떤 지식인에 대하여 말하는 것과 같다. 선지자를 특징짓는 것은 그가 가진 사상들이 아니라 선지자가 전달하기 위한 목적으로 하나님의 말씀이 그에게 주어졌다는 사실 그 자체다. 이 하나님의 말씀의 내용은 경우에 따라서 또한 하나님의 결정에 따라서 모순적일 수도 있지만, 그렇다 하더라도 그것은 믿음을 위해 전혀 중요하지 않다. 그러나 역으로 어떤 말씀이 하나님의 말씀이 되려면 하나님의 계시와 완전히 같은 내용을 말하는 것으로는 충분하지 않다. 유대인들은 예언에 대하여 합리적인 사상이 아니라, 믿음을 따르는 사상을 가졌다. 예언으로 인정하기 위해서 그들에게 중요한 것은 이 말씀이 누구에로부터 왔는지를 아는 것이지 그것이 담는 내용을 아는 것이 아니다.26-27쪽

법학자이자 사회학자이기도 해서, 나는 자크 엘룰이 이런 입장을 가진 신학자일 것이라는 생각을 미처 해 보지 못했다. 합리성과 논리성을 강조하는 신앙인일 것이라 생각했던 까닭이다. 그의 여러 책들을 읽으면서 가졌던 그에 대한 나의 이해가 그랬다. 나는 그가 신자들의 불신자들과의 관계 맺음이 진실하기 위해서는 그들이 가진 보편적인 가치를 존중하고 공유하면서 갖는 부대낌이 중요하다고 강조하는 것으로 읽었다. 그래서 갖게 되었던 편견이었다. 나의 그에 대한 이해보다 그의 사상과 신앙은 훨씬 더 넓고 깊었던 게다.

특정한 시기의 특정한 사람이 가진 사상이나 교리보다 하나님의 말씀이 그에게 주어졌다는 사실 그 자체가 선지자를 특

징짓는 조건이 된다고 보는 그의 입장에 전적으로 동의한다. 합리적 사상보다 믿음을 따르는 사상을 가진 유대인들에게 중요한 것은 "말씀이 누구에게로부터 왔는지를 아는 것"이라는 표현 앞에서는, 그냥 숨이 멎었다. 그랬다. 나는 그동안 얼마나 예언, 곧 말씀이 담고 있는 내용과 그 해석에만 집착해 왔던가. 하나님께로부터 온 말씀이면 충분한 것 아닌가! 엘룰은 계속해서 이렇게 쓰고 있다.

> 교리의 관점에서 본문을 정당화하려고 하는 것은, 본문에 대한 잘못된 관점일 뿐만 아니라 유대인들이 이러 저러한 방식으로 그 본문을 예언서로 받아들인 이유에 대해서도 완전히 잘못된 견해를 취하는 것이다. 그 본문은 우리에게 하나님에 대한 어떠한 사상들이나 교리들도 제시하지 않는다. 그것은 우리에게 사람과 하나님의 관계에 대한 이야기를 소개했고, 그 때문에 택함 받은 백성에 의해 예언적인 하나님의 말씀의 자격이 부여됐다.27쪽

이 글을 그대로 옮겨 소개하는 것만으로도 혹 오해를 살 수 있겠다. 그래도 설명을 덧붙이고 싶지 않다. 각자의 입장에서 엘룰의 의도를 충분히 간파할 수 있기를 바랄 뿐이다. 다양한 분야와 주제에 대한 그의 수많은 책들을 직접 읽으면 훨씬 좋을 테고. 그를 소개한 글들을 살펴보다가 특이한 경력을 발견할 수 있었다. 그는 1953년부터는 프랑스 개혁교회의 총회 임원으로 활동했었다. 그러니 탁월한 학자적 자질을 바탕으로 개

혁신학 입장에서의 성경해석과 교회건설에 얼마나 천착했었을
까, 하는 생각을 잠시 해 보았다.

생활에 긋는 밑줄

김응교 시인은 『그늘: 문학과 숨은 신, 김응교 문학에세이
1990-2012』새물결플러스, 2012에서 누가복음 10장 25절에서 27절
까지 말씀을 인용하며 한 율법교사와의 대화 속에서 예수님께
서 말씀하신 영생에 대해 이렇게 설명한다.

> 예수는 영생이란 죽어서 가는 것이 아니라, 현재 살아 있는 순
> 간에 신과 이웃을 사랑하면 영생을 살고 있다는 진행형으로
> 설명한다. 실은 영생이란 지금부터 미래로 향해 있는 것이 아
> 니라, 이미 있어왔던 영원과거와 영원미래로 퍼지는 영원회
> 귀이기도 하다.83쪽

시인은 하나님 나라의 현재성이 어떻게 영원과 이어져 있
는지 잘 설명해 준다. 목사인 나는 이렇게 시인에게서 성경해
석의 통찰력을 배운다. 예수님께서는 영생에 이어 "그러면 내
이웃이 누구이니까"눅10:29, 하고 묻는 그 율법교사에게 강도 만
난 이를 도운 사마리아 사람 이야기를 들려주신다. 그리고 자
비를 베푼 자가 강도 만난 자의 이웃임을 질문자 스스로 답하
게 하셨고, "가서 너도 이와 같이 하라"눅10:37라고 가르치신다.
이 대목에서 "이웃은 가까운 옆집 사람이 아니라, 고통 받는 자

에게 사랑을 베푸는 사람"85쪽이라고 시인은 해석한다.

그렇다. 이미 우리 가운데 임한 하나님 나라 안에서 영생을 사는 삶의 진정성은 고통받는 자에게 사랑을 베푸는 것에서 드러난다. 타인의 아픔과 고통에 공감하고 환대하며 결국 끝까지 책임지는 사랑이야말로 지금 여기를 살아가는 하나님 나라 백성의 표상이다. 예수님의 깨우침과 시인의 통찰은 믿는다고 하는 우리의 신앙생활이 얼마나 형식화되어 있고 편협한지를 절절히 통각痛覺하게 한다.

그런 까닭에, 우리는 "성경이 아니라 생활에 밑줄을 그어야 한다"라는 기형도 시인의 통찰을 새기며 사는 것도 좋겠다. 시인의 「우리 동네 목사님」이라는 시의 전문을 그대로 옮긴다. 교회와 일상과 신앙의 압축적 리얼리즘이 탁월한 까닭에 별 해석이 필요치 않은 읽기가 가능할 테다.

읍내에서 그를 본 것은 이번이 처음이었다.
철공소 앞에서 자전거를 세우고 그는
양철 홈통을 반듯하게 펴는 대장장이의
망치질을 조용히 보고 있었다.
자전거 짐틀 위에는 두껍고 딱딱해 보이는
성경책만 한 송판들이 실려 있었다.
교인들은 교회당 꽃밭을 마구 밟고 다녔다. 일주일 전에
목사님은 폐렴으로 둘째 아이를 잃었다. 장마통에
교인들은 반으로 줄었다. 더구나 그는
큰소리로 기도하거나 손뼉을 치며

찬송하는 법도 없어
교인들은 주일마다 쑤군거렸다. 학생회 소년들과
목사관 뒷터에 푸성귀를 심다가
저녁 예배에 늦은 적도 있었다.
성경이 아니라 생활에 밑줄을 그어야 한다는
그의 말은 집사들 사이에서
맹렬한 분노를 자아냈다. 폐렴으로 아이를 잃자
마을 전체가 은밀히 눈빛을 주고받으며
고개를 끄덕였다.
다음 주에 그는 우리 마을을 떠나야 한다.
어두운 천막교회 천장에 늘어진 작은 전구처럼
하늘에는 어느덧 하나둘 맑은 별들이 켜지고
대장장이도 주섬주섬 공구를 챙겨들었다.
한참 동안 무엇인가 생각하던 목사님은 그제서야
동네를 향해 천천히 페달을 밟았다. 저녁 공기 속에서
그의 친숙한 얼굴은 어딘지 조금 쓸쓸해 보였다.

그는 얼치기 목사였던 것일까? 그렇게 느끼는 이도 있으려나? 나에게는 그렇게 느껴지지 않았다. 얼치기 신앙이어서 그러하리라. 이 시를 몇 번이고 되씹고 곱씹을수록 코로나19가 우리 사회를 덮친 상황 앞에서 가리산지리산했던 개신교회의 그 진풍경이 다소 낯 뜨겁다. '교회란 무엇이고, 예배란 무엇인가?', 이 물음과 함께 청년들의 한숨은 깊어져 갔다. 당연하게 존재했던 것들이 사라진 시간을 보내면서 본질을 떠올리며 다시 삶의 근원을 묻게 된 것이다.

세계는 코로나19 이전과 이후로 재편될 요량이다. '코로나 이전Before Corona, BC'과 '코로나 이후After Corona, AC'라고 이르는 표현도 꽤 퍼져간다. 근본적으로 밭이 바뀐다는 거다. 새로 밭을 갈아야 할 시대가 도래했다는 의미겠다. 그런 까닭에, 나는 코로나19 이후 세계 속에서 한국교회가 가야 할 길을 성경에 묻는 그 마음으로 청년들에게도 꼭 물을 테다. 분명 그들은 새 시대의 답을 앞당겨 품고 사는 얼리어답터형 생활존재들이니.

새 시대를 향한 하나님의 뜻을 생활에 녹여내지 못하는 한, 우리는 형식화된 종교에 목매는 바리새인 같은 존재가 되고 만다. 돌이켜 보건대, 판에 박힌 종교적이고 신학적인 말들을 공허하게 무한 반복하며 재생하고, 그것을 아무 사유 없이 순전하게 복창하는 것을 믿음으로 여기는 경향이 우리에게 있지 않은가? 이렇듯 말씀을 자신의 일상에 묻히고 포개는 작업이 생소하다면, '우리 동네 목사님'의 일상을 깊이 새겨볼 일이다. 혹 꿈꾸는 이 많을지라도, 목사는 세속을 떠나 여유와 풍류를 누리는 흥에 겨운 산림거사山林居士가 아닐 테니.

정말 그렇다. 그래서 다 아는 이야기다. 그러니 이 글마저 상투적으로 느껴질는지도 모르겠다. 염치 불구하고 무한 반복 재생하자면, 영생을 믿는다는 신앙고백대로 살고자 한다면 생활에 밑줄을 긋는 일에 전심전력해야 할 일이다. 현실에 닿지 못하는 핏기 없는 설교나 가르침을 멈춰야 할 이유다. 이를 두고 김응교 시인은 이렇게 말한다.

성경 구절을 나열하기에 앞서, 먼저 '말씀이 녹아있는 일상'으

로 살자는 뜻이죠.158쪽

최근 이런 맥락을 잘 살려 좋은 글을 쏟아내는 최종원 교수의 『텍스트를 넘어 콘텍스트로』비아토르, 2019가 딱이다. "생활에 밑줄을 그어야 한다"라는 기형도 시인의 표현이나 "말씀이 녹아있는 일상으로 살자"라는 김응교 시인의 해석을 풀어쓰자면 이러하지 않을까 싶다. 최종원 교수의 글이다.

그리스도인들은 우리가 주장하는 당위를 지지할 근거를 성경 텍스트에서 끌어온다. 그런데 성경 텍스트에서 답을 찾는 일이 오늘 우리가 서 있는 콘텍스트를 읽어 내는 데서 출발하지 않는다면 교조적인 시각을 넘어설 수 없다. 따라서 우리가 동의하건 하지 않건 우리에게 너무나 익숙해져 버린 이 규범적 주장에 이의를 제기해야 한다. 이 시대의 교회와 사회 문제를 해결하기 위해 더 열심히 성경을 연구하고 천착한다면서, 그 텍스트를 해석하는 토대인 콘텍스트에 대한 치열한 고민과 해석을 전제하지 않으면 텍스트 속에서 길을 잃게 된다. 이는 성경으로 돌아가는 것이 아니라 성경으로 '도피'하는 것이다.33-34쪽

지금은 틀리고 나중엔 맞다?

최근 한국사회에서 교회가 욕을 먹는 것은 생활에 밑줄 긋는 일에 실패하고 있기 때문일 테다. 이른바 '가나안 성도'가

여전히 급격한 추세로 늘어나고 있는 듯 보인다. 이런저런 추측에 따르면, 1000만 기독교인의 20%, 즉 200만 명에 가까운 가나안 성도가 이 땅을 광야 삼아 떠돌고 있는 중이다. 경제 관련 통계들이 청년의 암울한 현재와 막막한 미래를 비참하게 전망하듯, 쏟아져 나오는 교회 관련 비관적인 소식들은 기독청년들의 갈 바를 잃게 만든다. 가나안 성도들 중 적지 않은 이들이 청년세대라니, 당연한 귀결이다. 청년이 교회를 문제 삼는 것이다. 언제나 그랬듯, 몇몇 기성세대는 그것이 못마땅하고 싫을 테다.

시절이 하수상한 탓일까, 인연이 얄망궂은 탓일까? 아니면 시속 물정에 눈 어두운 것일까? 불문곡직不問曲直, 우리는 입장이 다른 이들의 이름을 대뜸 호출하고는 그의 생각과 말과 행동을 쉽사리 비판하곤 한다. 어느 시대보다 인권이 강조되는 요즘 시대에 가능한 일인가 싶지만, 으레 가능함이 온라인과 오프라인 가릴 것 없이 실행되고 있다. "뭐가 문제야" 싶어 했던 말과 행동들이, 지코의 노랫말처럼 "분위기가 겁나 싸해"「아무노래」, 담약한 이들은 수굿한 떨림으로 응하며 살며시 움츠러들곤 한다. 약자들의 삶이 더 그렇다. 아, 요새는 이런 게 유행인가?

너 나 할 것 없이, 깊은 살핌 없는 냉랭한 시선으로 누군가를 비판하는 시답잖은 언행은 어련무던한 이들의 일상을 뒤흔들기 마련이다. 그러니 본디 가진 성향과 상관없이 신앙이나 사상 따위가 소루한 존재로 전락하는 경우도 종종 있다. 이미 기성세대를 살아가는 나도 여전히 이런저런 자리에서 겪는 일이다. 이념의 보수나 진보를 특별히 두둔하지 않으니 '회색'이라 꼬집으며 질타한다. 하나님 나라의 복음이 지닌 가치는 이념의 좌우를 넘어선다 말하니 '위험하다'며 타박한다. 양 진영의 어느 주장이라도 절대화하면 자기모순에 빠질 수 있다며 처신하니 '보신주의에 빠졌다'라고 질책한다. 하나님 나라의 복음에 기초한 세계관을 가르친다고 하면 '어느 정파를 지지하는 것인지 솔직하게 밝혀라'며 책망하듯 묻는다. 힝!

어느 한쪽에만 기울어 있기보다 이랬다저랬다 왔다 갔다 하며 그냥 흔들리며 살면 안 될까? 아무리 봐도 모두 그러는 것 같은데. 어제의 보수가 오늘 진보 같은 주장을 펼치고 오늘의 진보가 내일 보수적 논리를 조직하는 듯, 돌고 도는 것 같아 보이는데. 이러니 좌파도 우파도 아닌, 고상하지 못한 '잡파'라 욕먹는 것이리라. 사실 맞다. 누가 나에게 보수냐 진보냐 묻는다면, 돌멩이 맞을 말인 줄 알지만, '그때마다 사안마다 다르다'라고 말해 주고 싶다. 이념적 보수냐 진보냐가 아닌 신앙의 관점에서 판단하고자 하니 마땅하다. 사유와 판단의 결이 다른 게다. 그러니 흑백논리로 가르거나 니편내편으로 나누는 게 여의치 않은 입장에 있다고 말해야 할 때도 있다. 아무 생각이나 판단 없이 산다는 말이 결코 아니다. 누구 못지않게 명료한 판단을 하며 산다. 나의 설교와 강의와 글들은 분명 그런 판단의 산물일 테다. 나는 분명 하나님 나라의 복음에 홀렸고, 그것 때문에 행복한 일상을 사는 까닭이다.

소통과 공유를 잘하자고 있는 SNS의 댓글들을 한 번씩 보노라면, 간장肝腸을 끊어내는 참언讒言 같은 글들이 수두룩하여 오히려 불통과 단절을 부추기는 역주행에 어지럼증을 느끼곤 한다. 서로가 올리는 글이나 이미지나 영상을 오독誤讀, misreading 없이 제대로 읽는다면, 사람을 오독汚瀆, 더러운 도랑이라는 뜻으로, 명예나 이름 따위를 더럽히는 일하고 삶에 지워지지 않을 생채기를 내는 실수 는 하지 않으리라. 그렇게까지 의도하지 않았다 말하더라도, 누 구라도 자신이 속한 사회나 공동체에서 불량품이라는 모욕 받 으며 살고 싶지는 않을 테다. 그냥 서로 못미더운 게다.

확증편향confirmation bias이라는 말이 있다. 자신이 가진 신념 이나 선입관을 뒷받침하는 정보나 근거만 선택적으로 수용하 는 것을 이른다. 자기가 보고 싶은 것만 보고, 듣고 싶은 것만 듣고, 믿고 싶은 것만 믿는 것이다. 새로운 문제가 발생했을 때 사실을 토대로 이해하기보다는 기존 입장과 유사하거나 유리 한 방향으로 이해하려는 경향성을 말한다. 그러니 새로운 정보 에 대한 객관적인 팩트체크에는 아무 관심이 없다. 이때는 진 실도 무의미하다. 자신의 세계관이나 이해나 입장만이 절대 기 준이 된다. 그런 까닭에 자신의 사상이나 이념, 신학적 지식, 경 험 같은 것을 절대시하여 상대의 이야기를 가볍게 짓누르고 만 다. 기성세대가 청년세대를 향해서 그런 경우가 잦고, 그 반대 의 경우도 만만치 않아 보인다. 이와 관련된 여러 자료들을 살 펴보면 일반인들보다 전문가들이 확증편향의 포로가 될 가능 성이 더 농후하다. 이것은 이미 이룬 것이 많은 기성세대나 전 문가의 이해를 넘어서는 새로운 것에 대한 불편함의 발로이기 도 한 까닭이다. 다른 한편으로는 주류의 비주류에 대한 견제 심리이기도 하다.

이런 맥락에서 청년사역자여서 접하게 되는 난감한 소통,

정확하게는 오해와 불통에 직면하게 되는 경우가 종종 있다. 그럴 때마다 청년사역자의 삶이라는 게 '요즘 애들은 말이야' 로 시작해서 '정신 차려야 돼'로 끝나는 청년의 삶만큼이나 얄 궂고 처절해야 하는 것이구나 싶어 아쉬움이 크다. 그래도 한 차례 퍼붓는 자드락비 홀딱 맞고 정신 바짝 든 셈 치며 부르신 자리를 지켜가려 애쓰는 중이다.

역사는 많은 이야기를 우리에게 들려준다. 그중 하나, 새로 운 역사는 의심받고, 쫓겨나고, 도망 다니고, 숨어 지내는 자들 을 통해 이루어진다는 거. 성경도 그렇게 가르친다. 도망자 다 윗을 따라 아둘람 굴에 모인 자들이 그랬다. 그들은 "환난 당한 모든 자, 빚진 모든 자, 마음이 원통한 자"삼상22:2였다. 그러니 아둘람 굴은 사울의 세계에서 정상적인 삶이 불가능한 이들의 피난처였다. 그것으로 끝이었던가? 그렇지 않다. 그곳은 새로 운 역사를 위해 하나님께서 숨겨 둔 이스라엘의 숨구멍이었다. 사울은 자신의 왕국을 위해 이마저 틀어막으려 했다. 하지만, 사울의 시대는 스스로 자기 숨구멍을 틀어막으며 비참하게 저 물고 말았다. 반면, 겨우 숨 쉬며 아슬아슬하게 생명을 부지했 던 이들이 결국 다윗 왕국의 건설자들로 쓰임 받지 않았던가. 이 스토리를 일반화하거나 자의적으로 갖다 붙여서는 안 되겠 지만, 분명한 것은, 성경은 이렇게 기록하고 있다는 것이다.

대부분의 경우, 청년세대는 새로운 역사 창출을 위한 거친 호흡의 주체였다. 끝 간 데 없는 교만과 부패의 바벨탑을 세워 가는 사회 속에서 역주행하지 못하는 연약한 교회를 위해 하나 님께서 남겨 두신 숨구멍, 교회 안팎 믿음의 청년들이 그들임을 확신한다. 그래서 그들과 어울리며 사는 맛이 달콤살벌하다. 지금은 틀려먹었다며 손가락질 받을지라도 나중에는 옳았다는 역사의 평가를 받는 경우가 허다했다. 결과를 알 수 없고 평가할 입장이 아니니, 그러하기를 기도할 뿐이다. 절실하지만 길게 희망사항이다.

부적절한 존재가 느끼는 외톨이 감정

우리는 살아가면서 자신이 속한 공동체 속에서 뭔가 문제 있는 존재라는 비판을 받을 때가 있다. 그때 찾아오는 감정이 있다. '부적절감不適切感'이다. 결코 적지 않은 이들이 겪는 일일 테다. 이에 대해, 하재성 교수는 『긍휼: 예수님의 심장』SFC출판부, 2014에서, "어떤 낯선 환경에서 스스로 자기 자신이 부적절한 존재라고 느끼는 감정이다. 이것은 어떤 모임에도 속하지 못한 채 외로이 혼자되었음을 아프게 느끼는 외톨이의 감정이다."102쪽라고 설명한다. 속되게 말해, '왕따', '아싸'라는 감정이다. 자신이 익숙한 공동체에서 부적절한 존재가 된 것인가 싶은 감정은 언제나 섬뜩하다. 하재성 교수는 부적절감이 생명까지 위협한다고 경고한다108쪽. 그리고 부적절감은 '환대'가 치료하며, 환대는 인격적인 치료수단이라고 말한다109쪽.

환대는 자신이 얼마나 존귀한 가치를 가진 사람인지 알게 하기 때문이다.109쪽

그랬다. 환대는 가난하고 아프고 무시당하는 이들을 향한 예수님의 치료술이었다. 누군가에 의해 부적절한 존재라고 치부됨으로써 후줄근해진 자신을 위로하고 회복할 수 있는 가장 우선적인 방법은 예수님의 손길에 자신을 맡기는 것이다. 부적절한 존재라는 감정은 분명 서리서리 뒤엉킨 아쉬움이고 아픔이다. 교회 안에는 예수님의 환대가 필요한 이들이 적지 않아 보인다. 그분과의 진실한 만남이 절실하다. 분명 그 만남은 숱하게 수정되고 요동치는 우리의 얄팍하고 미숙한 신앙이 성장하는 계기가 된다. 알랭 바디우Alain Badiou가 말하는 '진리 사건'에 비할 바 못되겠지만, 이런 과정은 하나의 진리에 눈 뜨는 시간이 된다.

나 자신도 이런 경험들이 쌓여가며 더디게라도 성장하는 중이다. 앞선 이들의 시각에서 어느 모로 보나 부족한 성도요 사역자다. 그래서 주어지는 그분들의 지적과 나무람이 있을 때마다 한번 크게 혼꾸멍난 셈 치며 능치듯 에둘러 받아들이는 것을 넘어 예수님의 환대까지 경험할 기회가 주어지니 뒤늦게나마 감사할 수밖에 없다. 감정이 격할 때는 나 보기가 역겨워 가시는 걸음이니 사뿐히 즈려밟고 가시라는 마음이 작동하지만, 그분의 환대 속에서 고통과 그 이후 위로의 시간을 통과하다보면 조금은 더 자라가는 은혜의 순간임을 깨닫게 된다. 그러니 인생의 맷집을 키우고 신앙의 근육을 단단하게 만든 기회였다며 기쁨으로 애써 토닥거리는 게다.

바람이 가장 강하게 부는 날

정호승 시인은 강한 바람에도 견딜 수 있는 튼튼한 집을 짓기 위해 새들은 바람이 가장 강하게 부는 날 집을 짓는다는 결연한 글을 지었다「새는 바람이 가장 강하게 부는 날 집을 짓는다」. 바람이 강하게 부는 날 집을 짓는 새들의 힘겨움까지 헤아리는 시인의 따뜻한 마음까지 느낄 수 있어 좋은 글이다. 이래서 시인들이 참 좋다. 내 삶의 순간마다 시의적절한 언어를 내어주는 까닭이다.

나는 부적절감을 깊이 느끼게 되는 때마다 차분하게, 정확하게는 차분해지려 시편을 묵상하곤 한다. 그때마다 시인들은 그지없는 사랑으로 나를 품어주었고, 위로의 말도 건네주었다. 쓰담쓰담, 극진한 환대였다. 부정을 거친 긍정이 주는 안도감을 느낄 수 있었다.

언젠가 시편 118편의 시인은 건축자가 버린 돌이 집 모퉁이의 머릿돌이 되었다는 위로의 말을 나의 가슴에 건네 주었다시118:22. 건축자가 버린 돌이 집 모퉁이의 머릿돌이 되는 반전反轉 혹은 역전逆戰 같은 일은 하나님께서 행하신 것이기에 우리 눈에는 기이할 수밖에 없다시118:23. 이와 관련하여 에릭 호퍼Eric Hoffer의 『맹신자들: 대중운동의 본질에 관한 125가지 단상』궁리, 2011에서 이런 글을 건져 올렸다.

버림받고 거부당한 사람들이 한 국가의 미래에 원료가 되기도 한다. 건축자가 거부한 돌이 새로운 세계의 주춧돌이 되는 것이다. 사회의 쓰레기 같은 존재와 불평분자가 없는 나라는 질서 정연하고 점잖고 평화롭고 쾌적하지만, 새로운 변화의 씨앗이 없는 셈이다. 유럽의 여러 국가에서 달갑지 않은 취급을 받았던 사람들이 대양을 건너 아메리카 대륙에 신세계를 건설했다는 사실은 역사의 아이러니가 아니다. 오로지 그들만이 할 수 있었던 일이다.46~47쪽

버림받고 거부당하는 자들의 유쾌한 반란이 가능한 근거가 여기에 있지 않을까 싶다. 이런 과정을 겪으면서 떠올린 말들이 여럿 있었다. 그중 하나가 스티그마stigma였다. 대학원에서 사회학을 공부할 때, 역할 기대, 가상적 사회정체성virtual social identity과 실제적 사회정체성actual social identity, 스티그마 효과stigma effect, 낙인rebelling, 페르소나persona와 같은 용어들을 배운 적이 있다. 어빙 고프먼Erving Goffman이나 하워드 S. 베커Howard S. Becker와 같은 이들의 글을 얼마간 읽으며 얕게라도 이론을 익혔던 게다. 그러다보니 자연스레 떠올릴 수 있었고.

우리는 종종 누군가를 향해 가면을 쓰고서 잘못된 것이나 불온한 것을 가르친다는 혐의를 덮어씌워 오점汚點, 즉 스티그마를 들춰내려 한다. 페르소나, 곧 가면을 벗겨 진짜 모습을 까발리겠다는 것이니, 이 작업은 진실과 상관없이 관련 업계에 소문으로 퍼지면 자연스레 위험한 존재라는 낙인 효과가 진행되는 것이다. 수치를 느끼고, 그로 인해 불안, 두려움, 고통을 느끼게 만드는 효과가 있음은 학계의 정설이다.

아마 평생 정답은 찾지 못할 그 질문

숭실대학교에서 기독교사회학을 가르치는 이철 교수는『욕망과 환상: 한국 교회와 사회에 관한 문화사회학적 탐구』시대의 창, 2014에서 페르소나에 대해 이렇게 설명한다.

> 유교적 배경을 가진 동양 문화권에서 자란 우리는 어렸을 때부터 끊임없이 수치나 창피를 피해야 한다고 배워왔다. 이러한 문화권에서 성장한 개인들은 수치에 민감하게 반응할 수밖에 없다. 따라서 동양 문화권에 속한 사람들은 수치, 그로 인한 고통, 불안, 두려움을 피하기 위하여 페르소나를 사용할 가능성이 더욱 높다.140쪽

가면을 벗기려 할수록 당사자는 수치와 창피를 피하기 위해 더 두꺼운 가면을 준비하게 된다. 이게 반복되다보면 진짜 자기 자신이 누구인지, 자신의 본모습은 어떤 것인지 헷갈리게 되는 지경에 이르기도 한다. 많은 이들의 경험일 테고, 나의 여러 경험들 속에서도 그렇다. 다만, '나는 누구인가?' 하는 이 묵직한 물음을 우두망찰하던 나 스스로에게 매번 진하게 묻는 계기가 되곤 했다. 물론 방탄소년단BTS의《Map of the Soul: Persona》라는 앨범방탄소년단의 열혈팬이신 어느 권사님께서 이 앨범이 담긴 CD를 어렵게 구해서 선물로 주셨다의 도입곡인 「Persona」의 가사처럼, "아마 평생 정답은 찾지 못할 그 질문"이었지만. 그래도 공부 좀 했다고 가사가 거의 들리지 않던 방탄소년단의 노래에서 '페르소

나'와 같은 말들이 들리고, 더해서 학문적 언어에 기대어 나에게 일어나는 일들에 대한 논리적 설명이 되니, 얼마간 돈과 시간을 들인 보람도 느끼는 요즘이다. 어떤 일이든 자신이 자라가는 공부의 계기로 삼으려 노력하며 산다.

물론 이런 공부를 통해 다른 특별한 무엇이 되는 상상을 해보기도 하지만, 여전히 나는 그냥 평범한(?) 목사이자 청년사역자로 살아가고 있다. 평범함이 주는 안도감과 무력감 사이에서 요즘도 맥없이 오락가락한다. 웃을 일인지 울어야 할 일인지 여전히 헷갈린다. 웃픈 공감, 큐큐우스울 때의'ㅋㅋ'와 슬플 때의 'ㅠㅠ'를 합친 말이란다. 아, 나라는 존재는 도대체 무엇인가? 이 땅을 살아가는 많은 청년들도 스스로에게 이런 물음을 숱하게 던지며 살고 있으리라.

독립운동가 손정도 목사님은 민족의 암울한 운명 앞에서 "나는 걸레와 같은 삶을 살겠다"라고 하셨다는데, 저런 말을 하실 자격이 있으신 분일 테다. 독립운동가의 품격도 충분히 느껴진다. 나는? 아무리 생각해 봐도 그냥 추저분한 걸레다. 걸레와 같은 삶을 운운할 수 있는 인생철학을 피력할 것 없이, 그냥 걸레로 살도록 던져졌다. 부정할수록 더 비참해지니 그냥 받아들이는 과정을 삶으로 받아들이며 사는 수밖에. 정답은 아닐지라도 근사치 정도는 되지 않을까 싶다. 그러니 걸레의 품격은 갖추고 살아야지.

할 말 다 토해내면

교회는 각 시대의 해석공동체여야 한다. 그러나 안타깝게도, 우리는 '또 성경을 읽지 않는 시대'를 살아가고 있다. 신자들이 성경을 읽지 않는 설미지근한 태도로 사니, 선험적 절대성을 부여받기라도 한 듯 목사의 해석자로서의 권력이 곰비임비 막강해져가는 것은 당연한 이치다. 과연 옳은 방향으로 가는 것일까? 성경을 읽지 않는 청년들을 보면서 생각이 이쪽으로 흐를 때마다 무의식중에 짓게 되는 쓴웃음을 참을 수 없다. 교회를 비판하거나 떠나는 청년들이 많아지고 있다. 퀭한 시선과 휑한 의식으로 비판하기 이전에, '지금 여기'에서 하나님의 뜻이 어떻게 이루어지고 있는지 의심하며 물을 최소한의 근거를 해석할 수 있는 영적 감각과 지적 능력은 갖추어야 하지 않을까, 하는 꼰대 같은 말을 청년들을 향해 이 대목에서는 꼭 해보고 싶다. 우리가 사는 핍진한 세계에 하나님 나라가 임하고 교회를 통해 그분의 뜻이 이루어지기를 어떤 식으로든 기도하고 있다면 말이다마6:10.

다시 돌아와서, 이런저런 자리에서 쓰디쓴 헛얼을 입어 얼마간 허들허들한 일상을 살던 때에 청년들 앞에서의 강의를 위해 썼던 글의 일부를 그대로 옮긴다.

마지막 숨을 거두는 그 순간까지 죽음의 공포 앞에서 살기 위해 손목이 부러지도록 벽을 두드리고, 손에서 피가 나고 손톱이 부러지도록 벽을 긁다가 하나 둘 죽어간 아이들의 흔적은 그날의 제주행이 얼마나 슬픈 여행이었는지, 그리고 그곳이 얼마나 아프고 고통스런 약함의 공간이었는지를 말해줍니다. 그렇듯, 숨이 멎는 듯 답답한 가슴을 쥐어 잡고서 고개 떨군 채 무력하게 주저앉은 청년들의 자리야말로 또 하나의 약함의 자리임을 깨닫습니다. 그래서 미안하고, 그래서 희망합니다. 고통과 비극의 터널을 달리는 동안 새로운 주체로 거듭나는 사건이 일어날 것을.

나는 오늘도,
이 시대 청년들이 주저앉은 그 자리가 전능자의 임함이 이루어지는 공간이 되기를,
그래서 인생이 더 이상 슬픈 여행이 되지 않기를,
기도합니다.

불행을 뼈저리게 자각하기보다는 불행에 익숙해져가는 오늘을 살아가는 청년의 현실은 그래서 더 불행할 수밖에 없습니다. 기독청년이라고 해서 별다르지 않아 보입니다. 이들이 속한 교회가 불행을 만들어내는 사회구조 속에 이미 포섭되어 있는 까닭입니다. 교회가 복음이라고 외쳐도 상대의 귓전에 가닿지 못하는 이유도 여기에 있습니다.

교회가 희망이 되지 못하니 하나님 나라를 품고 사는 삶이 흔들린다. 나라를 잃은 삶이니, 울분을 삼키는 청년들의 울대는 부어오르고 꽉 다문 입안 혀는 천장에 딱 달라붙을 수밖에. 그들의 충혈된 눈을 볼 때마다 청년사역자로 살아가는 나의 마

음은 움츠러들고 말은 자꾸 빗나간다. 그럼에도 해방과 회복을 이야기하기 전에 임박한 심판을 앞서 선포해야 했던 구약 선지자들처럼, 기독청년들을 향해 실패와 좌절에 직면해야 할 그들의 삶의 불/가능성을 말해야 하는 까닭에, 나의 목청도 자꾸 커져만 가는 느낌이다. 아프고 고통스럽다.

생활환경이 맞지 않거나 위험한 상황에 처해 괴롭거나 흥분하게 되면 게도 거품을 문다는데, 차라리 게거품을 물고 속 시원하게 할 말 다 토해내면 이 아픔과 고통은 사라질까? 그럴 리 만무할 터.

그러니 더해서, 하나님 나라를 잃고 흔들리는 교회의 일탈도 말해야 할까? 그리고 구원의 방주인 교회로부터의 일탈도? 가라앉는 배 안에 가만히 있으면 안 된다고. 뛰쳐나가야 살 수 있다고. '가만히 있으라', 결코 잊을 수 없는 기성세대의 저 말에 돌이킬 수 없는 상처를 입었던지라, 청년들은 고민이 깊다. 구원은 어떻게 오는가? 이 물음도 때론 흔들린다.

"힘겨운 날에 너마저 떠나면 비틀거릴 내가 안길 곳은 어디에", 청년들은 속으로 이 노래김현식, 「내 사랑 내 곁에」를 부르고 있지 않을까? 힘겨운 삶에 교회마저 비틀거리면 안길 곳은 정말 어디일까? 절망이다. 그들의 울부짖음은 우리 신학이 잊은 생生언어가 아닐까!

좀 호들갑스런 감상에 빠진 마음으로 말하자면, 그발 강가에서 타락하여 무너진 예루살렘 성전을 투시하던 에스겔의 심정이 이러하지 않았을까 싶다. 그는 자신과 민족의 처지를 응시하며 자기 내면의 밑바닥에 있는 편린들을 건져내 기도로 삼았던 게다.

혹 지금 나의 이 글을 읽고 있는 이의 맑디맑은 마음에 이런 불편한 물음이 떠오를지도 모르겠다. '무슨 목사가 트레바리인양 교회에 대한 불만이 이렇게도 많아 보여?' 아이쿠, 정말 그러할까? 사실 나는 어느 누구보다 교회에 대한 불만이 적은 사람이다. 쏟아져 나오는 가나안 성도나 본심 숨기고서 교회에 몸담고 있는 예비 가나안 성도들에 비할 바 못된다. 그러니 목사로 살고 있지 않겠는가. 그럼에도 불평을 늘어놓는 것 같은 글을 쓰는 이유에 대한 변명은 에릭 호퍼의 글을 통해 대신하고자 한다.

> 불만은 아무것도 가진 게 없어 조금이라도 원할 때보다는 많은 것을 가졌고 더 많은 것을 원할 때 커진다. 부족한 것이 하나뿐인 것 같을 때보다 많은 것이 부족할 때 불만을 덜 느끼는 법이다. 『맹신자들』 53쪽

교회가 교회답지 못하고 본질에서 벗어나 있으며 복음을 제대로 담아내지 못하고 있다는 말들, 나 홀로 하는 말이 결코 아니다. 나보다 앞선 대다수 목사님들이 오류나 과오를 먼저 보아내고 이런저런 자리에서 돌이켜야 할 것을 주장하거나 가르친 것을 고이 받아들여 청년들의 불만과 엮은 것이니, 어느 모로 보나 교회의 회복을 소망하는 사랑 품은 불만이자 비판이라 믿고 싶다. 가는 길도 모른 채 막연하게 사는 이들이 많은데, 그래도 비판한다는 것은 가는 길이 어떠해야 할지 아는 것이니

얼마나 다행스러운가. 그러니, 어리석어 여호와를 찾지 않았던 구약의 거짓 목자들렘10:21과는 달리, 앞선 이들이 먼저 위선의 가면을 벗고 정직하게 가야 할 길을 걷는다면 청년들 또한 뒤따르지 않겠는가. 그날이 속히 오기를 바랄 뿐이다.

성대가 부어오른 우리 시대 선지자들이 그립다

지금 여기를 살아가는 청년들의 몫이 줄어들고 있다. 자본이 활개칠수록 삶의 몫이 작아지니 아이러니한 세상이다. 그래도 절망에 빠져 허덕이는 삶이 아니면 좋겠다.

나쁜 리더는 온갖 술수를 동원하여 자기의 이익을 챙기면서도 그 책임은 아랫사람에게 잘도 떠넘긴다. 악한 리더는 자신의 실수와 잘못을 잘도 은폐하면서 그 책임을 힘없는 약자들에게 떠안긴다. 악명 높은 그 갑질, 참 나쁘고 악한 죄란 걸 자신들은 알랑가 몰라. 알바를 하면서, 비정규직으로 일하면서 이땅의 청년들이 숱하게 당했고, 지금도 겪는 바다. 교회에서만이라도 그러지 않으면 좋으련만, 기독언론은 안타까운 통계와 소식도 적잖이 전해준다.

사회나 교회나 싫으니, 청년들은 어디에 마음을 주고 시선을 주어야 할지 난망難望하다. 난망하다는 것은 기대하며 보고 있다는 것이고, 그리워하고 있다는 것인데……. 단단한 청년들은 "깎일수록 깨질수록 더욱 세지고 강해지는 돌덩이", "부딪히고 넘어져도 다시 일어나 걷는 거야"국카스텐의 노래 「돌덩이」를 흥

얼거리며 "나는 돌덩어리"JTBC드라마 「이태원 클라쓰」라고 외친다. 그렇게 자기 방식으로 버텨낸다. "바람이 분다 살아야겠다"「해변의 묘지」라는 詩에서라고 했던 시인 폴 발레리Paul Valery의 말처럼.

약자, 억울, 도망, 가난, 소수, 비주류, 불리, 위축과 같은 말들이 어울리는 다윗의 아둘람 공동체에 속한 용사들을 소개하는 김근주 교수의 『복음의 공공성: 구약으로 읽는 복음의 본질』홍성사, 2017에 실린 글을 희망의 메시지로 읽기를 바라며 소개한다.

> 역대상 11장 12~14절에서는 아호아 사람 도도의 아들 엘르아살이 보리가 가득하던 밭에 홀로 서서 블레셋 사람들을 막았으며 여호와께서 큰 구원을 이루셨다고 한다. 사무엘하와 역대상에서 주인공 이름은 다르지만, 이 용사들이 홀로 서서 그 밭을 지켜냈다고 전한다. 자기들에게 있는 한 부분을 가벼이 여기지 않고 온 힘을 다해 지켜냈다. 모두 도망칠 때, 혼자 버티고 서서 그 자리를 막아내는 사람을 통해 여호와께서 구원을 이루신다. 다윗의 무리는 확보하고 얻은 지역을 작다 하여 소홀히 여기지 않고 목숨을 걸고 지켜낸다. 욕심으로 어떻게든 놓지 않으려 하는 것과 우리에게 주신 것을 온 힘을 다해 지켜내는 것은 다르다. 작은 것이라도 작다 하지 말고, 전심으로 지켜내자. 우리에게 그러한 영역은 어디인가? 우리 직장에서는, 우리 사회에서는 어디인가?273쪽

작은 것을 작게 여기지 않는 것, 한 줌의 재로 사위어가는 한이 있더라도 하나님께서 맡기신 몫을 목숨을 걸고 지켜가는 삶의 기지를 읽는다. 기독청년들에게 꼭 제안하고 싶은 말씀이

고 해석이다. 자기 몫의 확대에 혈안이 된 세상에서 다른 삶을 살아갈 용기와 지혜를 주는 이야기인 까닭이다. 하나님 나라의 백성은 이렇게 산다. 보리가 가득한 밭 한가운데 홀로 서서 그 것을 뜨겁고도 되알지게 지켜냈던 엘르아살이 우리 시대에도 많이 등장한다면 조금은 더 살만한 세상이 이루어질까? 분명 그러하리라.

"하나님의 나라는 너희 안에 있느니라", 그렇다. 녹지 않은 눈 밑에 이미 와 있는 봄을 보아내고, 불리한 상황 속에 이미 와 있는 희망을 느껴내며, 극한의 고통 속에 이미 와 있는 기쁨과 억압 속에 이미 와 있는 자유를 읽어내는 것, 이것이 하나님 나라를 사는 청년들이 품어야 할 불굴의 정신이다. 이미 우리 가운데 임하신 하나님과 더불어 어울리는 카이로스의 시간을 살아내는 것이다. 더해서, 하나님 나라 백성답게 살려면 절차탁마가 따라야 한다.

눈부신 날이었다.
우리 모두는 불꽃이었고 모두가 뜨겁게 피고 졌다.
그리고 또 다시 타오르려 한다.
동지들이 남긴 불씨로.
나의 영어는 여직 늘지 않아서 작별 인사는 짧았다.
잘 가요, 동지들.
독립된 조국에서 씨유 어게인!

「미스터 션샤인」의 마지막 회에 나오는 고애신의 골기骨氣

2. 하나님 나라의 현재성, 지금 여기

가득한 독백이다. 짠하면서도 소망스럽다. 디아스포라Diaspora라
고 불러야 할지, 난민難民이라고 불러야 할지. 빼앗긴 조선을 되
찾기 위해 만주에서 의병들을 훈련시키는 고애신의 성대는 이
렇듯 커다랗게 부풀어 올라 있었다. 절망의 시대 안으로 이미
도래한 하나님 나라, 그 나라의 복음으로 삶을 건져내느라 성
대가 커다랗게 부어오른 우리 시대의 선지자들이 그립다. 교회
밖에서도 그렇고, 안에서도 그렇다. 정말 그립다. 그래서 이렇
게 인사하고 싶다.

　"사랑하는 기독청년 동지들, 역동하는 하나님 나라에서 씨
유 어게인!"

3. 하나님 나라 백성의 일탈, '다른 삶'

└ RE: 초보는 매이되
고수는 일탈한다

예수님께서는 사이다 같은 일탈을 통해 율법의 완성을 성취하셨습니다. 그것
은 공의와 정의의 행함을 통한 하나님 나라의 확장이었습니다. 일탈을 통해
새로운 세계를 여신 것이지요. 우리도 추하게 매이는 초보신앙에게 이제는 굿
바이를 고합시다.

또 이르시되

안식일이 사람을 위하여 있는 것이요

사람이 안식일을 위하여 있는 것이 아니니

이러므로 인자는 안식일에도 주인이니라

마가복음 2장 27~28절

무지하고 무색하고 무력하고 무심했다

무지無知했다. 정말 몰랐다. 우리가 애써 무시無視하는 이단이 한 사람에 대한 관심과 사랑을 매개로 한 공동체성을 그리 견고하게 짓고 있다는 사실을. 이단에 빠진 것 같다는 제보에 교회 밖에서 끈질기게 만나며 설득했던 한 청년과의 대화를 통해 알게 되었다. 그가 그동안 다녔던 우리 교회가, 기성 교회들이 갖는 한 사람의 삶에 대한 관심의 깊이를. 아니, 무관심無關心이라고 하는 게 더 적절하겠다.

무색無色했다. 늘품 없는 청년사역자로서 나의 이해는 그 청년의 삶의 무거움에 닿지 못했다. 그는 나에게 분노에 찬 목소리로 말했다. "어떤 교회도 저의 힘듦이나 아픔에 대해 관심도 없었고 들으려 하지도 않았어요. 그저 나의 목소리에만 관심을 가졌을 뿐이지요." 그랬다. 그는 성악을 전공하고 있었고, 탁월했다. 나도 언제나 성가대와 찬양팀에서 보여준 그의 노래실력에만 관심을 주었다. 다른 이들도 그러했던 모양이다. 이어지는 그의 말 앞에서는 할 말을 잃고 말았다. "그런데 거기 친구들과

언니, 오빠들은 제 얘기를 들어줬고, 힘들 때마다 진정으로 도와주었어요." 이 말을 하는 그의 눈빛에서 거짓을 읽어낼 수 없었다. 등골이 오싹해졌고 모골이 송연해졌다. 어디에 시선을 두어야 할지 몰라 고개를 떨궈야만 했고, 머릿속은 휑뎅그렁했다.

무력無力했다. 몇 차례 만난 끝에 얻어낸 그의 말은 나의 정신을 완전히 녹다운시켰다. "그들의 성경해석이 잘못되었다는 목사님의 설명은 충분히 이해해요. 하지만, 나를 진정으로 사랑해준 그들을 버리고 떠날 자신이 없어요." 그랬다. 그는 사랑에 배고팠던 게다. 겨우 내뱉는 나의 말은 엉거주춤했고, 결국 꼬부라지고 말았다. 그 청년에게 졌을 뿐 아니라, 그 이단에게도 졌다. 신학용어로 가득 찬 나의 꼬장꼬장한 이론은 사랑의 감각 앞에서 한없이 부끄럽고 무기력했다. 그냥 야만에 불과했다. 우리가 말해 온 '사랑'은 그저 '텅 빈 기표'이자 '영혼 없는 종교어'였던 셈이다. 이렇게 나의 신학적 언어들은 전능과 무능 사이를 하롱하롱하니 오가며 비루한 알리바이를 만들어온 셈이다.

나와 우리 공동체는 그가 힘들다고 보내는 신호에 무심無心했으나, 그들은 읽어내었고, 그의 마음과 삶마저 사로잡았다. "서로 사랑하라"요13:34는 예수님의 말씀이 얼마나 공허한 울림으로 교회 안에서 맴돌고 있는지 뼈저리게 느끼고 새겨야 했던 경험이었다. 성경에 대한 지식과 말은 가득할지 몰라도 실체는 없었던 게다. '듣는 마음'왕상3:9이 없었으니 곧 '듣고 분별하는 지혜'왕상3:11가 없었던 게다. 인간의 얼굴과 감정을 상실한 하늘 지식의 공허함이다.

하재성 교수는 『긍휼: 예수님의 심장』에서 "예수님께서는 의와 생명을 위해 분노할 줄 아는 분"167쪽으로 묘사한다. 그러면서 우리가 예수님을 비현실적인 분으로, 점잖은 어른으로, 감정 없는 성인으로 만들어놓았다고 지적한다. 그래서일까? 교회 안에서도 사랑, 긍휼, 정의, 평화, 위로와 같은 하나님 나라의 가치들이 주로 신학과 말로 존재할 뿐, 실제로 인간의 감정과 엮여 작동되지 못하는 경우가 허다하다. 그는 예수님에 대해 이렇게 묘사한다.

예수님의 말씀 속에는 언제나 감정이 실려있었다. 바람과 바다를 꾸짖으실 때 주님께서는 결코 속삭이지 않으셨다. 그러나 어린아이들을 축복해주실 때는 그보다 더 온유할 수 없으셨다. 죽은 나사로의 무덤 앞에서는 우셨고, 죽은 그를 불러내실 때 그분의 목소리에는 연민과 권위가 함께 실려있었다. 물론 베드로 뒤에 숨어있던 사탄을 꾸짖으셨을 때는 엄중하게 분노하셨다.166-167쪽

우리의 관심이 주로 하늘을 향한 영성에 쏠려 이 땅에서 비롯된 영성에는 소홀한 게다. 인간적인 상황에서 비롯된 감정을 제거할 때 순수한 신앙이 가능해지는 것처럼 생각하는 까닭이다. 그런 신학을 고결하게 여기는 탓이다. 하재성 교수의 지적에 따르면, 유교 문화와 스토아 철학의 영향이다167쪽.

반면, 예수님께서는 고통스러운 인간의 상황 속으로 들어오셔서 인간의 얼굴을 하고 인간의 감정으로 활동하셨다. 예수님

의 영성은 인간의 상황에 참여하는 영성, 인간의 얼굴을 가진 영성, 인간의 감정으로 표현하는 영성이었다. 꼼꼼하지 않고 투박하며 거칠게 느껴져 언뜻 소루하게 보인다. 그래서 이런 인간적인 영성을 살짝 뒤로 떠민 하늘의 영성은 거룩하고 고결해 보인다. 몸짓이 없으니 책잡을 거리가 없어 얼핏 존경할 만하다. 하지만 그것만을 추구하는 한, 우리의 영성은 무지하고 무감각하며 무기력하다. 이단의 꾀꾀로 펼치는 공세를 이겨낼 도리가 없다. 예수님의 영성이 아니기 때문이다.

기독교 영성은 하나님과의 친밀한 관계를 지향하는 데 있다. 이 영성은 제자도 속에서도 드러난다. 예수님께서 이 땅에서 사신 것과 같은 삶을 좇는 것이다 요일2:6.

그 이후, 성경을 읽는 마음이 달라졌다. 그 청년의 얼마간의 일탈보다 나와 내가 속한 공동체의 신앙이 하나님의 말씀으로부터 얼마나 심각하게 이탈해 있는지를 돌아보는 읽기가 되었다. 일탈을 규정하는 자들의 이탈에 대한 자기점검과 자기비판으로서 읽기다. 여전히 부족하고 부끄러운 읽기에 머물러 있어 목사로서 글과 말이 낯없다.

이건 분노 아닌 분뇨

'밥블레스유', 곧 밥이 너희를 평온케 하리라고 하지 않았던가. TV에서. 성경에는 예수님의 제자들이 배고파 밀 이삭을 잘라 먹은 이야기가 나온다. 마침 안식일이었다. 안될 일인가? 지금의 상식으로야 아무 문제없는 일이다. 하지만 그때는 큰 문제였고, 그 사회 규율로부터의 일탈이었던 모양이다.

아니, 꼭 그때만 그러했던 것은 아니다. 얼마 전까지만 해도 내가 속한 교회와 교단은 주일에 돈을 쓰는 문제에 엄격했으니, 그 옛날 일만도 아니다. 지금은 느슨하다. 비로소 안식일 규정 관련 내용들에 대한 이해와 해석이 자유를 얻게 되었다. 그나마.

안식일 규정을 어겼다는 이유로 예수님과 그 제자들을 향해 히죽거리며 질타했던 이들은 바리새인들이다. 율법과 전통에 능통하다는 이유 하나 붙들고서 전지적 참견 시점을 누려왔던 이들이다. 그들에게 예수님은 요즘말로 속되게 표현하자면 병맛이었을 테다. 정말 그랬다. 그래서 바리새인들은 예수님과 제자들의 조금의 일탈도 가차 없이 헐뜯는다. 뱀파이어처럼 말이다.

방탄소년단의 「욱(UGH!)」《Map of the Soul: 7》에는 이런 가사가 나온다. "나는 욱해 욱해 / 나는 욱해 욱해 / 나는 악의에 가득 찬 분노에 분노해 / 나는 꺼져야만 했던 그 분노에 분노해" 그리고 그들은 "악의에 가득 찬 분노"와 "꺼져야만 했던 그 분노"를 두고 '분노인 척하며 죽이는 진짜 분노'라고 규정하며 "이건 분노 아닌 분뇨"라고 비꼰다. 이렇게 방탄소년단은 익명성 뒤에 숨어 자신의 분노를 타인을 향해 투척하며 죽음으로까지 모는 현대인의 비열한 행위를 노래로 비판했다. 분뇨!

우리들 중 어떤 이들은 이렇게 누군가를 문제 있는 존재로 규정하기를 좋아한다. 사실 나도 그런 유형의 사람에 가깝다.

그래서 늘 신경 쓰고 더 조심한다. 그러고 싶은 유혹이 밀려올 때마다 그것에 저항하느라 안간힘을 쓰고 있다. 뱀파이어처럼. 원하지 않지만 충동을 이겨내지 못해 어쩔 수 없이 누군가의 목덜미에 이빨을 꽂아 넣어 빨아먹는 피로 연명하는 존재로 살고 싶지 않으니. 나의 관점과 기준을 들이대며 어떤 이들을 간편하게 문제나 이단아로 낙인찍고 배제하는 행위, 그것 자체로 얼마든지 폭력이 될 수 있는 까닭이다. 여전히 우리 주변에서 꼴사납도록 목하目下 횡행橫行 중이다.

바리새인들의 몸에 밴 헐뜯는 행위는 자신들이 믿는 것으로 채워지지 않는 헛헛함 때문이리라. 누구나 자신의 만족을 위해 그 무엇인가를 이용한다. 일의 헛헛함과 관계의 공허함을 의미로 채우기 위해 이용할 무엇인가를 찾는다. 자신에게 보람을 느낄 일이 있고, 그 일에서 자신은 중요한 사람이며, 그래서 여전히 살 가치로 충만하다는 느낌을 제대로 느끼게 할 이용거리가 필요하다. 그런 의미에서 어쩌면 율법이나 전통을 들이대는 바리새인들의 습관적 타박은 종교적 수호라기보다는 존재론적 자기 가치 확인self-affirmation일지도 모른다. 그럼에도 누군가의 눈에는 그들의 행위가 얼핏 교리에 정통한 것처럼 보인다. 정말 그러할까?

예수님께서는 그렇지 않음을 들춰내셨고, 몸소 사이다 같은 일탈을 통해 율법의 완성을 깔축없이 성취하셨다. 계속된 일탈의 경로 속에서 신앙의 알갱이를 건져내신 셈이다. 교리에 정통한 자만이 일탈로도 신앙을 일구어낼 수 있는 법이다. 거꾸로 말하자면, 일탈 속에서 신앙의 정수를 길어 올리는 초식을 구사하는 자만이 교리에 정통할 수 있지 않을까. 신앙의 고수 高手는 자유로이 일탈하되, 초보初步는 교리의 문자에 매여 벌벌 떤다롬7:6. 무능할수록 데데한 격식에 얽매여 연약한 이들을 속박한다.

안식일에 하지 못할 일을 하는 것에 대한 바리새인들의 어필은 그동안 유효했을 테다. 매사에 하나님의 말씀을 다르게 읽을 가능성을 철저하게 봉쇄하는 역할도 했을 거다. 하지만 예수님과의 논쟁에서는 무용지물이 되고 만다. 예수님께서 안식일의 주인이시라는 실체를 깨닫지 못했던 까닭이다. 안식일의 주인이신 예수님께서는 제사보다는 자비를 원하셨고마12:7, 사람을 위해 안식일이 지켜지기를 원하셨다막2:27. 바리새인들이 일탈이라고 여겼던 제자들의 안식일 규정 위반은 '예수 정신'을 통과하는 순간 진리로 변신되었다. 진리가 드러났다고하는 게 더 적확하겠다. 자유하게 하는 진리로 가득한 미답의 영역으로 이끄신 게다. 어찌 이리 쉽고 단순한 선언으로 이토록 깊으면서도 유연한 생각을 사람들의 가슴에 심어줄 수 있을까. 쉬운 표현 속에 담긴 통속성이 오히려 진리를 명징하게 드러낸다. 신학이 이렇듯 단순하고 쉽고 명징하면 얼마나 좋을까.

나는 자비를 원하고 제사를 원하지 아니하노라 하신 뜻을 너희가 알았더라면 무죄한 자를 정죄하지 아니하였으리라마12:7 또 이르시되 안식일이 사람을 위하여 있는 것이요 사람이 안식일을 위하여 있는 것이 아니니막2:27

대학 시절 성경을 읽던 어느 날, 예수님의 저 말씀에 가슴이 저릿했었던 기억이 있다. 내가 가진 신앙적 상식을 뒤집어엎는 말씀이었던 까닭이었다.

안식이 잘 제공되는 주일이 그립다

평일 눈코 뜰 새 없이 바쁜 직장생활이나 학교생활에 에너지를 쏟아붓고, 주일에 여러 역할을 맡아 섬기는 이들의 심사는 어떠할까? 나 같은 사역자들의 감각으로는 그 마음 쉽사리 읽어낼 수 없을 테다. 주일을 교사, 성가대원, 찬양팀, 청년부리더를 겹쳐 섬기느라 분주하게 보내는 열심청년들의 모습을 보노라면, 예수님께서 이르신 "안식일이 사람을 위하여 있는 것"이라는 저 말씀이 늘 떠오른다. 이런 분주함 속에서도 구도적 물음을 안고서 살아가고자 일상에서 몸부림치는 영성의 소유자들이 교회마다 꽤 있을 테다. 그들은 진정 세속성자다.

이정규 목사는 『야근하는 당신에게』좋은씨앗, 2017에서 "지나친 노동을 강요하는 것은 살인"이며, "그것은 6계명을 어기는 일"이고, "하나님께서 진노하시는 일"이라고 규정한다53쪽. 그러면서 그는 영원한 안식에 대한 유보와 갈망을 전제하되, 실제적인 안식에 대한 부드러운 제안을 준다. 그런데 너무 정답이어서 멀게 느껴지기도 하고, 한편으로는 두렵기도 하다. 그럼에도 바람의 끈을 놓고 싶지는 않다. 그리스도인 사업가와 가장으로서, 그리고 목회자로서 현대사회에서 어떻게 안식이 저항이 되는 삶을 살아야 할까?

> 그리스도인은 자신만 안식을 누릴 뿐 아니라 세상 모든 피조물도 안식을 누릴 수 있도록 그들을 초청해야 합니다. 그리스도인 사업가는 직원들의 쉼을 가장 세심히 살피는 사람이어야 하며, 그리스도인 가장은 가정의 모든 일에 적극적으로 나서는 좋은 아버지여야 합니다. 참된('참된'이라는 말을 강조하고 싶습니다) 그리스도인 목회자는 교회의 모든 구성원들이 주일에 영적, 육적인 안식을 충만하게 누릴 수 있도록 배려하는 사람이어야 합니다.193쪽

청년들이 교회를 떠나는 많은 이유들 중 하나, 교회가 청년들을 교회 운영과 유지를 위한 소모품으로 취급한다는 것이다. 그들의 삶에는 아무 관심 주지 않으면서 온갖 봉사에 동원시키는 것에 질려 떠나는 청년들이 있는 교회, 어떻게 봐야 할까? 교회마다 제각각 형편이 있을 테지만, 안타깝다. 떠나는 그들의 뒤통수를 향해 신앙을 버린 배도자나 자기만 생각하는 이기주의자인양 취급하며 저주의 말을 내지르는 이들도 있다나. 설마? 이게 사실이라면 유아독존唯我獨尊도 낯 두껍기 그지없다. 진정 교회라면, 참된 목회자라면 지칠 대로 지쳐 너덜해진 그 마음을 먼저 헤아릴 수는 없는 것일까? 예수님처럼! 주일만이라도 사는 것처럼 살고 싶다는데. 애당초 안식을 잘 제공하는 주일이라면 생기지 않을 일들인 것을…….

성도들의 교회수평이동은 서로 경쟁해 온 교회 스스로가

만든 문화이니 어쩌겠는가. 교회가 일종의 종교시장이 되었고, 성도들은 소비자가 되어 있으니. 자신의 기호에 따라 더 좋고 더 맞는 교회 찾아가는 게 이제 뭔 대수인가 싶은 풍토가 자연스레 자리잡은 듯싶다. 안식의 관점에서 청년세대에게 좋은 일인지 나쁜 일인지 두고 볼 일이다. 크로노스적 주일성수를 강조하는 풍토 속에서 청년들은 하나님과의 친밀하고도 특별한 만남이 있는 카이로스로서의 예배와 안식이 간절하다.

사실 안식일 논쟁에서 예수님께서 하신 말씀들은 복잡한 해석이 전혀 필요 없다. 문자 그대로다. 안식일에 회당에서 손 마른 사람의 손을 고치며 하신 말씀, "안식일에 선을 행하는 것과 악을 행하는 것, 생명을 구하는 것과 죽이는 것, 어느 것이 옳으냐"막3:4, 이 말씀 앞에서 예수님을 고발하고 죽이고자 하는 이들은 끓어오르는 분노를 숨기며 잠잠할 수밖에 없었다. 진리는 이토록 단순하고 명쾌하다. 예수님의 말씀과 행동은 일상에서 작동하지 않을 고담준론高談峻論을 일삼으며 종교놀이에 자족하려는 우리의 게으름을 그대로 박살낸다. 그런 의미에서, 예수님께서는 하나님 나라의 깐깐하면서도 명쾌한 리얼리스트realist이시다.

사실, 예수님께서는 당시 유대사회 주류의 시각에서 보자면 선각자가 아니셨다. 시대를 앞서 가며 이끄는 선도자도 아니셨다. 반시대적이어서 좌충우돌하는 불편한 존재, 그러니까 트레바리인 양 프로불편러인 양 보이셨을 테다. 복음서의 예수님께서는 차라리 시대착오적이었다. 주류의 편광필터를 걷어냄으로써 하나님 나라의 시각으로 세상을 보게 만든 역적이셨다.

이처럼 예수님께서는 시대의 주류에 맞선 싸움꾼이셨고, 생사를 건 논쟁의 달인이셨다. 승승장구할수록 죽음의 그림자는 짙어져만 갔다. 다만, 그분의 주변에 몰려든 이들이 착각했을 뿐이다. 베드로야말로 그 착각의 선도자였다막8:32. 오늘 우리에게 베드로의 착각이 아니라 예수님의 반시대적 언행이 절실한 것은 아닐까막8:31.

안식일은 저항이다

2019년 연초에 교회 초등부 교사들로부터 얇은 책 하나를 선물 받았다. 월터 브루그만Walter Bruggemann의 『안식일은 저항이다』복있는사람, 2015라는 결코 가볍지 않은 제목의 책이었다. 왜 이 책을 나에게 주었는지는 아직 알지 못한다. 안식하라는 것이었을까, 저항하라는 것이었을까? 어쨌든 감사한 마음으로 읽었다. 여기에서 브루그만은 안식일에 대해 다음과 같이 설명하고 있다.

불안이 야기하는 무한 경쟁이 난무하는 현대의 정황에서는, 안식일을 지키는 것이 저항이요 대안인 행위다. 안식일이 저항인 이유는, 이 안식일이 상품 생산과 소비가 우리 삶을 좌지우지하지 않는다는 것을 분명하게 강조해 주기 때문이다. …… 그러나 안식일은 저항만이 아니다. 안식일은 대안이다. 벅차고 시끄러운 광고는 사방에 널리 퍼져 있고, 전례처럼 거창한 요구를 들이대는 온갖 프로 스포츠는 우리의 '쉬는 시간'을 송두리째 잡아먹는데, 안식일은 바로 이것에 대한 대안이다. 우리가 제시하는 대안은, 우리를 하나님이 주시는 선물을 받는 쪽에 자리해 있는 존재로 보는 주장을 받아들이고 그 주장대로 실천하는 것이다.16-17쪽

브루그만의 주장을 자의적으로 해석해 보자면, 안식일은 형식화된 종교로부터 사람을 구원해낼 뿐 아니라, 자본이 지배하는 현대의 시대정신으로부터 대안적 살길이 된다. 하지만 우리는 그 길을 애써 외면하며 살기를 더 원하고 있지 않던가. 브루그만이 책 마지막 부분에서 지적하고 있는 것처럼.

안식일이 없는 실존은 우리 뜻대로 살아 나갈 궁리를 한다. 우리 주위에는 상품이 쌓여 있고, 우리는 그 상품들 앞에 엎드려 절한다. 그러나 그 상품은 우리 손을 잡아 주지 않는다.⋯⋯안식일이 없으면, 하나님 자신이 쉬신 것에 뿌리를 두고 우리와 함께 쉬어야 할 우리 이웃에게까지 확장된 쉼을 깨닫지 못할 가능성이 높다. 그렇게 되면 우리는 쉼을 알 때까지, 우리의 상처와 두려움과 탈진 상태를 붙들고 쉼이 없는 채로 버려진 자들이 될 것이다.171쪽

그렇다. 우리 삶이 그렇다. 지금도 자비보다 예배가 우선되고 사람보다 주일성수가 앞서고 안식보다 경제적 성공이 경배받으니, 일탈의 가능성은 열려 있는 게다. 제자들처럼 안식일에 밀 이삭을 까먹고 예수님처럼 안식일에 손 마른 사람을 고치는

3. 하나님 나라와 백성의 영혼을 '다루는 삶'

일탈의 길을 걸을 때막3:1-5, 진리를 만나는 사건의 가능성이 열린다. 일탈로 진리를 드러내신 예수님을 향한 믿음은 살다, 삶, 사람, 사랑, 살림의 계열로 이어진 구원사건을 동반한다.

"네 믿음이 너를 구원하였다", 아픔과 죽음의 고통으로부터 해방이 제공되는 예수님의 구원 선언이다. 이 땅의 많은 설교가 깨달음의 과정을 논리로만 설득하려는 까닭에 대개 지루하다. 여차하면 언어유희적 재담에 그칠 위험이 다분하다. 반면, 예수님께서는 설득하지 않고 곧바로 단언하신다. 그래서일까, 구원에 이르는 믿음을 가능케 하는 힘이 있다. 예수님의 선언은 향유를 부은 여인에게눅7:50, 열두 해 혈루증을 앓는 여인에게눅8:48, 회당장 야이로에게눅8:50, 나병환자에게눅17:19, 그리고 맹인에게눅18:42 주어졌고, 그들 자신이나 가족은 회복되었다. 믿음과 구원은 깊은 관계성을 갖는다. 더해서, 이 땅에서의 고통에서 벗어나 얼마간 안식을 누리게 되었으니, 복되다.

구원에 이르는 믿음

믿음은 무엇이고, 구원은 무엇인가? 김근주 교수에 따르면, 믿음은 나를 향한 하나님의 가능성에 마음을 여는 것이고, 구원은 억울함이 없도록 공정하게 판결 받거나 회복되는 것이다. 아브람이 하나님을 믿을 때 그것을 의공의로 여기셨다창15:6. 달리 표현하면, 믿음이 곧 공의ㄱㄱㄱ(체다카)인 것이다. 자신을 향한 하나님의 가능성에 마음을 열고 올바른 관계를 맺는 것이 공의

이고, 믿음이다. 정의^{טפשם}(미쉬파트)는 재판, 판결, 심판으로 이어지는 법적 개념 속에서 공정하게 판결함으로써 억울함이 없도록 돌보는 것이다. 그러니 정의는 대체로 약자의 편일 때 정의로워진다. 이는 구원이나 회복과 같은 뜻으로 그 쓰임새가 확장된다.

공의와 정의, 이 둘은 하나님께서 아브라함을 선택하신 이유였고_{창18:19}, 떼려야 뗄 수 없는 한 쌍이다. 하나님께서 이스라엘을 세우신 목적이라는 것이다. 이에 대해 크리스토퍼 라이트 Christopher J. H. Wright는 『현대를 위한 구약윤리』IVP, 2016에서 다음과 같이 설명한다.

그렇다면, 이스라엘을 세우신 목적은 무엇이었는가? 이미 하나님은 창세기 18:19에서 자신의 의도를 분명히 표시하시지 않았는가? "내가 그(아브라함)로 그 자식과 권속에게 명하여 여호와의 도를 지켜 공의와 정의를 행하게 하려고 그를 택했나니……." (이 절의 마지막 부분에 있는) 장기적인 목표는 이미 약속된 열방에 대한 축복이었다. 하지만, 당장의 목적은 정의로운 공동체를 만드는 것이었다. 이것이 이스라엘의 선택과 구속, 그리고 그들의 역사 전체의 요점이며 목적이다.369쪽

이처럼 이스라엘은 하나님의 구속적이며 본질적인 공의와 정의 위에 세워진 나라다. 구약에서 공의와 정의를 행하는 것은 곧 신약에서 믿음으로 구원을 얻는 것과 이어진다.

예수님께서는 당시 안식일 규정을 어기면서도 배고픔을 해

결하셨다. 고통과 아픔으로부터 치유도 행하셨다. 그렇게 행하심으로써 사람을 살리셨고, 회복된 삶을 살게 하셨다. 이러한 그분의 일탈은 공의와 정의의 실현을 통한 하나님 나라의 매력적인 성취를 가져왔다. 매사 처신이 고답高踏한 바리새인들은 율법의 문자에 매여 공의와 정의의 실현이라는 본연의 정신을 놓침으로써 하나님 나라 백성으로서의 삶에 실패하고 만다. 이 것은 곧 믿음이 그의 행함과 함께 일하고 행함으로 믿음이 온전하게 되었다고 하는 말씀약2:22과 어긋난다. 행함이 없는 믿음은 그 자체가 죽은 것약2:17이라고 하지 않았던가. 믿음과 행위가 함께 일하듯 공의와 정의는 떼려야 뗄 수 없는 한 세트다.

그렇다. 애면글면하더라도 함께 묶어 사유하고 실행할 때 온전해지는 것들. 공의와 정의를, 믿음과 행함을, 하나님 사랑과 이웃 사랑을, 그리고 영성과 제자도를 각각 떼어서 담상담상하게 이루어갈 수 있다는 생각은 애당초 성경적이기보다 바리새파적이다. 은혜를 내세워 정의로운 행위조차 무용하게 만드는 가르침을 무슨 지고지순至高至純한 교리라도 되는 양 주장하는 이들을 종종 본다.

『하이델베르크 교리문답』에서 밝히는 바처럼, 우리의 행위는 "참된 믿음으로 하나님의 율법을 따라, 그리고 그분의 영광을 위하여 행하는 것"91문답이어야 한다. 이는 구원받은 우리가 선행해야 하는 이유를 묻고 답하는 '86문답'과 이어진다. 우리에게는 행위가 필요 없는 게 아니라, 하나님의 영광을 위한 선한 행위가 언제나 절실하다. 이것이야말로 예수님께서 몸소 보이신 삶이고, 우리가 따라야 할 삶이다. 삶의 흔적이 묻어 있는 교리적 상상력이다.

이는 소설가 박상륭이 조어한 '몱'이라는 말과 개념이 얼핏 잇닿는다. 몸과 맘과 말을 하나로 합친 것이다. 몸과 마음과 말은 원래 따로 떨어져 작동할 수 없는 한 덩어리라는 거다. 마음에 담긴 것을 말로만 떠들 게 아니라 몸으로 살아내는 일체감을 가질 때 온전한 삶이라 말할 수 있지 않을까.

이를 두고, 팀 켈러Timothy Keller 목사는 『팀 켈러의 복음과 삶』두란노, 2018에서 너무 빤하다 싶을 정도로 아주 쉽게 설명하고 있다. "복음은 우리의 일하는 동기를 변화시킨다. 과거에 돈을 벌기 위해서, 생계를 잇기 위해서, 혹은 지위를 얻거나 인정받기 위해서 일했다면, 이제 하나님을 기쁘시게 하려고 일한다"172쪽. 이 책으로 함께 공부하던 교회 청년부의 소그룹리더 중 한 명이 이 글에 대해 했던 말이 기억에 선명하다. "너무 빤하고 다 아는 내용인데, 실제로 이런 느낌으로 살아봤으면 좋겠어요." 그 자리에 있던 모든 청년들이 진심으로 공감했다.

아이러니한 것은, 그 자리에 있었던 그들 모두가 목사의 자녀들이었다는 거다. 나까지도. 왜 이런 현상이 발생하고 있는지 그 이유에 대해 신학적으로나 사회학적으로 추론을 해볼 깜냥이 나에게는 없다. 말로만 말고, 실제로 하나님을 기쁘시게 하려고 일하는 삶, 정말 가능할까? 우리 교회 청년들이, 그리고 이 땅의 모든 기독청년들이, 빤하지만 실감을 느끼지 못하는 이상야릇한 상황을 돌파해내는 그 어려운 일을 기어코 실천의 몸짓으로 살아내는, 믿음의 주체가 되기를 기도할 뿐이다.

나의 이 기도는, 현실의 벽을 대번에 뛰어넘기를 바라는 초월의 기도라기보다는, 밟고 건너기를 바라는 디딤돌로서의 기도에 가깝다. 내 삶의 궁극적인 목적이고, 사역의 이유다. 현실적으로는 쑥스런 호구지책糊口之策이자 밥벌이다. 혹 중신아비인 것일까? 하나님 나라와 청년이 서로 잘 만나 좋은 관계를 만들어가기를 이토록 간절히 원하니. 부디 오지랖이 아니길……

예수님과 바리새인 사이의 차이와 반복을 보노라니, 우리의 본래면목本來面目이 무엇인지를 되묻게 된다. 자신이 집착하는 것 때문에 애초 집착할 것이 없는 존재로부터 이탈된 삶을 사는 바리새인의 모습에서 지금 우리의 모습을 발견하는 것은 그리 어려운 일이 아닌 까닭이다. 믿음과 일치하는 행위 없이 진리에 대한 증오의 에너지를 내면화하여 발산하는 삶이니, 그저 차갑다. 이런 대책 없는 '주의ism'에 매인 삶을 청산할 방도를 찾는 용기가 있으면 좋으련만. '일탈의 용기'라 불러야겠지.

일탈이 가져오는 다른 삶

「미스터 션샤인」의 주인공들은 일탈을 통해 경계인의 삶을 살며 가치 있는 스토리를 만들어간다. 고애신이 대가댁 영애令愛라는 화려한 삶의 가능성으로부터 일탈하고, 유진 초이가 부모를 때려죽인 주인의 나라로부터 일탈하고, 구동매가 가장 비천한 백정 자식이라는 신분으로부터 일탈하고, 김희성이 고약한 조부와 비겁한 부모의 그늘로부터 일탈했다. 그리하여 비로소 다른 삶, 하여 불꽃같은 삶이 가능했다.

일탈은 '정하여진 영역 또는 본디의 목적이나 길, 사상, 규범, 조직 따위로부터 빠져 벗어남'이나 '사회적인 규범으로부터 벗어나는 일'이라는 사전적 의미를 갖는다. 용어 자체에 부정성否定性이 내포되어 있다. 그래서 실행될 때 위험한 만큼 매력적인 말로 성립된다. 사고치는 힘이 작동될 때 불합리하고 불평등하며 불공정한 방식으로 유지되는 앙시앵 레짐Ancien régime, 구체제의 견고한 체계에 틈이 생기고, 새로운 세계를 향한 걸음이 가능해지기 때문이다. 새로운 사유를 해내는 사람은 기존의 통념 체계로부터 일탈하거나 이탈한다. 대체로 독립된 주체로서의 고독이나 고립을 자초하는 힘을 가진 사람이다.

프랑스 국민의 일탈이 있었기에 자유, 평등, 박애의 깔축없는 가치를 쟁취할 수 있었고, 세종대왕과 집현전 학자들의 일탈이 있었기에 중화사상中華思想의 그늘에서 벗어나 독자적인 문자를 가질 수 있게 되었다. 전태일 열사의 일탈은 열악한 노동 현실을 고발했고, 노동 조건을 개선하는 계기를 만들었다. 일탈을 통해 제자리를 찾고 제 몫을 갖는 것, 이 모순적인 전략이 세상을 바꾼 불굴의 정신이었다.

이처럼 청년 사울의 유대교로부터의 일탈과 얀 후스, 루터, 칼뱅의 로마교회로부터의 일탈이 있었기에 지금의 신앙이 가능해졌음을 누가 부인할 수 있으랴. 그들은 한 줌의 재로 사위어가더라도 진리를 일구어내려는 믿음의 사람들이었다. 일탈이 가져올 수 있는 가능성에 열린 사람만이 예수님의 길을 따를 수 있다. 이렇듯 하나님 나라는 이 땅에서 일탈이라는 방식을 통해 실현되어가고 있다.

Racontez votre histoire! 자신의 이야기를 하세요!

자신이 아는 것을 도탑게 해주는 글이나 책을 만나면 공감과 위안을 얻는다. 그래서 다수의 사람들은 이런 부류의 것만 주로 찾아 즐겨 읽고 습득한다. 자신의 사유와 신념을 두텁게 만든다.

거꾸로, 사고의 관성적 흐름을 단절시키거나 뒤집어놓는 것을 만나면 암묵적으로 가정하고 있던 전제에 금이 간다. 냉랭하게 느껴진다. 불편해진다. 이성에 찰나의 마비가 오고 정서적 안정감마저 흔들린다. 때로는 저항한다. 이 지점에서 당연하게 여겨왔던 자신의 전제에 물음을 던지는 진지한 성찰이 필요하다. 소수의 사람만이 이 순간의 불편함을 감수하며 자신을 향한 빛나는 물음에 직면한다. 이 물음에 답하는 여정 속에서 자신의 내면에 무엇인가 싹을 틔우고 자라나기 시작한다. 그 순간 자신이 당연하게 여겼던 그 무엇에 머물며 답습하는 사고방식과 진리라고 생각했던 그 무엇과 멀어진다. 그리고 그곳에서 사고의 새 출발이 시작된다. 이것이 새로운 사상, 새로운 체제, 새로운 신앙의 문을 열어 그 세계 전체의 진리 유지眞理維持, Truth maintenance에 공헌했던 이들의 삶의 방식이었다.

그 소수는 당연한 것이 주는 달콤한 위안에 안주하며 그저 답습하는 데서 머물 수 없었던 것이다. 그들에게는 덮어버려야 할 글들, 버려야 할 책들이 수북해진다. 우리에게도 덮고 버려야 것들이 방에 가득 쌓여 있는 것은 아닌지 돌아볼 일이다.

2019년 여름, 프랑스 파리에서 음악 공부를 하고 있는 제자 은신이가 잠시 귀국하여 만났다. 한국에서 피아노로 석사과정까지 마친 후 지난 3년간 파리에서 고군분투 중이다. 서로 공부의 어려움에 대해 이야기하는데, 가장 마음에 와닿았던 것이 하나 있었다. 프랑스 학교의 교수님이 계속 똑같은 지적을 한다는 거였다.

은신, 자신의 이야기를 하세요!

피아노를 치는 데 자기 이야기를 하라니? 자기해석自己解釋을 하라는 의미겠는데, 그게 무엇인지 도통 몰라 제자리에서 맴도는 느낌이란다. 그 선생님이 특명을 내렸다고 한다. 방학 때 한국에 들어가 있는 동안 푹 쉬라고. 피아노와 거리를 두고 살라고. 피아노를 치는 기술의 문제가 아니라 자기해석의 문제를 해결하기 위한 고수의 처방이다.

교과서적 해석과 기교를 넘어 자기 이야기를 들려주는 연주, 내가 말하는 일탈과 맞닿는다는 생각이 들었다. 그래서 대화의 후반은 일탈에 대한 이야기로 채워졌다. 고수의 경지에 이르기 위해 몸부림을 치는 은신이는 이제 나와 같은 고민을 안고 사는 동료인 셈이다. 그런 까닭에 그녀는 틈나는 대로 유럽 곳곳을 돌아다니며 자신의 이야기를 찾으려 애쓴단다.

얼마간 청년부에 출석했던 승욱이라는 친구가 있다. 그는 모두가 대학에 진학할 때 고졸 검정고시 출신이라는 이력만으로 사회에 뛰어들었다. 유명 여행사에서 여행가이드로 일하는 중에도 중국어를 독파하며 몇 년을 부지런히 살았다. 그리고 어느 때쯤 서울생활 접고 고향으로 내려가더니, 유튜브YouTube, <우기부기TV>에서 자신이 공부했던 노하우를 나누기 시작했다. 이와 함께 몇 년은 하루에 15시간 이상 대부분의 시간을 책 읽는 데 삶을 투자하며 살았고, 그것을 잘 엮어 유튜브에서 꾸준히 나누었는데, 어느새 11만 이상의 구독자가 찾는 인기 유튜버가 되어 있다. 출판사의 제안으로 서른 즈음에 중국어 공부 관련 책을 내더니, 최근에는 인생에 대한 진지한 물음과 가치 있는 삶에 대한 자기계발서도 출판했다. 아직 30대 초반이다. 그의 삶의 여정을 짧게 언급했지만, 내가 자라며 상식이라고 듣고 배우고 안내 받았던 성공할 수 있는 방식과는 동떨어진 삶의 여정, 곧 몇 차례의 일탈을 통해 자신의 성장이야기를 가치 있게 만들어가는 청년들 중 한 명임에 분명하다.

이렇듯 자기 이야기를 창의적으로 가치 있게 만들어가는 청년들을 많이 만나고 싶다. 때로는 머뭇거리고, 둘러가고, 되돌아가더라도 도전하기를, 그래서 청년들의 일탈을 응원한다!

공자가 살아온다면

이 흐름을 살려, 익숙하지 않을 수 있지만 알면 재미있을 우리 역사 이야기 하나를 하고 싶다. 조선 후기에 주자학朱子學의 대가로서 높은 학문적 성취를 이루고, 노론의 영수로서 이조판서와 좌의정 등을 역임했던 송시열宋時烈이란 인물이 있다. 그의 학문은 전적으로 주자朱子의 학설을 계승하면서 정통 성리학性理

學의 관점에서 조선 중기의 지배적인 사상을 정립하는 데 영향을 끼쳤으며, 조선 후기의 정치, 사회를 강력하게 규제하는 학문체계로 작동했다. 한마디로 조선 후기의 사상과 사회를 지배하는 막강한 영향력을 가졌던 인물이었던 게다.

이런 대단한 인물에 덧씌워져 있는 신화의 가면을 벗기겠다며 비판적 입장을 담은 책인 『송시열과 그들의 나라』김영사, 2000를 역사학자인 이덕일 선생이 오래전 내놓았다. 분명 시끄러웠으리라. 이 책 중간쯤에 우리의 주제와 맞닿는 내용이 잘 묘사되어 있어서 조금 길더라도 그대로 옮긴다. 역사적 지식이 짧아도 충분히 이해할 수 있을 내용이다.

송시열과 윤휴의 대립은 이처럼 주희의 경전주석에 대한 수용자세의 차이에서 나온 것이다. 송시열은 주희의 해석 자체를 경전으로 생각했다. 그러나 윤휴는 주희의 해석을 뛰어넘어 독창적인 해석체계를 갖추려 했다.

송시열이 받아들인 주희의 주자학은 중국 중세의 유학이었다. 말하자면 북송과 남송 시대의 중국 유학자들이 바라본 세계관이 성리학이었고 송시열은 여기에 충실했다. 하지만 윤휴는 이를 뛰어넘어 한당(漢唐) 시대의 중국 고대 유학에 직접 접근하려 하였다. 주희를 뛰어넘어 직접 공자·맹자와 만나려 했던 것이다. 윤휴는 그 유명한 말로 송시열의 공격에 반박했다.

"천하의 많은 이치를 어찌 주자만 알고 나는 모르겠는가? 이제 주자는 그만 덮어두고 오직 진리만을 연구해야 한다. 주자가 다시 살아온다면 나의 학설을 인정하지 않겠지만 공자가 살아온다면 내 학설이 승리할 것이다."

말하자면 윤휴는 고대 경전, 즉 공자나 맹자로 돌아가자고 주장하는 것이었다. 윤휴와 송시열의 논쟁은 특정한 학문이나 종교가 교조화된 곳에서는 시대의 고금이나 동서를 떠나 존재했던 논쟁이다. 루터의 종교개혁도 교회를 통해서만 구원받을 수 있다는 중세 카톨릭의 교의에 대한 반발이었다. 윤휴가 주희에 반대하고 공자를 내세운 것은 루터가 중세 교회의 교조성에 반발하며 '오직 성서'와 '오직 신앙'을 내세워 예수와 직접 접촉하려 한 시도와 마찬가지였다. 종교개혁가 루터를 보호한 것이 황제의 경쟁자 작센 공의 현실적 힘이었듯 윤휴의 옳고 그름에 대한 평가도 주자나 공자가 아닌 현실적 힘을 가진 조선 유학자들일 수밖에 없었다.208-209쪽

이덕일 선생은 윤휴尹鑴라는 인물을 우리에게 더 친숙한(?) 종교개혁가 루터와 연결시키고 있다. 그를 통해 교조화敎條化, 역사적 환경이나 구체적 현실과 관계없이 어떠한 상황에서도 절대로 변하지 않는 진리인 듯 믿고 따르는 것으로 삼는 것된 학문과 종교성에 대한 비판의 의미를 풀어내었다. 송시열은 중국 고대의 사상가인 공자孔子에 대한 주자의 해석을 절대화하며 정통의 자리를 점유했던 것이고, 윤휴는 이에 반대하며 공자를 직접 접하며 새로운 해석을 내놓을 가능성을 열고자 했던 셈이다. 윤휴의 입장은 정통의 자리를 독차지하고 있던 로마가톨릭교회에 저항하여 성경의 직접적인 해석을 통해 예수님을 만나겠다는 종교개혁가들의 모습과 닮았다.

이런 유類, type의 역사적 흐름을 우리는 너무 잘 알고 있다. 그럼에도 불구하고, 여러 시대의 탁월한 성경해석자들 중 특정

인물들의 해석을 절대적인 위치에 올려놓음으로써 다른 해석의 가능성을 닫거나 조금의 차이에도 기겁하며 서슬 퍼런 기세로 비판하는 게 우리의 현실이다. 자기 잇속을 챙기려는 장사치가 떠는 간롱과 별다르지 않아 보이기도 한다. 그래서 눈에 보이는 교회 밖 이단보다 함께 예배드리는 교회 안 지체들의 티에 더 예민한 목소리를 내는 살벌한 풍경이 결코 낯설지 않다마7:4. 그야말로, '바리새파적 참견 시점'이다. 교회의 허다한 분열과 이탈의 많은 경우가 이런 이유 때문이지 않던가. 특정 해석자를 교조화함으로써 제 눈에 들보를 들여놓는 실수를 범하지 않는 순전한 신앙마7:5이 필요한 시대가 아닐까, 하고 조심스레 말 건네본다. 진정 탈속脫俗한 목사라면 더욱 그러해야 하지 않을까.

이덕일 선생의 다른 책들, 『정약용과 그의 형제들 1: 시대가 만든 운명』과 『정약용과 그의 형제들 2: 이들이 꿈꾼 세상』다산초당, 2012도 이런 관점에서 재미있게 읽을 수 있을 테다. 이 책들에 대한 서평을 써서 SFC에서 발행되던 간행물에 실었다가 이덕일 선생과 서로 통성명할 수 있었던 작은 인연을 가졌던 까닭에 약간 기운 애착을 가졌을 수 있다. 그럼에도 새로운 시대, 새로운 세계를 조금이라도 꿈꾸는 청년이 정독한다면 결코 실망하지 않을 것을 보장한다. 일탈에 대한 의미 있는 관점을 얻게 되리라.

여하튼, 지금 이 땅의 적지 않은 교회들이 하나님 나라의 상식을 무시하는 기괴한 논리를 앞세워 무엇을 견고하게 지켜내려 저리도 아등바등하는지 돌아볼 일이다. 일탈도 일탈 나름이

지. 가진 신학이나 교의와 달리 이단들이 보여 온 행태를 섬뜩하게 재현하는 교회들이 늘어가니 누가 정통이고, 누가 이단인지 헛갈릴 지경이다.

자본과 권력에 더해 유교적 가족주의와 세습으로 쌓아가는 바벨탑을 종교적 엄숙성으로 포장하는 몇 목사와 교회의 미숙한 연기력에 눈 높은 국민들은 막장드라마를 보듯 조롱한다. 포장된 종교성으로부터의 이탈, 과연 그 교회들은 받아들일 수 있을까? 아니면, 율법에 얽매인 바리새인들처럼 자기 교리에 붙들린 초보의 신앙 세계에 만족하며 살까? 나 자신에게 궁금하고 우리에게 궁금하다. 아닌 것은 아닌 법인데. 궁금한 우리 자신에게 신동문 시인의 「'아니다'의 酒酊」『내 노동으로』 솔, 2004이라는 시의 일부분을 지절대고 싶다.

한국, 한국은 참말로
그런 것이 아니다
더구나
나, 나는 이런 것이 아니다
사랑!
이런 것이 아니다
생활!
이런 것이 아니다
오늘!
이런 것이 아니다

'교회! 교회는 참말로 그런 것이 아니다.' '기독교! 이런 것이 아니다.' '목사! 이런 것이 아니다.' 이 한마디 주정酒酊하듯 내던질 용기 하나 없어 누추하고 남루하게 묻어 산다. 청년들의 갈증과 아픔을, 그 슬픔을 달래주지 못하니, 할 말 없다. 절망의 절규만이 그득하다. 그래서 절절하다. 이건 아닌데, 청년 사역자의 삶, 이런 것이 아닌데……. 그래서 추하다.

고독과 침묵에 들어가는 시간

목사님, 좀 추한 거 아시죠?

하나님 나라에 대해 숱하게 설교하고 강의하며 밥 벌어 먹는 까닭에, 저런 말만은 부디 귓결로라도 듣고 싶지 않다는 생각을 했다. 이 글을 구상하던 지난밤, 허연 시인의 「간밤에 추하다는 말을 들었다」『나쁜 소년이 서 있다』, 민음사, 2008라는 을씨년스런 제목의 시를 가슴 졸이며 읽고 또 읽은 까닭이다. "형 좀 추한 거 아시죠?", 이런 구절이 나온다.

매이면 추해질 수 있다. 추해질 만큼 매이며 살지 않을 용기가 있으면 좋겠다는 실다운 의지를 어떻게든 북돋아 보려 한다. 자기 확신에 차 있을 때 생각하기를 멈춘다는 평범한 진실을 곱씹으면서.

그리스도인으로서 추하게 살지 않으려면 어떻게 해야 할까? 일탈은 이 물음의 연장선상에서 건져 올린 개념이다. 아니,

절실했던 기도에 대한 응답이자 선물이다. 확신에 찬 말을 쏟아내기 바쁜 일상에서 만난 소중한 책 덕분이다. 루스 헤일리 바턴Ruth Haley Barton의 『하나님을 경험하는 고독과 침묵』SFC, 2015이다. 하나님과 더 친밀한 사귐으로 나아가려는 저자의 열정과 아름다움이 갈피마다 넘쳐흐른다. 이런 글을 읽었다.

> 고독과 침묵에 들어간다는 것은 나의 권한이 없는 영역에 들어서는 것이기도 하다. 특히 침묵의 연습은 영적 삶의 주도권이 하나님에게 있다는 사실을 존중한다. 곧 하나님이 그분의 시간에 그분의 방법으로 나의 삶을 불러내시는 것이다. 침묵과 고독을 통해 우리는 자신에게 있는 통제의 중독을 대면하게 되지만, 다른 한편으로 거기에는 초대도 있다. 그것은 붙잡고 있는 것을 내려놓고 모든 권한을 하나님께 넘기라는 초대이다.67쪽

일탈이라는 말 한마디 없는 글에서 나는 일탈을 읽었다. "나의 권한이 없는 영역에 들어서는 것", 이것이 나에게는 그렇게 다가왔고 이해되었다. "붙잡고 있는 것을 내려놓고 모든 권한을 하나님께 넘기라는 초대"에 응하기 위해 익숙한 일상으로부터 벗어나 고독과 침묵에 들어가는 시간을 갖고 싶었다. 얼마간이라도 세상을 향한 걸음을 거둬 결가부좌結跏趺坐를 틀고, 세상에 주던 마음을 모아 빗장을 걸어둘 심산心算이었다. 나를 향한 하나님의 가능성에 제대로 마음을 열고 싶었던 게다. 언제까지 신앙의 초보로 살 수는 없기에.

신앙의 고수를 자처하는 이들에게서 공통으로 드러나는 모습이 있다. 자신의 일탈을 감추기 위해 자기 확신이나 자기 신념을 더 큰 목소리로 주장한다는 점이다. 그래서 다른 이의 조그마한 약점을 꼬집어 들추어내는 것으로 자신의 추한 이면을 꼭꼭 숨긴다. 그야말로, 바리새파적 참견 시점이라 할 만하다. 자기 하나 살자고 다른 이를 짓밟고 죽이는 추악한 짓이다.

저런 이들을 위해 예수님께서는 이렇게 말씀하시지 않았던가. "어찌하여 형제의 눈 속에 있는 티는 보고 네 눈 속에 있는 들보는 깨닫지 못하느냐"마7:3라고. 이 말씀은 '똥 묻은 개가 겨 묻은 개를 나무란다'라는 우리 속담과 그대로 상통한다. 그런 까닭에, 드러난 이단보다 더 무서운 괴물은 생각보다 가까이 있는지 모른다. 혹 우리 자신이 괴물과 싸우다 괴물이 되어 가고 있는 것은 아닌지 돌아볼 일이다.

하나님 나라에 들어가려면 어린아이와 같아야 하는 법인데, 그게 그리 쉽지 않다. 지금 이 땅 기독교인의 신앙이 얼마나 타협과 참견과 욕망으로 때 묻은 신앙인지는 온갖 매스컴에서 쏟아져 나오는 뉴스를 보면 알 수 있다. 그래서 밴드 '들국화'가 부른 「내가 찾는 아이」의 가사가 던져주는 의미가 크다. "내가 찾는 아인 흔히 볼 수 없지"라는 노래가사처럼, 예수님께서 찾으시는 어린아이와 같은 신앙인을 흔히 찾아보기 어려운 게 현실이다.

들국화는 오랜 세월 노래하며 사는 중에 그렇게도 찾았던 그 아이를 만났을까? 고맙게도, 이 노래의 마지막에 '볼 수 있음'을 노래한다. 바로 곁에 있는 멤버들이다. 그들은 "넓은 세상 볼 줄 알고 작은 풀잎 사랑하는" 사람들이고, "내일 일은 잘 모르고 오늘만을 사랑하는" 사람들이며, "내 마음이 맑을 때나 얼핏 꿈에 볼 수 있는" 사람들이고, "미운 사람 손을 잡고 사랑 노래 불러주는" 사람들이며, "빈 주머니 걱정되도 사랑으로 채 워주는" 따뜻한 사람들이다. 어쩌면 '착한 아이'는 신학적 지식 으로 옹알거리는 이들이 아니라, 날마다 곁에서 진솔하게 함께 하는 멤버들, 그러니까 일상을 함께 공유하는 이웃들이나 동료 들 속에 있는 게 아닐까.

신앙의 고수를 자처하며 신학을 영위하는 자들을 대천덕 신부는 '미성숙한 신학자'라고 부른다. 그는 바리새파적 참견 시점을 즐기는 이들에 대해 『대천덕 신부의 하나님 나라』CUP, 2016에서 이렇게 지적한다. 읽는 것만으로도 많은 것을 느끼고 생각하게 할 테다.

> 미성숙한 신학은 불완전한 신학입니다. 하나의 진리가 전부 인 것처럼 여기고 다른 진리를 무시해 버립니다. 우리 신학이 모두 하나가 되면 온전하고 성숙한 신학이 될 수 있지만 이 신 학은 이것을 강조하고 저 신학은 저것을 강조하므로 온전히 하나가 되지 못합니다. 실제로 미성숙한 신학자들은 타인의 입장에 대해 듣기를 싫어하고 자기 입장만 강조하고 자기 영 역만 옳고 중요하다 여깁니다. 다른 이의 조언을 듣지 않고 서 로 대화하지 않으며 자신의 완전하지 못한 한 면만을 주장하 기 때문에 결국 미성숙한 신학자가 되는 것입니다.37쪽

설교문이 아닌 반성문을 써야 할 시간

아, 고맙게도 그 청년은 그 종교집단으로부터 이탈해 주었다. 사랑 없는 기성 교회로부터 실행했던 그의 일탈은 자기 확신에 찬 나를 깨우치는 스승이자 길안내자가 되어 주었다. 타인의 슬픔과 아픔에 공감하는 마음이 나를 향한 하나님의 마음에 가닿는 믿음으로 연결된다는 깨침이었다. 그런 의미에서, 목사로서 나는 설교문이 아니라 절절하게 반성문을 써야 마땅하다.

프랑스 동부의 작은 마을에 있는 떼제 공동체Taizé Community를 두 번 방문할 기회가 있었다. 이탈리아 아시시에로의 여행에 대한 마음만큼이나 이곳에 대한 마음 또한 간절했었다. 노래 하나 때문이었다.

사랑의 나눔 있는 곳에 하나님께서 계시도다
Ubi caritas et amor, ubi caritas Deus ibi est.

떼제 공동체에서 만든 이 노래를 교회 성도들에게 가르쳐 주었고, 오후예배 때나 청년부 모임에서 수백 번도 더 찬양으로 불렀다. '그렇지. 사랑의 나눔 있는 곳이야말로 하나님께서 함께하시는 진정한 공동체이지.' 이런 마음으로 얼마나 자주 불렀는지 모른다. 그런데 사랑받지 못해 공동체를 떠났던 그 청년과의 접촉 속에서 '말로만 하는 사랑'의 공허함을 절감切感할 수밖에 없었고, 나의 신앙은 수척해졌으며, 설교 속 헛말은 절감節減되었다.

이후 나의 강의나 설교는 '그때 청년들이 필요로 하는 것'이 그날 주제가 되는 경우가 잦아졌다. 청년들의 삶을 교재로 삼는 게다. 그렇게 사니 보이는 게 있었다. 예수님의 가르침이 그랬다. 그분께서는 열두 해를 혈루증으로 고생한 여인의 삶을 교재 삼아 믿음으로 얻는 구원과 평안의 삶이라는 주제를 사람들에게 각인시키셨다눅8:43-48. 아픈 이들의 삶, 죄인의 삶, 무시당하는 이들의 삶, 길가로 밀려난 이들의 삶을 교재 삼아 하나님 나라의 복음이라는 주제를 실감 있게 깨닫도록 하셨다. 돌이켜 보면, 좋은 선생님들은 늘 그렇게 가르치셨다. 그러니 공허하지 않아 공감이 컸고, 공경에 이르렀던 게다. 나의 설교가, 나의 강의가 놓치지 말아야 할 방향이다. 텍스트와 콘텍스트의 만남, 곧 하나님의 뜻을 생활에 녹여내는 일이다.

지금, 비록 연락은 끊겼지만, 어렵게 내려간 고향에서는 사랑 넘치는 교회공동체와 함께하고 있기를, 부디 빈다. 산전수전山戰水戰에 공중전空中戰까지 다 겪었으니, 이제는 신앙의 고수로 자유로이 지내리라. 애타는 희망이고 간절한 기도다!

4. 하나님 나라의 작동원리, '공의와 정의'

┗ RE: 은혜는 인간을 정의롭게 한다!

하나님 나라는 연구의 대상이 아니라 동참해야 하는 것입니다. 앎과 삶 사이에 낀 이물질을 제거하고 공의와 정의를 행함으로써 가능합니다. 이는 곧 하나님과의 친밀한 사귐영성이자 예수님께서 사신 것과 같은 삶을 사는 것제자도입니다.

의와 공의가 주의 보좌의 기초라
인자함과 진실함이 주 앞에 있나이다

시편 89편 14절

누구에게 한 번이라도 뜨거웠던 이들처럼

연탄재 함부로 차지 마라
너는
누구에게 한 번이라도 뜨거운 사람이었느냐

뼛속 깊이 스며든 범속함에 파묻혀 살던 대학 시절, 이 시를 가슴에 새기며 어떤 삶이어야 할지 궁구했던 기억이 아직 선명하다. 아마 많은 이들이 비슷한 경험을 공유하고 있지 싶다. 누구나 인생시, 최애시 하나쯤은 있으리라.

흔히 제목이 '연탄재'라고 착각하곤 했던 이 시에 안도현 시인은 무슨 싸움이라도 선포하는 듯한 제목을 붙였다. 「너에게 묻는다」, 이 시는 정말 내 삶을 향해 거침없이 물어왔고, 나는 무람없이 답하며 살아가려 했다. 누군가를 향한 엄한 발길질보다는 자신을 태워 세상을 따뜻하게 만드는 연탄재같이 살리라는 호기를 발동하곤 했다. 때로는 씩씩한 희생으로 드러났지만, 때로는 꺼드럭거리는 허세로 기울어졌다.

전태일 열사처럼 진정 자기를 태운 이들은 뜨겁게 새로운 세계를 열지 않았던가. 예수님께서 십자가에 달리심으로써 하나님 나라의 새 지평을 여신 것처럼. 그들에 전혀 미칠 바 되지 못하더라도 그 세계를, 그 나라를 도탑게 하는 삶이고 싶다. 나를 따르라 하셨으니.

시를 읽는 일과 삶을 사는 일을 포개기

생生의 향방을 흔든 시가 몇 더 있다. 조동화 시인의 「나 하나 꽃 피어」가 그렇다. "나 하나 꽃 피어 / 풀밭이 달라지겠느냐고 / 말하지 말아라 / 네가 꽃 피고 나도 꽃 피면 / 결국 풀밭이 온통 / 꽃밭이 되는 것 아니겠느냐"라는 구절만으로도 이미 풍성했지만, "나 하나 물들어 / 산이 달라지겠느냐고도 / 말하지 말아라 / 내가 물들고 너도 물들면 / 결국 온 산이 활활 / 타오르는 것 아니겠느냐"라는 구절이 있어 매번 뜨거워지곤 했다. '공동체'와 관련해서 설교할 때마다 도종환 시인의 「담쟁이」와 함께 빈번하게 인용했다.

"물 한 방울 없고 씨앗 한 톨 살아남을 수 없는 / 저것은 절망의 벽이라고 말할 때 / 담쟁이는 서두르지 않고 앞으로 나아간다 / 한 뼘이라도 꼭 여럿이 함께 손을 잡고 올라간다"라는 구절은 공동체나 그 안의 누군가가 절망에 빠져 있을 때 무엇을 어떻게 해야 하는지 선명하게 깨닫게 해 주었다. "저것은 넘을 수 없는 벽이라고 고개를 떨구고 있을 때 / 담쟁이 잎 하나는 담쟁이 잎 수천 개를 이끌고 / 결국 그 벽을 넘는다"라는 구절 앞에서는 나의 역부족을 고민하기도 했다. 그래서 멈추었던가? 아니다. 앞선 잎 하나가 아니어도 좋았다. 그냥, 뭐랄까, 공동체로 사는 게 좋았다. 그냥 교회여서 좋다.

"이와 같이 우리 많은 사람이 그리스도 안에서 한 몸이 되어 서로 지체가 되었느니라"롬12:5, 이렇게 '서로 지체'로 살아가는 방식을 너무 적절하면서도 아름답게 표현해내는 시인들의 통찰이 부럽다. 시인들은 분명 삶의 의미를 포착해내는 고성능 안테나를 장착하고 있을 테다. 목사인 나도 그러해야 할 텐데, 턱없다. 그러니 절망스럽도록 부끄러울 때가 숱하다. 그럴 때마다 스스로 흔들리고 절망에 젖어들곤 한다. 그때마다 시인은 다시 처진 어깨를 두드리며 위로의 말을 건넸다.

특히 도종환 시인의 「흔들리며 피는 꽃」이 그랬다. "흔들리지 않고 피는 꽃이 어디 있으랴", 이 구절을 통해 생명의 역동성에 대한 감각을 부양시켜왔다면, "젖지 않고 피는 꽃이 어디 있으랴", 이 구절에 힘입어 사역의 현장성에 대한 열정을 북돋으며 침체에서 벗어나곤 했다. 이렇게 시인들로부터 삶을 배우며 자라왔다. 시를 읽는 일과 삶을 사는 일을 포개는 작업을 하나의 과제처럼 떠안고 살아온 셈이다. 그럼에도 문학으로 밥 벌어먹는 길을 걷지는 못했다.

하나님 나라와 현실을 포개는 삶의 어려움

대신, 밥 빌어먹으며후원 산다. 하나님 나라에 대한 배움의 여정 속에서 하나님 나라와 현실을 포개는 삶을 사명으로 받아들인 채 청년과 어울리는 삶이다. 이 일을 위해 서슴없이 돕는 아름다운 마음을 가진 이들이 있어 하나님 나라를 산다.

하나님 나라, 무엇인가? 하나님 잘 믿고 교회 열심히 다니면서 예배 빠지지 않고 죄 짓지 않으며 착하게 살다가 죽으면 가는 곳. 어릴 땐 은연 중 이렇게 마음에 새기며 신앙생활을 성실하게 영위했다. 지금도 그런 마음으로 살면 조금은 더 착하게 살지 않을까 싶긴 하다. 비록 성경이 말하는 하나님 나라의 모든 면을 품은 삶은 아니었지만.

조금 커서는, 우리의 선한 행위로 갈 수 있는 곳이 아니라 오직 은혜로만 갈 수 있는 곳이라는 신학적 깨침까지 얻는 수준에 이르렀다. 이 정도만 해도 꽤 큰 진전을 이룬 셈이다. 반면, 신앙생활의 현실감은 급격히 떨어졌다. 청소년기에는 누구나 그러할까? 그 시기에 회개의 체험과 확신의 감격이 있었음을 고백하는 이들이 많으니, 일반화할 것은 아니다.

대학 진학 후, 이해는 훨씬 넓어지고 깊어진다. 기억나는 대로 적으면 이렇다. 하나님 나라는 하나님의 주권이다. 하나님의 통치, 곧 그분의 다스림이다. 풀어 말하자면, 하나님께서 왕으로서 다스리시는 나라가 하나님 나라다. 이것이 성경의 중심주제이고, 성경 해석의 절대지평이며, 그리스도인의 메타적 사유로 자리해야 한다. 그 나라는 우리 가운데 이미 임했으나 아직 완성되지는 않았고already, but not yet, 예수님의 재림과 함께 완성될 것인데, 이를 하나님 나라의 현재성과 미래성이라 일컫는다. 우리는 이미와 아직 사이를 살아가는 낀 존재라고 할 수 있다. 그래서 거룩과 세속 사이에서 갈팡질팡하는 삶이다.

'예수'와 '십자가'가 없으면 설교라고 할 수 없다고 흔히 지적하는 것처럼, '하나님 나라'에 대한 이해 없는 설교도 마찬가지로 취급해야 한다. 예수님께서 이 땅에 오신 목적은 '나의 죄를 용서해 주시는 것'에 있다고 어릴 때 배웠으나, 복음서는 '하나님 나라의 복음을 전파하는 것'눅4:43에 있다고 밝히고 있으며, 이 둘은 포개져야 한다. 그러니 하나님 나라는 성경 이해의 고갱이고 그리스도인의 삶을 좌우하는 핵심 개념이다. 주기도문의 가르침이 그렇다. 이 정도가 대학에서 SFC 활동을 하면서 배운 것들이다.

하나님 나라에 대한 본격적인 이해는 이렇게 대학 시절부터 이루어졌다. 그럼에도 "나라가 임하옵시며"라는 기도의 상상력이 실감에 이르지는 못했다. 젊은 혈기에 이원론적 사고에 빠진 기독교를 비판하면서도 정작 하나님 나라와 일상을 포개지 못했고, 의뭉스런 삶에 허덕였다.

특히 대학 생활 끝자락에서 대한민국은 IMFInternational Monetary Fund, 국제통화기금에 손을 벌리는 구제 금융 신청 사태1997년 11월 21일를 맞았다. 자본 앞에서 하릴없이 스러져가는 친구들의 일그러진 삶을 보며 '누가 신神인가?'라는 물음이 커져갔다는 사실은 놀랄 만한 일이 아니다. 이는 과연 '자본주의의 재발견'이었다. 신자유주의新自由主義, Neoliberalism는 경제학과에서나 공부하는 것인 줄 알았다. 우리 삶 전체를 지배하는 사상이자 질서임을 깨닫고 뒤늦게 허겁지겁 공부했던 기억이 생생하다. 이렇게 현실은 신학보다 항상 빨랐고, 강했다. 그런 까닭에, 하나님 나라를 두고 머리와 마음과 몸의 각방살이만 더 고착되어 갔다. 이론이 이론만을 지향하는 자기만족으로 허울좋은 신앙이라도 어렵사리 추어올렸다. 그때까지 그랬다.

빗나간 화살이 꽂힌 자리에 표적을 새기다

지금은 어떠한가? 하나님 나라를 공부하는 사람은 많지만, 그 나라를 사는 사람은 별로 없어 보인다. 이것은 순전히 혼자의 생각이고 판단이다. 그래서 그렇지 않기 바라고, 그렇지 않을 수 있다는 희망도 가져 본다. 아찔한 것은, 희망希望의 한자 '希'에는 '드물다'는 뜻도 있다는 점이다. 그렇다. 신앙 좋다는 이들을 보노라면, 그저 '안다'는 행위를 시도하는 것처럼 보일 때가 많다. 나 자신도 그러하지 않을까, 싶다.

그런 까닭에, 앎이 곧 삶이라는 지극히 당연한 성경적 상식을 배반하는 일을 줄여가고자 늘 공부한다. 하나님 나라를 계속 배운다. 그 배움 속에서 하나님 나라의 가치가 무엇인지 깨닫고부터는 곧잘 머리와 마음과 몸의 합방살이를 경험하기도 한다. 앎이 삶이 되는 공부의 실행력 향상은 신앙을 역동力動하게 만든다. 성경적 텍스트가 세속적 콘텍스트와 만나는 변혁적 성경 읽기인 셈이다. 말씀이 육신이 되어 우리 가운데 오신 예수님의 제자로 사는 방식, 즉 육신이 말씀이 되는 삶의 방식이다. 그러나 삶이 앎이 되는 수준, 곧 일탈하는 고수의 경지는 오매불망寤寐不忘이나 여전히 멀다. 그러니 때때로 하나님 나라의 가치에 역동逆動한다.

죄를 설명할 때, '화살이 표적을 빗나가는 것'에 비유하곤
한다. 하나님의 뜻에 어긋난 삶일 테다. 그렇게 빗나간 화살이
머문 자리는 죄로 물든 곳이 되고 만다. 그런데 복음서에는 표
적을 빗나간 화살들이 끝내 명중한 자리가 가치 있게 만들어지
는 기적에 대한 이야기들로 넘친다. 예수님의 하나님 나라 운
동의 결과다.

예수님께서는 빗나간 화살이 꽂힌 그 자리에 표적을 새김
으로써 공의와 정의가 실현되는 하나님 나라의 현장성을 확보
하셨다. 은혜는 이런 것이다. 일탈하는 고수의 진면목을 보이심
으로써 율법주의자들의 종교적 열성이 붙들고 있는 추상적 당
위나 난해한 표적의 허무함을 까발리신 셈이다. 오늘날 교회
안팎에서 이런 역동적인 하나님 나라 운동이 전개되면 좋으련
만. 그렇지 못하니 마음이 짠하다.

박수암 교수는 「신약성경에 나타난 하나님 나라」라는 글에
서 하나님 나라를 두고, "이는 단지 하나님의 통치 영역만 아니
라 하나님의 통치, 하나님의 지배, 하나님의 주권을 의미한다.
그리하여 하나님의 의지가 실현되는 것, 하나님의 행동(event),
즉 그분의 사랑, 긍휼, 능력, 지혜, 의(구원) 등이 실현되는 것을
의미한다."『그말씀』, 두란노, no.288라고 했다. 조금 더 보태자면, 하나
님의 통치가 임할 때 정의, 평화, 구원, 자유, 사랑, 긍휼, 섬김,
나눔, 치유, 회복, 기쁨과 같은 가치들이 갖추갖추 삶의 자리에
서 현실감 있게 드러난다는 것이니, 그런 일이 우리가 사는 현
장에서 역동적으로 일어나면 좋으련만, 어떠한가? 실상 일어나
고 있는데 둔감하여 체감하지 못하는 것일까?

이리하여, 중요한 건 하나님을 '아는' 방식이 아니라 그 나라를 '사는' 방식이겠다. 가짜 뉴스가 범람하는 까닭에 사회적 혼란이 가중되듯, 자기 교리에 빠진 이들로부터 쏟아져 나오는 가짜 진실에 포박된 까닭에 교회는 혼란스럽고 갈등하고 분열한다. 사는 방식이 영 엉망이니 교회가 아프다. 가짜는 진짜의 탁월함을 넘보려 까치발을 딛는다. 하지만 까치발은 오래 버틸 수 없는 법이다. 교회는 복음을 위해서라면, 안팎의 그 어떤 유혹도 유행도 풍조도 뿌리칠 수 있어야 한다.

선을 넘어야 그리스도인

하나님 나라의 가치를 품고 살지 못하는 교회의 형편을 사회가 걱정해 주는 아이러니가 기가 막혀 웃픈 시대다. 이럴 때 '큐큐'를 써야 한다고 했던가. 교회를 걱정해야 하는 한국사회라……. 부끄럽지만, 실은 눈물겹도록 고맙다. 그러니 이제, 말을 돌리지 말고 냉철하게 우리 자신에게 묻자. '현실의 하나님 나라를 살 의지가 있느냐?'라고.

다시 묻는다. '하나님 나라를 산다', 이 말의 의미는 무엇일까? "약하고 가난한 자들의 친구가 되는 것"『청년아 때가 찼다』, 죠이선교회, 2012, 180쪽이라고 김형국 목사는 말한다. 너무 익숙한 말이지만 현실에서는 생소하다. 솔까말, 거리를 두고 싶은 말이다. 지향하는 바, 자신의 출세나 성공이 맞닿아야 할 곳과는 반대 지점에 있는 것처럼 느껴지기 때문이다. 약하고 가난한 자들을 봉사 차원에서 잠시 도울 수는 있을지 몰라도, 그들과 어울리며 살 마음은 별로 없다. 이런 마음 가득한 기독청년들을 향해 김형국 목사는 생각을 바꾸라고 급박한 호흡으로 촉구한다.

생각을 바꾸어야 합니다. 똑똑하고 예쁘고 잘난 친구들과 어울리려고 애쓸 것이 아니라, 마음이 허물어지고 잘 어울리지 못하고 힘들어하는 친구들에게 관심을 가져야 합니다. 하나님 나라는 그런 자들의 것입니다. 예수님은 그런 이들에게 찾아가서 먼저 친구가 되고 그 다음에 복음을 전하셨습니다. 이것을 잊어버리지 마십시오. 오늘날 그리스도인들은 친구가 되지 않고 복음을 전하려고 합니다. 그러니 복음이 전해지지 않지요.180-181쪽

친구가 되지 않을 거면서 귀에 대고 '복음'이라고 외친들 가 닿을 리 만무하다. '바리새인의 외식'이 바로 이런 것 아니었던 가. 낮은 자리에 있는 약한 사람들, 힘없고 소리 낼 수 없는 사람들, 그래서 세상을 향해 간신히 손을 내미는 사람들. 그들의 손을 맞잡고, 함께 울고 웃으며 마음을 꼭 품어 안는 사람, 그렇게 친구일 때 복음이 복음일 수 있으리라.

그래서일까? 이 글을 쓰는 지금, JTBC 드라마 「이태원 클라쓰」김성윤 · 강민구 연출, 2020년 방영의 주인공 박새로이박서준 분라는 인물에 청년들이 열광하는 이유가. 그는 불합리한 사회구조에 분노하고, 불의에 타협하거나 무릎 꿇지 않는 소신과 패기로 직진한다. 이런 확고한 신념으로 인해 퇴학과 옥살이를 기꺼이

감수한다. 무엇보다 주변에 모여든 인물들과 그들을 진솔하게 껴안는 그의 모습이 눈길을 끈다. 다재다능한 천재이지만 소시오패스인 조이서김다미 분, 재벌집의 학대받는 서자인 장근수김동희 분, 전직 조폭이자 전과자인 최승권류경수 분, 트랜스젠더인 마현이이주영 분, 혼혈아 김토니크리스 라이언 분, 그리고 중졸이자 전과자이면서 자유분방한 분위기의 서울 이태원과는 어쩐지 어울리지 않는 성향을 가진 박새로이. 하지만 그는, 이른바 하자(?) 있는 인물들을 차별 없이 '단밤'이라는 가게로 받아들이니, 당대 아웃사이더들의 친구이셨던 예수님과 요즘 방식으로 참 닮았다. 예수님께서는 분명 그런 삶을 사셨다. 문화적 기호로 생산되고 소비되는 현실의 허구성을 감안하고 결기에 찬 신학적 우려를 충분히 살피더라도, 여전히 불합리하고 불의하게 보이는 대한민국 기성세대를 향해 정직성과 공정성을 요구하는 청년들은 박새로이와 같은 인물에 열광한다. 그러니 '예수는 좋은데 교회는 싫다'는 기독청년들의 심정이 이해될 듯도 하고 아닌 듯도 하고. 할많하않이다.

요한복음 4장에는 사마리아에서 이루어진 예수님과 우물가의 여인 사이의 불편해서 놀라운 만남에 대한 이야기가 나온다. 예수님께서 아웃사이더인 그녀에게 먼저 말을 거신 행위에 대한 팀 켈러 목사의 해석이 좋다. 그의 제안대로 놀라기를 바라면서『팀 켈러의 인생 질문』두란노, 2019에서 그대로 옮긴다.

그래서 예수님이 그녀에게 말을 거셨다는 것은 인종 장벽, 문화 장벽, 성별 장벽, 도덕 장벽 등 둘 사이에 존재할 수 있는 대부분의 중요한 장벽을 일부러 뛰어넘었다는 의미다. 당대의 모든 인습에 따르면 경건한 유대인 남자였던 예수님은 이 여자와 일체 상종해서는 안 되었다. 그런데 그분은 개의치 않으셨다. 그것이 얼마나 과감한 시도인지 알겠는가? 예수님은 그녀와 소통하시기 위해 인간에 의해 만들어진 모든 선을 넘으셨다. 그래서 그녀는 깜짝 놀랐다. 우리 역시 예수님의 이러한 행동에 놀라야 한다.56쪽

예수님께서는 조금의 머뭇거림도 없이 선線을 넘으셨다. 영화 「기생충」에서 그렇게도 예민하게 각인되고 그어졌던 바로 그 선을 넘으신 게다. 주님을 따르는 우리도 인간에 의해 만들어진 그 모든 선을 넘어야 마땅하지 않을까. 그래서 계속 이어지는 김형국 목사의 글을 더 읽기 원한다.

복음은 원래 낮은 자에게 낮은 자의 모습으로 가서 예수님의 사랑을 나누는 것입니다. 약한 자들이 시대와 사회의 악한 구조에 희생당하는 세상이지만, 이 세상이 전부가 아니라는 것, 사랑과 정의의 새로운 시대가 열릴 것이라는 소식, 예수 그리스도를 통해 우리가 다른 종류의 삶을 살 수 있다는 이야기를 전하는 것입니다. 그리고 지금 그 나라를 맛보며 살아가는 공동체를 보여주고 초청하는 것입니다. 그런데 우리가 이 이야기를 전하려면 실제로 그렇게 살아내는 공동체가 있어야겠지요. 그래서 공동체는 참으로 중요합니다.『청년아 때가 찼다』181쪽

"하나님 나라를 맛보며 살아가는 공동체", 정말 초청하고

보여줄 만한 그 공동체가 우리에게 있는 것일까? 드라마 속 '단밤'과 같은 곳. 이 땅 곳곳에 분명 있을 거다. 기왕이면 자신이 속한 교회가 바로 그런 곳이면 얼마나 좋을까. 그러하기를 바란다. 공동체는 정말 중요하다. 그래서 항상 기도한다. 예수님께서 빗나간 화살이 꽂힌 자리에 표적을 새기시듯, 이 땅의 교회들이 약하고 가난한 이들의 삶의 자리에서 하나님 나라 공동체를 만들어가기를.

종교적 정치꾼과 정치적 종교꾼

최근 정치와 관련해서 기독교인이 어떤 입장을 취해야 하느냐며 묻는 청년에게 짐 월리스Jim Wallis의 책『하나님의 정치: 기독교와 정치에 관한 새로운 비전』청림출판, 2008을 권했다. 그리고 나도 다시 들춰 밑줄 그었던 부분들을 읽었다. 하나님 나라의 작동원리를 실감나게 이해하는 데 큰 도움이 될 내용으로 가득하다. 설명하면 더 길어질 것 같아 '들어가는 글'에서 몇 부분을 그대로 옮긴다.

왜 우리는 종교와 정치에 관해 대놓고 이야기하지 못하는가? 이 두 주제는 점잖은 자리에서는 입 밖에 내면 안 된다고 여겨진다. 저녁 식사 자리에서 이런 주제로 분위기를 망치지 마라! 예부터 내려오는 지혜다. 아마 이 주제들이 너무 중요하거나 소란을 일으킬 소지가 다분하거나 아니면 우리를 불편케 하는 궁극적인 관심사와 핵심 가치 문제들을 끄집어내기 때문일 것이다14쪽.

우리는 에이브러햄 링컨처럼 해야 한다. 우리가 할 일은 국가의 모든 정책과 행동에 대해 하나님의 복과 승인이 내려졌다고. 그러니까 하나님이 우리 편이라고 주장하면서 하나님의 이름과 종교를 입에 담는 것이 아니다. 우리는 링컨의 말처럼 우리가 하나님 편에 섰는지를 진지하게 고민하고 기도해야 한다.15쪽

마틴 루터 킹이 가장 좋은 본보기다. 한 손에는 성경책을 다른 손에는 헌법을 들고서 그는 선포하고 설득했다. 킹은 우리 모두에게 정의와 평화에 관한 하나님의 목적을 일깨워 주었다.같은 쪽

하나님은 개인적이지만 사적이지는 않다. 이제 옛 선지자들과 예수의 예언자적 전통을 회복해야 할 때다. 역사 속의 중요한 순간마다 위대한 인물들이 그랬듯이, 우리가 예언자적 믿음을 공적 영역에 적용하면 '정치적 바람'의 방향이 바뀔 수 있다.23쪽

하지만 저항만으로는 부족하다. 진정한 예언자적 종교라면 반드시 대안을 제시해야 한다. 올바른 대안은 좌파와 우파, 자유주의와 보수주의라는 범주와 어울리지 않는, 전혀 새로운 정치적 선택으로 이어진다. 진짜 이슈는 '신앙을 정치에 적용하는 일이 필요한가'가 아니라 '어떻게 적용할 것인가'다.같은 쪽

그리스도인은 정치 영역과 떨어져 지내거나 입 닫고 살아야 하는 존재가 아니다. 무엇을 말해야 하는가? 예수님처럼 하

나님 나라의 복음을 말해야 한다. 어떻게 해야 하는가? 예수님
께서 행하신 것처럼 하나님 나라의 가치를 담은 사랑의 몸짓으
로 불의한 세상에 공평과 정의를 선포하고, 치유와 회복과 자
유를 실현해야 한다. 짐 월리스가 쓴 대로, "하나님은 우리 정
치가 늘 무시하는 사람들, 즉 가난하고 연약하고 뒤처진 사람
들을 돌보아야 한다고 말씀하신다." 하나님 나라는 현실에서
이렇게 작동한다. 약한 자들의 친구가 되는 정치가 하나님 나
라의 정치다. 이 정치에 동참하거나 거스르거나, 우리는 늘 선
택하며 산다.

그러니, 이념적 사고에 젖은 편들기에 복음이나 교회를 이
용하는 편협한 종교적 정치꾼에 속아서는 안 되겠지만, 정치에
무관심하게 만드는 얄량한 정치적 종교꾼에게도 속아서는 안
되겠다. 오랜 전 나온 책제목이 잊히지 않는다. 『모든 것이 정
치이나 정치가 모든 것은 아니다』H. M. 쿠이터트, 나침반, 1992인데, 내
용은 잘 기억나지 않지만 그 제목이 떠오르게 되는 상황은 종
종 맞는다. 어떤 분야든 나름의 정치가 있을 수밖에 없지만, 모
든 것이 정치적이어서는 안 되리라. 특히 확증편향에 젖은 정
치적 행위를 종교의 이름으로 각색하는 일은 더욱 지양되어야
할 테다. 다른 한편으로 종교의 이름으로 정치를 무력화하는
것 또한 어리석은 일이 되고 말 테다.

최근 TV에서의 인문학강의를 통해 경계의 철학자로 알려진
최진석 교수는 자신의 책 『경계에 흐르다』소나무, 2017에서, 이것
을 부정하다가 저것에만 빠지는 삶의 행태를 '부정의 고착화'
라 이른다116쪽. 이어지는 글을 새기면서 부디 밝고 환해진 얼굴

로 살면 좋겠다.

> 한쪽을 택하면 과거에 박히고, 경계에 서면 미래로 열린다. 한
> 쪽을 택하면 이념화되기 쉽고, 경계에 서면 생산적인 효과를
> 낸다. 한쪽을 택하면 얼굴에 짜증기가 새겨지고, 경계에 서면
> 밝고 환해진다.117쪽

공의와 정의에서 영성과 제자도까지

청년들과 함께 '영성과 제자도'에 대해 푹 빠져 공부하던 때
가 있었다. 그때 어느 시점 하나님 나라에 대한 새로운 깨달음
을 얻었다. 하나님 나라는 하나님의 다스림이고, 그 다스림의
기초는 공의와 정의이며, 이는 영성과 제자도의 맥락에서 이해
할 수 있다는 것이었다.

시편 시인은 "의와 공의가 주의 보좌의 기초라"시89:14고 했
고, "의와 공평이 그의 보좌의 기초로다"시97:2라고 했다. 하나님
나라가 실현되는 방식의 중심에 공의와 정의가 있다. 공의는 하
나님과의 올바른 관계를 뜻하니, 영성과 연결된다. 정의는 공정
하게 판단하고 약한 자가 억울함이 없도록 돌아보는 것, 곧 회
복시키고 구원하는 것이니, 제자도와 이어진다. 예수님께서 성
취하신 삶이 아니었던가. "나를 따르라" 하셨다. 그러니 하나님
나라를 배우는 것은 발자하게 하나님과 사귀는 것이요, 주저 없
이 예수님처럼 사는 것이다. 이것이 하나님 나라를 사는 영성과

제자도의 콜라보가 아니겠는가. 유진 피터슨은 『메시지(신약)』의 요한일서 2장 6절 해석에서 이를 절묘하게 표현해주었다.

> 자신이 하나님과 친밀하다고 말하는 사람은 예수께서 사신 것과 같은 삶을 살아야 합니다.736-737쪽

이 구절에 휘청했다. 내가 사는 방식을 가만히 돌아보노라니, 여전히 주저하는 삶이다. 이런 주저함의 근저에 알량한 먹물 근성이 짙게 깔려 있는 것 아닌가 싶다. 조금 더 배우면 더 잘 실천할 수 있다는 신학적 시치미를 떼며 그것으로 알리바이 삼아 어중간한 변명으로 처세하는. 어중간하면 흉한 법인데. 그게 그리 잘 되지 않는다. 하나님과 친밀하게 사귀는 것이, 예수님께서 사신 것처럼 사는 것이.

송영목 교수는 『하나님 나라 복음과 교회의 공공성』SFC출판부, 2020에서 '하나님 나라 에토스', '천국 에토스', 혹은 '교회의 에토스'라고 표현하며, 공의와 정의가 작동하는 원리를 일목요연하게 설명해 주고 있다. 한 부분을 그대로 옮긴다.

> 교회의 에토스는 스스로 천국이신 예수님을 닮아 가는 삶인데눅17:21, 행28:31, 구체적으로는 천국을 일상 속에 건설하여 하나님의 이름을 영화롭게 하는 것이다마6:9-13. 죄인과 약자를 환대하는 천국 에토스는 구체적으로 균등하게 하는 원리를 따르는 삶으로 구현된다고후8:14. 따라서 교회는 부익부 빈익빈 심화의 시대에 특별히 경제 정의에 관심을 가지고 실천해야

한다계18:12-13. 이를 위해 양극화가 가속화하는 신자유주의 경제체제 속에서라도 황금률에 기반을 두고, 윤리와 가치를 공유하면서 분별력 있는 성장을 이루어야 한다는 '신경神經주의 Theoconomy'에 대한 제안을 교회는 진지하게 검토해 보아야 한다.174쪽

은혜는 인간을 정의롭게 한다

예수님께서 사신 것과 같은 삶을 개인적인 경건이나 영적인 거룩의 차원에서만 사고하고 가르치는 이들을 종종 본다. 그런 이들을 마주할 때마다 답답함을 느낀다. 어차피 우리가 노력한다고 해도 죄악으로 가득 찬 세상은 의로운 방향으로 바뀌지 않을 테니, 자신의 경건과 교회의 거룩에만 집중하자는 게 그들의 주장이다. 그들에게 『팀 켈러의 정의란 무엇인가』, 팀 켈러, 두란노, 2019를 꼭 소개하고 싶다. 팀 켈러는 성경이 말하는 의로움이 관계적이어서 사회적일 수밖에 없음을 설파한다.

성경이 말하는 의로움은 이처럼 관계들에 관한 것이므로 필연적으로 '사회적'일 수밖에 없다. 현대인들은 성경을 읽다가 '의로움'이라는 단어와 마주하면 일단 성적으로 순결을 지키거나 열심히 기도하고 하나님 말씀을 공부하는 일 같은 개인윤리의 차원에서 생각하는 경향이 있다. 그러나 성경이 말하는 짜데카는 하루하루 가족 및 사회적인 관계들을 공정하고 공평하며 관대하게 이끌어 가는 일상적인 생활을 지칭한다.

그러므로 짜데카와 미쉬파트가 성경에서 수십 번씩 나란히 등장하는 건 놀라운 일이 아니다.42쪽

어찌되었건 앎과 삶 사이에, 영성과 제자도 사이에 익숙한 이물질이 가득하다. 그래서 하나님 나라가 낯설다. 쏟아져 나오는 동어반복의 신학이나 교리 관련 서적을 붙들고서 비슷비슷한 자리에 머무는 느낌이다. 그러니 아직 영락없는 초보다. 신학이나 교리의 문제가 아니라 삶의 문제다. 리얼리티가 없는 신앙은 허구다. 신조와 신앙고백서의 유익을 실재로서 보고, 느끼고, 살고 싶은 게다.

팀 켈러 목사는 칭의와 행함의 문제를 두고 야고보서 2장의 내용을 이렇게 설명한다.

그렇다면 사도가 말하는 '행함'이란 무얼 말하는 것일까? 가난한 이들을 섬기는 데 아낌없이 쏟아 붓는 삶이야말로 진실하고 참되며, 복음적인 믿음에 반드시 뒤따르는 표적이라는 게 야고보의 설명이다. 은혜는 인간을 정의롭게 한다. 정의롭지 않다면 믿음으로 의롭다 하심을 받지 못한 게 아닌지 의심해 봐야 한다.154쪽

창조주가 세우신 법은 공평과 공의, 이웃 사랑을 요구한다. 오직 믿음으로 의롭게 된다는 칭의의 교리를 굳게 믿는 크리스천이라면 하나님의 법과 공의에 깊은 관심을 가질 수밖에 없다. 하나님의 정의가 세상에서 높이 존중받는 걸 보고 싶은 마음이 불처럼 타오를 것이다.156쪽

"은혜는 인간을 정의롭게 한다." 헉, 이 문장에서 심장이 얼마나 쿵쾅거렸는지 모른다. 수십 번을 되뇌었고, 며칠을 되새겼다. 하나님께 의롭다 여김을 받는 믿음에 한껏 마음을 주느라 의로운 삶에 대해 실감 떨어진 채 살아가는 게 우리의 모습 아니었던가, 하는 반성과 성찰을 피할 수 없게 했다. 믿음으로 의로워진 존재라는 이 사유, 그러니까 이것이 자기최면이 아니려면 삶이 의롭거나 적어도 정의로운 방향으로 흘러가야 마땅하다. 그런 까닭에, 성자는 못될지언정 불의한 꼰대신앙인은 되지 않으리라는 마음가짐으로 오늘 또 하나님 나라를 배운다. 아니, 은혜를 따라 산다. 은혜로 산다.

그런 의미에서 던져보는 물음, 노조는 성경에 있을까? 권수경 교수는 최근 출간한 『변하는 세상 영원한 복음』SFC, 2020에서 이 물음을 던지고 군더더기 하나 없이 자답한다. "노조는 성경에 있습니다."라고227쪽. 그리고 그는 "노조, 노동조합은 아주 성경적인 조직입니다."라고 덧붙인다225쪽. 배배 꼬이고 복잡해서 공중부양하는 해석보다는, 그냥 이런 현실적 직설이 좋다. 에두르지 않고 말하자면, 돈과 권력을 다 쥔 기업주의 횡포, 그러니까 갑질에 대한 상대적 약자인 종업원의 보호를 위한 정의가 노조인 것이다.

권수경 교수는 노조의 부패와 부작용의 가능성에 대한 언급도 하고 있으니, 여하튼 균형은 잡은 셈이다. 어쨌든 노조는 하나님의 정의가 세상에서 높이 존중받는 구체적인 제도들 중 하나임에 분명할 테다. 그러니, 은혜는 인간을 정의롭게 한다!

아, 그래서 기도한다. 이 땅의 알바들과 비정규직들의 자리에도 은혜가 임하기를. 더불어 노조에도 끼지 못해 수시로 밀려나는 아슬아슬하고 저렴해진 이들의 자리에서 세상의 정의를 부르짖는 교회이기를.

하나님 나라를 즐기면서 살면

축구를 정말 즐기면서 하면 정말 훌륭한 선수가 될 수 있어.

어느 통신사의 광고에서 손흥민 선수가 자신을 롤 모델로 삼은 어린 소년 축구선수에게 한 말이다. 나도 어릴 때부터 축구를 즐겼는데 목사가 되어 있으니, 꼭 진리인 것은 아닐 테다. 그러나 반은 맞다. 내가 속한 노회에서 축구 잘 하는 목사로 통하고 있으니.

저 광고를 처음 본 순간 공자의 말이 생각났다. 대학에 다닐 때 가장 많이 읽었던 글인 까닭이다. 공자가 한 말인 줄 모르면서도 많은 이들이 인용하는 것을 본다. 그만큼 유명하고, 그만큼 의미 있기 때문이리라.

知之者不如好之者, 好之者不如樂之者지지자불여호지자, 호지자불여낙지자

『논어論語』의 「옹야편雍也篇」에 나온다. '알기만 하는 사람은 좋아하는 사람만 못하고, 좋아하는 사람은 즐기는 사람만 못하

다'라는 뜻이다. 짧은 인생이지만, 이 말에 공감할 때가 많다. 아는 것은 좋아하는 것만 못하다. 그리고 좋아하는 것은 즐기는 것만 못하다.

일곱 살인 딸 '시윤'이, 너무 예쁘고 사랑스럽다. 여섯 살 때 동네에 있는 유치원을 다녔다. 아내가 시윤이의 등원과 하원을 주로 책임졌다. 어쩌다 한 번씩 아내 대신 내가 데리러 갔다. 유치원 현관 안으로 들어서면 벽에 붙어 있는 게시판에 쓰인 글 하나가 눈에 띄었다. '머레이 슈워츠'라는 분이 쓴 것 같은데, 나의 검색 실력으로는 누군지 확인하기 어려웠다. 유치원 선생님들께 여쭤봐야겠다고 생각하면서도 매번 까먹었다.

제목인 듯 큰 글씨로 "놀이는 어린이들의 삶이다"라고 적혀 있다. 그렇지! 느낌이 참 좋다. 그 밑에 작은 글씨로 적혀 있는 글들도 너무 좋다. 한 부분만 옮긴다.

금세기에 어린이와 일하는 사람들에게서 우리가 배운 것 중 하나는 놀이는 현실을 실험해 보는 방법일 뿐 아니라 현실을 창조하는 방법이기도 하다는 것이다. 창의적으로 놀 수 있는 어린이들의 자유는 세상을 바꾼다.

노는 것은 곧 즐기는 것, 하여 유희遊戲일 터. 공자의 논리에 따르자면 최고의 경지인 셈이다. 우리 딸이 다녔던 유치원의 수준이 보통이 아니다 싶으니 마음 든든해져서 좋았다. "이 교육을 우리원에서는 '어린이의 삶은 놀이이다'라는 실천을 통해 지속하고자 한다." 이렇게 맨 아랫부분에 적혀 있었는데, 꼭 지속되기를 바란다. 창의적으로 놀 줄 아는 시윤이와 그의 친구들의 자유가 세상을 바꿀 날이 올 것을 믿고 기다린다. 어디 놀고 즐기는 게 어린아이들만의 몫이겠는가. 청년들도 노는 게 좋고, 어른들도 즐기며 살고 싶다. 하나님 나라를 사는 이치도 이러하지 않을까.

하나님 나라를 알고자 공부하는 것은 꼭 필요하다. 하지만 그 자리에만 머물러서는 안 될 일이다. 더 나아가 그것을 좋아하는 데까지 이르러야 한다. '좋아하는 일을 하라'는 아포리즘 Aphorism이 출판과 광고 시장에 쏟아져 나오는 요즘 시대와도 상통한다. 그러나 여기서 더 나아가야 한다. 하나님 나라는 좋아서 선택할 수 있는 기호품이 아니기 때문이다. 그리스도인이라면 하나님 나라의 삶 자체를 즐기는 차원에 이르러야 한다. 성경이 그렇게 가르치고 있기 때문이다. 하나님 나라는 성령 안에 있는 정의와 평화와 기쁨이라 하지 않았던가롬14:17. 이 차원의 삶이야말로 그리스도의 장성한 분량이 충만한 데까지 자란 삶이겠고엡4:13, 영원토록 하나님을 즐거워하는 삶이리라「웨스트민스터교리문답」(1문 1답).

간혹 해보는 생각 하나가 있다. 무모한 비약이나 철없는 농지거리로 치부될 수도 있을 테다. 하나님 나라를 즐기는 것은 마치 태어나면서부터 이미 아는 것生而知之은 아닐까, 하는 생각이다. 하나님 나라의 백성은 태초부터 택함받은 존재가 아니던가. 그래서 또 해보는 생각이 있다. 하나님 나라를 사는 법을 배워서 아는 것學而知之은 한수 아래 차원이라는 생각 말이다. 그래서 도달한 개똥신학 같은 결론을 밝히자면, 즐기면 될 일을 배워야 한다는 이성 중심적 사고에 너무 가둔 채 신앙생활을 억압하고 있는 것은 아닌가 하는 것이다. 우리 사는 꼴이 텍스트에 즉각 공명하는 콘텍스트적 활동을 너무 유보하는 것 같아 보여서. 아, 정말 농지거리에 불과하려나?

공자는 이렇게 말했다. "生而知之者上也생이지지자상야, 學而知之者次也학이지지자차야, 困而學之又其次也곤이학지우기차야, 困而不學民斯爲下矣곤이불학민사위하의." 『논어』의 「계씨편季氏篇」에 나온다. 풀어 쓰자면, "태어나면서부터 아는 사람이 상급이고, 배워서 아는 사람이 그 다음이고, 곤경에 처해서 배우는 사람은 또 그 다음이며, 곤경에 처해도 배우지 않으면 사람이 가장 하급이 된다."라는 뜻이다.

어떤 경우에도 곤이불학困而不學의 수준은 면해야 할 테다. 곤이학지困而學之가 우리의 일상사일 가능성이 높다. 학이지지學而知之의 삶도 때로는 벅차고 보람이 있을 테다. 하지만, 솔까말, 하나님 나라를 사는 일만큼은 생이지지자生而知之者로 즐기며 살면 좋겠다.

무에서 유를 창조할 능력이 나에게는 없다. 유치하게 변용된 카피일지라도 최성욱 어록으로 기억해 주시길. 그래서 진짜 하고 싶은 말.

"하나님 나라를 즐기면서 살면 정말 훌륭한 신자가 될 수 있어!"

물음을 바꾸니 삶이 바뀐다
- 무엇이 하나님 나라인가?

결혼과 함께 나의 서울살이가 시작되었고,

우리 부부가 곰팡이와

떼려야 뗄 수 없는 관계를 맺은 게 19년째다.

다세대주택 어둑캄캄한 반지하방에서 신혼살림 4년,

대로변 11평짜리 낡은 아파트 그늘진 1층에서 3년,

그리고 은평뉴타운 24평짜리 아파트 5층에서

장기전세제도에 얹혀 11년 이상을

네 식구가 오그르르하게 살고 있다.

벽을 타고 자기 영역을 확장하려는 곰팡이와

이를 억제시키려는 우리 부부 사이의 끝나지 않는 소소한 전쟁.

세 곳 모두 잠시도 쉴 틈 없는 전쟁터였다.

아이들이 어릴 때는 곰팡이의 위협으로부터

호흡기를 지켜내고자

치열하게 싸워내었으나,

장기간 여행 때나 장마철에는 영락없이 패배하고 만다.

추운 한 겨울엔 안팎의 기온차로 인해

밖의 찬 기운과 안의 따뜻한 기운이

만나는 지점의 습한 지대에서

검은 기운이 확장될 때는 '환기'라는 무기를 활용해보지만,

추운 바람 이겨내야 하는 고통이 여간 힘든 게 아니다.

춥다며 엄살 섞인 투정을 쏟아내는 아내와 아이들의 등쌀을

애써 지켜보노라면

벼룩 잡자고 초가삼간 다 태우는 감각에 가깝다.

지하에서 1층으로, 1층에서 5층으로 올라오면서

살림살이도 점점 좋아졌다.

아니, 점점 좋아진 까닭에

지하를 빠져나오고

시끄럽고 어두운 대로변 1층을 벗어나서

햇살이 자유로이 드나드는 5층에까지 이르렀다.

신혼살림으로 장만한 가구와 함께 생사고락을 같이하는

이름 모를 곰팡이들도

햇살 드는 5층이 좋은지 검질기게 쫓아다닌다.

분명 지하방에서부터 1층집을 거쳐 지금까지 이르렀을 터.

밝음과 어둠이 공존共存하고,

맑음과 탁함이 병존竝存하고,

네 식구와 곰팡이가 공생共生하는 세상이 우리집이다.

이제는 싸우기보다 어르고 달랜다.

그러니 곰팡이의 집이기도 하다.

지금 여기에 이미 도착한 하나님 나라가 그렇다.

죄 없으신 분 예수님께서 하나님 나라의 복음을 전파하시며

치유와 축귀를 통해 그 나라의 능력을 보이심으로써

죄의 문제를 해결해 주셨다.

그럼에도 이 땅에는 여전히 악의 세력이 팽배하다.

교회를 통해 하나님 나라로의 입성을 위한 문을 활짝 열었지만

교회 안에도 죄의 어두운 그늘이 짙다.

이를 두고 신학자들은 '하나님 나라의 현재성'이라고 일컫는다.

하나님의 다스림과 사탄의 세력이 공존, 병존, 공생하는 곳이

우리가 사는 이 땅이다.

그러니

교회가 거룩한 곳인 것처럼,

티끌 같은 죄도 허락되지 않는 곳인 양,

목사가 거룩한 존재인 것처럼,

직분이 천국행 티켓이라도 되는 양,

공중부양한 듯 뒤채는 초현실적 언어로

이미 이곳에 도착해 역동하는 하나님 나라를

혼란케 하지 않으면 좋겠다.

하나님에 대해서 아는 것과 하나님을 아는 것이 다르듯이,

하나님 나라에 대해서 아는 것과 그 나라를 사는 것은 다르다.

그래서 때때로 현실이 없는 신학의 언어가 가엾고,

삶이 없는 설교의 말들이 공허하다.

삶이 없는 이론의 총체는

헛것을 정밀하게 짜 맞춘 모델하우스일 뿐이고,

일상의 사실에 입각해 있지 않으니

세속의 먼지라곤 전혀 묻지 않은 고결한 상아탑일 뿐이다.

하나님 나라는 연구의 대상이 아니라 호흡하며 사는 곳,

곧 하나님의 뜻이 이루어져야 할 이 세상이거늘

고유한 개념을 추상하며 언제까지 무기력한 공부만 하려는 걸까.

성경에 등장하는 초대교회들은

애초부터 많은 문제를 안고 있었고,

그곳 지도자들이나 신자들은 갈등과 분열과 죄를 안고 있었다.

사도 바울의 가르침에 비하면

그들의 삶은 한없이 궁벽하고 비루했다.

개혁된 교회라고 해서 별다르지 않음은

지금 우리의 모습이 바로 그 증거일 터.

계속해서 개혁해야 한다지만,

그 미완의 개혁이 공부가 부족해서 되지 않는 것보다는

살지 않아서 그러할진대,

아직 하나님 나라의 교리를 아는 공부가 더 필요한 것일까?

물론 신앙의 초보들에게는 더 필요하고 중요하다.

더 중요한 것은, 아는 것을 통해

세속적 가치보다 하나님 나라의 가치를 담아내는

교회가 되고, 성도가 되고, 일상이 되는 것이 아닐까.

살기 위해 공부하는 중이라는 행위를 알리바이 삼아

그렇게 살지 않는 행태를 덮는 일에 몰두하는
자칭 성경전문가들의 알량한 지적 발설에
청년들이 짱돌을 든 지 오래다.

마음이 가난한 자가 복이 있는 나라,
애통하는 자가 복이 있는 나라,
온유하고, 의에 주리고 목마른 자가 복이 있는 나라,
긍휼히 여기는 자가 복이 있는 나라,
마음이 청결하고, 화평하게 하는 자가 복이 있는 나라,
의를 위해 박해를 받는 자가 복이 있는,
그래서
모든 것이 거꾸로 뒤집힌 나라가 하나님께서 다스리시는 나라다.
이렇듯,
우리가 소중히 여기는 것들이
무가치한 것으로 역전되는 삶을 치열하게 보여내는 이들이
성경전문가이고, 신학자이고, 목회자라고 호명해야 하지 않을까.
청년들을 향해 거꾸로 뒤집힌 나라로 호출하는 자라야
청년사역자라는 이름이 부끄럽지 않을 텐데,
여전히 나는 부끄럽다.

진공을 살지 않는 한,
아무리 많이 알아도
결국 사탄의 세력과의 불편하고 불안한 동거를
깨끗이 청산할 수 없는 법.

아무리 많이 알아도 그렇게 살지 않으면 탁하고 어두운 삶이거늘,
공의롭게, 정의롭게 사는 일상으로
평화의 마음살림, 몸살림 하는 교회면 좋으련만.

그런 까닭에,
온난다습한 환경을 좋아하는 곰팡이에 대한 공부는 잠시,
검은 점 같은 것이 보일 때마다
제거와 항균과 방지를 위한 모든 방편을 활용하여
그것들과 어김없이 싸우며 아수라 같은 살림을 산다.
비록 박멸하지 못하더라도.
그래서 공생이고, 그래서 현실이다.

하나님 나라를 사는 현실의 삶이 이러하지 않을까.
'하나님 나라란 무엇인가?',
이 물음을 공부하기보다
'무엇이 하나님 나라인가?',
이 물음에 답하는 삶,
그래서, '이것이 하나님 나라다'라고
단언斷言하는 삶이 더 진실에 가깝다.
더불어,
'청년에게 하나님 나라는 무엇인가?'
언제부턴가 물음의 구조를 바꾸었다.
이렇게 바꾸고 보니 삶의 선택이
조금은 더 구체적이고 간결하고 분명하다.

<u>2부</u>

평화를 향한 **선**을 넘어
소통하다

5. 하나님 나라의 핵심가치

└ RE: 다시는 전쟁을 연습하지 않는 나라

기만적인 정치적 언어가 예배에 동원되니 난감합니다. 평화라는 가장 성경적인 말에 이념적 시각을 욱여넣음으로써 예배당에서 진보와 보수로 나눠지니 청년들이 아픕니다. 그래서 자신의 생각을 넘어 하나님의 뜻을 담아내는 교회를 위한 구원을 기도합니다. 큐큐

인애와 진리가 같이 만나고 의와 화평이 서로 입맞추었으며
진리는 땅에서 솟아나고 의는 하늘에서 굽어보도다
시편 85편 10~11절

평화를 위한 기도는 어떻게 가능한가?

"그가 열방 사이에 판단하시며 많은 백성을 판결하시리니 무리가 그들의 칼을 쳐서 보습을 만들고 그들의 창을 쳐서 낫을 만들 것이며 이 나라와 저 나라가 다시는 칼을 들고 서로 치지 아니하며 다시는 전쟁을 연습하지 아니하리라", 이사야 2장 4절 말씀입니다. 하나님의 다스림이 이루어지고 고백되는 곳에서는 이런 일이 일어납니다. 평화의 나라가 가능해집니다. 우리가 사는 이 땅에 평화의 바람이 불어오고 있습니다. 배후에서 하나님의 선한 능력이 일으키시는 바람임을 믿음의 사람인 우리는 압니다. 지금 한반도를 둘러싸고 일어나는 평화가 완성되려면 하나님께서 크신 은혜를 베풀어주셔야 가능한 것을 우리는 고백합니다.

기독청년들의 한여름 밤의 기도였다. 2018년 6월 말 여름, 내가 간사로 섬기는 SFC에서 1300여 명의 청년들이 한자리에 모여 마흔다섯 번째 '전국SFC 대학생대회'를 4박 5일에 걸쳐 가졌다. SFC에서 대학사역의 책임을 맡고 있는지라 대회에서도 본부장으로 섬겼다. 대회의 전반을 책임 맡아 섬기면서도 특별히 저녁경건회 메시지 이후 이어지는 기도회를 직접 챙기

며 몇 간사들과 함께 진행했다.

첫째 날 기도회 후반부를 맡아 이사야 2장 4절의 말씀을 인용하며 한반도의 평화를 위한 기도제목을 제시했고, 함께 부르짖는 기도소리는 뜨겁고 우렁찼으며 간절했다. 흐느끼며 우는 소리도 곳곳에서 흘러나왔다.

그날 저녁 집회를 마친 후 대회장을 떠나 숙소로 돌아가는 이들을 흐뭇한 마음으로 지켜보고 있는데, 남학생 한 명이 내게 다가와 말을 건넸다. "기도회 인도하셨던 간사님이시죠?" '은혜로웠다'까지는 아니더라도 '수고했다' 정도의 인사라도 하려나 했다. "네, 그렇습니다." 헐, 웬걸. "간사님, 드릴 말씀이 있는데요. 다 함께 기도하는 데 그런 식으로 기도회를 인도하면 어떻게 합니까?" 뻐득뻐득한 눈빛과 말투에 순간 당황스러웠다. 얼른 되물었다. "무슨 문제라도 있었나요?"

기다렸다는 듯 쏟아내는 그의 말은 확신에 차 있었고 거침이 없었다. "각자 정치적 입장이 있는데, 평화라는 명분을 내세워 한쪽 입장을 대변하는 정치적 기도제목을 내어놓는 것은 성경적으로 옳지 않다고 생각합니다. 제 생각에는……." 냉소적 열정이 묻어나는 그의 이죽거림에 절망의 벼랑으로 내몰린 느낌이었지만, 낯선 감각은 아니었다. 이런 유類의 기시감은 이제 익숙할 뿐 아니라, 묘하게 친숙하다. 물론 사랑하는 것과 익숙해지는 것은 다르지만.

결코 짧지 않은 시간 오고가는 주장이 이어졌지만, 그럴수록 서로의 말은 어긋났다. 결국 어떤 결론에 이르지 못한 미완의 대화, 더 정확하게는 '깨진 대화'가 되고 말았다. 남북대화나

북미대화보다 더 큰 간격과 이질감을 느꼈다. 한반도의 평화를 위한 기도가 어느 정치적 입장을 두둔하는 일이 되리라고 생각해 본 적이 없었던 까닭이다. 서로 더 공부하고 다음에 만나서 이야기해 보자는 적당한 인사치레하고 헤어졌지만, 오연한 태도를 보였던 그의 이름을 알지 못한다. 그래도 한 공동체 안에 있어 여차하면 다시 볼 수 있을 테니, 공부는 계속해야 하리라. 더해서, 그 친구가 지적했던 바, 정말 나의 정치적 입장만을 담아서 기도제목을 제시했던 것인지 그때의 영상을 반복해서 돌려보며 성찰하는 시간을 가지려 애썼다.

교회 안으로 숨어들며 시치미 떼는 신학의 공허함

대학생대회를 두 달여 앞둔 2018년 4월 27일, 판문점 평화의 집에서 남북정상회담이 있었다. 남과 북의 정상이 만나는 일은 언제나 '역사적'일 테다. 이후, 우리의 일상을 뒤흔들며 공포 속으로 몰아넣었던 '핵', '미사일', '사드', '경제보복'과 같은 말들이 거짓말처럼 사라져가고 있었다.

저 서슬 퍼런 말들이 뉴스 대부분을 장식할 때마다 미국에 계신 부모님께로부터 염려의 전화와 문자를 얼마나 자주 받았던가. 당장 미국으로 이민 오라고 재촉하셨지만, 그게 이사처럼 그리 쉬운 일이던가. 아니, 그곳으로 간들 할 일 없어 생존의 위협을 느끼기는 매한가지 아닐까.

다행히 서슬이 댕댕하던 말들 대신, '비핵화'라는 이상하게 반가운 군사용어와 함께 언제나 가슴 설레게 하는 '평화'라는 말이 부풀어 오르고 있었다. 평화통일을 염원하는 이 땅에 그 가능성이 활짝 열려가는 시점이었다. 그야말로 당장이라도 칼을 쳐서 보습을 만들고 창을 쳐서 낫을 만들 기세였다사2:4上. 하여, 평화를 만드는 사람으로 살아갈 것마5:9이 기대되는 우리 그리스도인에게 그 기도는 지극히 당연하다 여겼던 터라, 하나님의 다스림을 염원하며 선포한 이사야 선지자를 따라 '다시는 전쟁을 연습하지 않는 나라'사2:4下를 소망하며 기도하자고 했던 것인데, 주저리주저리.

무엇이 부족했던 것일까? 이 땅의 평화를 위한 기도는 언제 올려드려야 '정치적'이라는 낙인 대신 하늘의 응답을 기대할 수 있을 것인가? 그리고 '성경적으로 옳다'는 말의 쓰임은 도대체 무엇이란 말인가? 툭하면 성경 운운하는 이들의 공중부양에 멀미를 느끼곤 한다. 툭하면 정치적이라거나 세속적이라며 교회 안으로 숨어드는 그런 시치미 떼는 신학은 공허하다. 그런 신학은, 혹은 그런 신앙은 때때로 겉멋에 휘둘려 너무 함부로 침범한다. 시정의 잡배나 속물보다 못하다. 다시 만나면 꼭 묻고 싶다. 그 친구도 공부하고 있으리라. 아, 내가 밴댕이 소갈머리인 것일까? 아니면 심드렁한 심사인 것일까?

더 큰 바람이 있다면, 그 친구나 나나 둘 다 지식에 앞서 평화를 누리는 것이다. 그때 헤어지며 '샬롬'의 인사를 건네지 못했던 것이 못내 떨떠름하고 아쉽다. 1년이라는 시간이 지나고 글을 쓰는 지금, 거리에서 봤던 키아누 리브스Keanu Reeves가 주연한 영화 「존 윅 3: 파라벨룸」채드 스타헬스키 감독, 2019년 개봉을 홍보하는 문구가 떠올랐다. "평화를 원한다면, 전쟁을 준비하라!" 모순적인 이 문구가 그 친구와 나 사이의 모습을 그대로 반영해주는 듯싶다. 그럴 수 없지 않은가. 그래도 2019년 전국SFC 대학생대회의 주제가 '#샬롬, 영원한 약속'에스겔 37장 24절을 중심구절 삼아 주제가 만들어졌다이었기에 평화에 대한 감각을 조금은 더 끌어올릴 수 있는 기회였고, 얼마나 다행스럽고 고마웠는지 모른다. 둘 모두에게 그러했기를 바란다.

섬뜩하고 생게망게한 기도 앞에서

난감하다. 앞의 이야기와 반대의 상황이 그렇다. 정치적인 이야기만 나오면 예민해지는 우리의 촉수를 어떻게 해볼 도리가 없다. 분단체제가 상수常數인 환경에서 자란 까닭이라지만, 정치적 입장이 신앙적 가치보다 우선하는 현상이 그저 아이러니하다. 한 공간에서 하나님을 향해 신령과 진정으로 예배를 올려드리고서도 이후 대화가 현실 정치와 이어지는 순간, 이념에 기댄 끈질긴 냉소와의 싸움이 시작된다.

한국교회를 대표한다는 어느 기구의 대표회장이라는 목사가 거침없이 쏟아낸 종교적인 듯 정치적인, 그러면서도 너무나 기독교적인 발언들이 얼마간 사회적 이슈였다. 망언 그 자체여서 특별히 논할 가치가 없어 보였고, 당시 조금이라도 관련된 많은 이들이 민망해하며 선 긋기에 나섰더랬다. 한국교회를 대표한다는 그의 발언과 행동들을 두고서 '교회를 부끄럽게 만들기 위한 사탄의 계략이자 역사'라고 주장하는 이들이 꽤 많았다. 정말 그러할까?

나는 다르게 생각했다. 나는 그의 발언과 행동들은 한국교회 안에 잠재되어 있던 정치적 속살을 그대로 까발리시는 하나님의 경고, 혹은 징계로 읽고 해석한다. '복음'이나 '기독교'라고 쓰고 '정치'나 '권력'이라고 읽어온 교회의 민낯을 드러내기 위해 감당할 수 없는 이상야릇한 선지자(?)를 세우신 것이라고. 사실 교묘한 사탄이 교회가 각성하도록 엉터리 같은 전략을 짜거나 실행하지 않을 테다. 그 목사를 두고 '목사가 아니다'라는 식으로 자격 운운하며 회피할 것이 아니라, 함께 어울리며 기도했던 한국교회의 목사들을 대표하는 상징적 존재였음을 인정하고 회개의 자리로 나아가는 게 교회를 위해 더 희망적인 행보가 되지 않을까, 하고 시답잖은 생각을 해 보았다.

기만적인 정치적 언어는 예배 시간에도 수시로 동원된다. 그래서 불편한 이야기 하나를 어렵게 해 보려 한다. 결코 잊히지 않는 어느 예배에서 누군가가 드린 대표기도가 하나 있다. 오랜 이야기다. 대략 이랬다.

> 주님, 대한민국의 청년 모두가 공산주의에 물들었습니다. 뿐만 아니라, 교회 안 청년들 대부분도 종북좌파에 빠져 있습니다. 이 나라가 어디로 흘러가고 있습니까. 대한민국을 굽어 살펴주시고…….

　아, 얼마나 섬뜩하고 생게망게한 기도인가. 이 정도면 기도를 가장한 마녀사냥에 가깝다. 시대착오의 언어는 기도마저 무능하게 만들었다. 어른세대에 대한 이해가 부족하다 비판할지 몰라도, 받아들이기 어려웠다. 마음에 울림을 주고자 하는 숱한 설교들에 비하면 누군가를 정확하게 타격한 저 기도는 명확하게 목표를 이루었으리라. 어찌 쓰라린 상처와 환멸만을 남기게 될 저런 말들로 기도할 수 있는 것인지. 저어하기는커녕 비평적 췌담마저 삼가고 싶을 뿐이었다.

　'헉', '허걱', '허거덩'

　저 말을 듣는 순간, 그랬다. 숨이 멎었다. 기도가 막혔다그래서 '기도폐쇄'라고 하나?. 놀랐고 난처했다. 거의 무의식중에 눈을 뜰 수밖에 없었다. 저런 냉소와 혐오의 언어에 반발하여 교회를 떠났거나 떠날 이 땅의 청년들을 생각하니 분노가 차오를 수밖에. 예배를 드렸던 것인지 정치집회에 참여했던 것인지, 오랜 세월이 흐른 지금까지도 옹송망송하기만 하다. 과도한 편향은 그 반동의 강도만큼이나 강력한 다른 편향을 불러오기 마련이고, 그리하여 서로 서름서름한 사이가 되고 마는 것을 알아야 할 테다.

오른 소리와 왼 소리를 넘어

저런 기만적 어휘가 절절한 예배 언어로 사용되는 곳을 교회라고 믿을 사람 누가 있을까? 그런데 그런 교회가 이 땅에 결코 적지 않은 듯싶다. 저 기도에 버금가는, 혹은 그 이상의 허무맹랑한 기도와 설교에 담긴 웃픈 일화가 기독청년들과의 만남 속에서 수두룩하게 쏟아져 나오니. 제각각 교회에서 자주 겪는 일이란다. 이 땅 많은 교회가 안고 있는 모순이고 아픔이렷다.

내가 사는 동네에 있는 어느 교회에서 있었던 에피소드도 그냥 아프다. 설교시간에 목사님께서 정치적 현안과 관련한 내용을 설파한 후 자신의 정치적 입장과 달라서 불편한 사람들 중 나가고 싶은 사람은 나가도 좋다고 말씀하셨다는 것 아닌가. 그 순간 몇 성도들은 바로 그 예배당을 떠났고, 얼마간에 걸쳐 많은 이들도 떠났다고 한다. 정치적 입장이 보수든 진보든 교회에서 이건 아니다. 정말 아니다. 떠난 이들이나 남아있는 이들이나 복음은 무엇이고, 설교는 왜 있는 것인지 묻지 않을 수 없었을 테다.

이렇듯 강단에서 옳은 소리복음의 진리라고 내뱉는 말들이 변주되어 '오른右 소리'로 들려오니, 청년들은 힘겹고 기성세대마저 무안하다. 그럴 거라면 차라리 TV나 유튜브에서 뉴스를 보는 게 더 낫지 않을까. 청년들은 다른 복음이 아닌 복음의 진리를 정말 듣고 새기고 싶다갈2:5. 그런 까닭에, 많은 청년들은 어쩔 수 없이 '가나안'으로 가고 싶다. 있기도 떠나기도 그런 어정쩡한 자리에서 갈등과 고민만 깊어 간다. 신앙이 깊어 가면 좋으련만.

지금의 청년세대를 두고 '밀레니얼 세대'와 그 뒤를 잇는 'Z
세대'라고도 이른다. Z세대는 어릴 때부터 디지털 환경에서 자
란 까닭에 디지털 네이티브디지털 원주민 세대라는 특징을 지니고
있다. 이들은 개인적이고 독립적이면서도 유행에 민감하다. 그
러면서도 주어진 정보에 대해 디지털 환경을 활용한 나름의 팩
트체크를 통한 독자적인 판단에 빠르다. 이들의 팩트체크 능력
을 과소평가했다가는 큰코다치기 십상이다. 사역자들이나 기
성세대의 성경해석과 적용적 삶에 있어서도 마찬가지다. 교회
에서 복음이 아닌 말을 진리인 양 허투루 내뱉어 청년들의 신
앙을 뒤흔드는 일에 조심해야 할 테다. 아, 그런데 그게 그리 쉽
지 않으니 문제다.

'조금만 더 참고 버티자'며 마음 졸인 채 설득하는 사역자들
과 선배들과 친구들이 얼마나 많을까 싶다. '조금만 더', 저 뻔
한 상투어가 가슴 저리게 하는 절망의 수사이기보다는 심장 뛰
게 하는 희망의 응원가로 청년들에게 들리면 좋겠다. 그래도
교회가 희망임을, 유일한 살길임을 잊지 않도록 말이다. 그래서
교회로 가는 길을 결코 잃지 않도록.

낀 세대 입장에서 반대의 경우도 조심스레 생각해 본다. 청
년세대 안에서나 유행하는 언어를 기성세대에게 쏟아낼 때, 웬
소리인가 싶어 어리둥절하여 딴 소리를 내는 경우 노털이라거
나 꼰대라며 비아냥거리는 문화도 만만치 않아 보인다. 교회
안에서 마저 그렇다. 혹 청년들의 이런 감각과 언어가 기성세
대에게는 세대차를 넘어 '왼孝 소리'로 들려지고 있는 것은 아

널까? 지난 몇 차례 선거에서 정당 지지자의 세대 분포를 보면 영 엉뚱한 판단은 아닐 듯싶다. 물론 20대의 다양해지고 있는 성향을 어느 하나로 무리하게 규정할 일은 아니다. 중요한 것은, 복음에 어울리는 공동체를 바란다면 너나없이 자신을 돌아볼 일이다.

기도의 아픔이 있었던 그맘때쯤 그 상황을 두고 누군가와의 대화 속에서 오바마Barack Obama 미국 전 대통령의 부인인 미셸 오바마Michelle Obama의 말을 건져 올렸던 기억이 있다.

When they go low, we go high!

'누군가가 저급하게 굴더라도, 우리는 품위를 지키며 살아가자!'라는 의미다. 피차 그리스도인인 까닭에 신앙의 품위가 무엇이어야 할지 고민이 깊을 수밖에 없다. 사실 이런 표현 쓰기 조심스러운데, 하나님의 선물인 평화를 소망하는 춤을 추는 곁에서 이념이라는 이름으로, 혹은 신학이라는 이름으로 칼춤을 추니 아슬아슬하고 섬뜩하다. 개인의 품격이 있듯, 국가의 품격이 있고, 교회와 성도의 품격고전14:40이 있을 터. 어른세대보다 청년세대가 신앙의 격을 더 따지는 듯 보이는 지금의 상황은 아무래도 어색하다.

그러니까, 어른세대가 청년들을 편향된 이념적 시각으로 재단하는 것이나 청년세대가 어른들을 냉랭한 세대적 관점으로 비꼬는 것, 이 저속한 언행이 교회에서만큼은 속히 사라져야 하지 않을까. 어중간하게 낀 세대의 겸연쩍은 바람이다.

5. 하나님 나라의 핵심가치

자기 생각과 감정을 넘어서야

평화라는 가장 성경적인 말에 정파政派적 시각을 욱여넣는 태도는 가장 조잡한 짓이 되고 만다. 그리스도인은 하나님 나라의 시민권을 가졌으되 세상에 발을 딛고 살아가는 존재다. 그러니 그리스도인의 삶은 종교적일 뿐만 아니라, 정치적이고, 경제적이고, 사회적이고, 문화적일 수밖에 없다. 정치적으로 평화를 지향하고, 경제적으로 평화를 만들고, 사회적으로 평화를 구성하고, 문화적으로 평화를 누려야 한다.

종교의 이름으로 평화를 억누르거나 파괴한다면 진리 반대편에 선 그 무엇, 곧 괴물이 되고 만다. 하나님의 뜻을 자의적으로 해석하고 타인에 대한 공감 능력을 상실했을 때 일어날 일이다. 정현구 목사는 '신앙을 갖고 산다는 것'의 의미를 『다스림을 받아야 다스릴 수 있다』SFC, 2017에서 다음과 같이 설명한다.

신앙을 갖고 산다는 것은 자기의 생각과 감정을 넘어서는 연습을 하는 것, 내 생각을 넘어 하나님의 생각을 갖도록 노력하는 것이다.230쪽

그렇다. 자신의 생각과 감정을 넘어선다는 것은 두 가지 의미를 갖는다. 먼저, 자신의 의지를 하나님의 뜻에 정확하게 맞추는 것이다. 정확하다는 말의 어려움을 감안하더라도 방향은 맞아야 하지 않을까. 다음으로, 타인의 생각과 감정에 바르게 공감하는 것일 테다. 공감 그 자체만으로도 위로가 되는 묘한

전율을 느낄 때가 있지 않던가. 자연스레 하나님 사랑과 이웃 사랑이 떠오른다. 이것이 이 글이 추구하는 공의와 정의다.

너무 추상적이고 막연한가? 분명 이 정도 표현에 '아멘'으로 반응하고서 하나님 나라의 복음과는 거리가 먼 추상적이고도 막연한 삶을 사는 그리스도인이 차고 넘치는 듯하다. 이런 부류의 기독청년들에게 팀 켈러 목사의 『팀 켈러의 일과 영성』두란노, 2013을 꼭 권하고 싶다. 일반은총의 관점에서 일, 즉 직업이 갖는 의미를 구체적으로 잘 설명해 주고 있다. 신앙생활의 막연함을 떨칠만한 내용으로 가득한데, 한 부분만 소개하고자 한다.

크리스천이라면 세상에서 자신이 하는 일의 목적에 대해 이처럼 혁신적인 통찰을 가져야 한다. 하나님이 불러서 과업을 맡기셨다는 사실 자체가 힘을 주므로 자아를 실현하고 권력을 얻을 속셈으로 직업을 선택하거나 일을 대해서는 안 된다. 도리어 일을 하나님과 이웃을 섬기는 도구로 보아야 하며 그 목적에 따라 직장을 선택하고 업무에 임할 필요가 있다. 직업을 선택하기에 앞서 던져야 할 질문은 "무얼 해야 돈을 많이 벌고 출세할 수 있을까?"가 아니라 "지금 가진 능력과 기회를 가지고 어떻게 하면 하나님의 뜻과 이웃의 요구를 늘 의식하면서 최대한 다른 이들을 섬길 수 있을까?"이어야 한다.83쪽

하나님의 뜻과 이웃의 요구를 의식하며 살기, 이것이 곧 하나님 나라의 가치를 실현하는 삶, 곧 다른 삶이다. 그래서 우리

는 선택의 갈림길에 설 때마다 자신을 향해 항상 물어야 한다. 그리고 언제나 다른 삶을 선택해야 한다. 결코 쉽지 않다는 걸 안다. 많은 용기를 필요로 하는 일이다. 그래도 해내야 한다. 사랑해야 할 두 대상을 향한 실패는 대체로 자기를 넘어서지 못할 때 일어난다.

이리하여, "자기를 넘어서지 못함으로써 중요한 일이 지연되고 하나님 나라가 방해를 받는 일이 얼마나 많은지 모른다." 『다스림을 받아야 다스릴 수 있다』 230쪽라고 정현구 목사는 말한다. 자기 생각을 유일한 신학적 정설이라도 되는 양 우쭐거리며 타인을 짓누르는 이들이 그렇다. 청년들이 질색하는 꼰대의 전형이다. 과연 그들은 하나님의 뜻을 아는 것일까? 그렇지 않을 테다. 하나님 나라의 복음을 방해하는 자들일 가능성이 훨씬 농후하다. 하나님의 생각을 핑계 삼아 자기 생각에 사로잡혀 살고 있으니, 징그러움을 넘어 무섭다. 너나없이 성자가 되지 못할지언정 조야한 괴물은 되지 않아야 할 텐데.

이 대목에서, "새는 알에서 나오려고 투쟁한다. 알은 세계이다. 태어나려는 자는 하나의 세계를 깨뜨려야 한다." 『데미안』 민음사, 2000, 123쪽라고 했던 헤르만 헤세Hermann Hesse의 글이 떠오르고, 영화 「설국열차」봉준호 감독, 2013년 개봉에서 "나는 닫힌 문을 열고 싶다"라며 '열차 밖의 세계'를 상상했던 송강호남궁민수 역의 대사가 떠오르는 것은 자연스러운 감각이리라.

정의는 평화와 서로 입을 맞춘다

　성경, 내가 사랑하는 책이다. 이 글을 읽고 있는 이들 모두가 그러하리라. 어느 구절 하나 삶에서 섣불리 놓칠 수 없지만, 특별히 강하게 붙들고 있는 구절들이 몇 있다. 대체로 '공의'와 '정의'를 담고 있는 내용에 마음을 더 주는 편인데, 그 중에서도 시편 85편 10, 11절을 좋아한다. 그래서 10여 년 전, 니콜라스 월터스토프Nicholas Wolterstorff가 쓴 『정의와 평화가 입맞출 때까지』IVP, 2007를 야멸치게 읽었다. 개인 형편이 그리 여의치 않았던 때였던지라 무엇이든 차고 여무지게 읽어내던 시기였다. 이 책에서는 그 구절을 『새번역』의 것을 옮겨 썼는데, 번역이 새롭다.

　사랑과 진실이 만나고, 정의는 평화와 서로 입을 맞춘다.
　진실이 땅에서 돋아나고, 정의는 하늘에서 굽어본다.

　월터스토프는 샬롬과 정의의 관계를 이렇게 설명한다.

　샬롬 안에서 모든 사람은 정의, 곧 자신의 권리를 향유하게 된다. 정의가 없으면 샬롬도 없다. 하지만 샬롬은 정의 이상의 것이다.144쪽

　그는 샬롬 안에서 정의를 이루고자 하는 '샬롬평화의 비전'을 사상의 지침으로 삼을 만한 포괄적인 비전으로 제시한다.

공감한다. 동의하지 않을 이유가 없다. 샬롬에 대해서는 이렇게 설명한다.

> 샬롬이란 인간이 모든 관계에서 평화를 누리는 상태다. 여기에는 하나님과의 관계, 자아와의 관계, 동료들과의 관계, 자연과의 관계 등이 모두 포함된다.같은 쪽

이어서, 이리, 어린양, 표범, 어린 염소, 송아지, 어린 사자, 살진 짐승, 어린아이, 암소, 곰, 사자, 소, 젖 먹는 아이, 독사, 그리고 젖 뗀 어린아이, 이들 사이의 평화로운 어울림을 통해 하나님 나라의 특징을 생생하게 그려준 이사야 선지자의 선포를, 그는 인용한다사11:6-8. 하나님 나라는 모든 관계에서 정의를 일구며 평화를 누리는 나라다.

우리는 이사야 선지자가 알려준 평화에 대한 전망을 유토피아에 대한 묘사로 읽을 것인가, 아니면 현실의 가능성으로 읽을 것인가? 미로슬라브 볼프Miroslav Volf는 『배제와 포용』IVP, 2012에서 이렇게 말한다. "이 본문이 이리와 어린양, 가난한 자와 악한 자, 어린아이와 독사를 언급하지 않았다면, 우리는 이것이 우리가 사는 세상과 전혀 무관한 말씀이라고 생각하려 했을 것이다. 하지만 이것은 우리가 사는 세상에 대한 전망이다. 불의와 파괴로부터 해방된 우리의 세상, 공포가 아니라 평화가 마지막 말이 되는 우리의 세상에 대한 전망이다."라고485쪽. 이런저런 대화에서 자주 느낀다. 막연한 유토피아로 해석하는 이들과 현실의 가능성으로 읽는 이들 사이에 드러나는 삶의 차이

를. 우리의 마지막 말이 '평화'가 되는 삶을 전망하며 살아가는 기독청년들이 더 많아지면 좋겠다.

흔히, 우리는 평화를 의의 열매로 이해한다. "공의의 열매는 화평이요 공의의 결과는 영원한 평안과 안전이라"^{사32:17}, 이사야 선지자가 이렇게 선포했기 때문이다. 하나님과 이웃, 그리고 천변만화千變萬化의 자연과 바르고 조화로운 관계를 맺기 위해, 그리고 기울어짐이나 억울함이 없는 상태를 만들기 위해 노력할 때 주어지는 하나님의 선물이 평화라는 것이다. 프란체스코 교황이 2014년에 한국을 방문했을 때 청와대 연설에서 했던 말이 생각난다. "평화는 단순히 전쟁이 없는 것을 넘어 '정의의 결과'입니다." 이사야 선지자가 선포한 저 말씀을 인용한 것이리라. 월터스토프는 여기에서 한 걸음 더 나아갈 것을 촉구한다.

샬롬은 세상을 향한 하나님의 목적인 동시에 인간의 소명이다. 물론 인간 역사에서 샬롬이 완전히 이루어지는 것은 어디까지나 하나님의 선물이지 인간이 성취할 수 있는 일이 아니며, 우리가 삶에서 간헐적으로 경험하는 샬롬도 어떤 면에서는 하나님의 선물이라고 볼 수 있지만, 그럼에도 우리는 샬롬을 위해 열심히 일하고 분투해야 마땅하다. 우리는 그저 팔짱을 낀 채 샬롬이 임하기를 기다려서는 안 된다. 우리는 하나님의 대의를 위해 일하는 평화의 일꾼들이다.149쪽

"하나님의 대의를 위해 일하는 평화의 일꾼들", 그렇다. 그래서 예수님께서는 평화를 이루는 사람에게 하나님의 아들이

라 일컬음을 받는 복이 있다고 말씀하셨다ᴹ⁵:⁹. 평화를 이루기
위해 땀 흘리는 일꾼들, 그래서 하나님의 자녀인 우리는 땀 흘
리는 평화를 삶에 새길 수밖에.

대혁명, 성경을 읽는 운동

성경의 중심을 이루는 말들, 곧 평화, 공의, 정의, 믿음, 구
원, 은혜, 사랑과 같은 언어들은 관념적이거나 추상적인 개념이
아니다. 세상과 동떨어져 작동하거나 진공상태의 순수무결한
그 무엇도 아니다. 예수님께서 인간으로 세상에 오셨던 것처럼
철저하게 현장성과 역동성을 갖는 살아있는 말들이다. 성경을
제대로 읽으면 그렇게 된다.

하지만 안타깝게도 통계는 다른 방향을 가리킨다. '학원복
음화협의회'에서 2017년에 실시한 설문조사에 의하면, 기독대
학생의 성경 읽는 시간은 갈수록 줄어들고 있다. 거의 읽지 않
는 수준이다. 설문조사를 정리한 보고서인 『청년 트렌드 리포
트: 우리 시대 청년들은 무엇으로 사는가』IVP, 2017의 글을 그대
로 옮기면, "'지난 일주일간 성경을 읽은 시간'이 2012년도에
는 64분이었는데 2017년도에는 24분이었고, 전혀 읽지 않았
다는 비율은 2012년도는 44.8퍼센트, 2017년이 63.7퍼센트였
다."318쪽라고 하니, 어찌해야 하나?

한 구절의 말씀을 가슴에 담아 하루를 너끈히 살고, 한 권
의 말씀을 삶에 새겨 평생 풍요롭게 사는, 아, 그 비기祕技를 깨

치면 얼마나 좋을까. 성경공부와 교리공부에는 힘쓰면서 정작 성경 자체는 읽지 않는 우리 자신을 종종 본다. 청년들이 날마다 성경을 묵상하는 것, 이제 희귀한 일이 되어버린 듯하다. 그런데, 그게 꼭 청년세대만의 문제이거나 최근의 일인 것만은 아닐 수 있음을 본다. 종교개혁의 역사를 다룬 마이클 리브스Michael Reaves의 『꺼지지 않는 불길』복있는사람, 2015에는 이런 내용이 나온다.

> 일단 글라루스에 있는 집으로 돌아온 츠빙글리는 자신이 여러 해 동안 성경 주석은 읽으면서도 정작 성경 자체는 읽지 않았음을 깨달았다.102쪽

어쩜 이럴 수가? 참 아이러니하다. 스위스 종교개혁의 대표적 인물인 츠빙글리Ulrich Zwingli조차 하나님의 말씀 자체보다 그것에 대한 해석에 더 마음을 주며 살았다고 고백하다니. 우리도 이러고 있는 것은 아닌지 돌아볼 일이다. 종교개혁을 '대혁명'이라고 말하는 사사키 아타루는 『잘라라, 기도하는 그 손을』자음과모음, 2012에서 이렇게 썼다.

> 돌아갑시다. 그 혁명으로. 물음은 이렇습니다. 마르틴 루터가 일으킨 '대혁명'이란 무엇인가.
> 한마디로 하지요. 대혁명이란 성서를 읽는 운동입니다. 루터는 무엇을 했을까요? 성서를 읽었습니다. 그는 성서를 읽고, 성서를 번역하고, 그리고 수없이 많은 책을 썼습니다. 이렇게

하여 혁명이 일어났습니다. 책을 읽는 것, 그것이 혁명이었던 것입니다. 반복되지 않으면 안 됩니다. 이것 역시 저의 독창적인 것이 아닙니다. 일반적인 역사학자의 책에도, 프로테스탄트 신학 연구자의 책에도 쓰여 있는 것, 즉 상식에 속하는 것입니다.75쪽

성경을 제대로 읽는다면 정의와 평화가 입 맞추는 일이 현실로 드러나게 되어 있다. 하나님 나라가 이미 우리 안에 도착해 있는 까닭이다. 그러니 아무 일도 일어나지 않는 이유는 명확하다. 성경을 읽지 않거나 제대로 읽지 않고 있기 때문이다. 교회가 안으로 갈등하고 싸우고 분열하는 일이 잦다. 밖으로는 평화를 흩트리는 원흉으로 지탄받는 일이 잦아지고 있다. 정말 그렇다면, 성경을 잘못 읽고 있기 때문일 테다.

이런 맥락에서 월터스토프의 글을 그대로 옮겨 쓰고 싶다.

샬롬에 관한 나의 논의와 칼뱅과 카이퍼의 진술에는, 우리 인간이 생존의 권리를 가진다는 의미가 함축되어 있다. 우리는 동료 인간들에게 우리의 생계를 적절하게 보장하는 사회 제도를 만들도록 요구할 권리가 있다. 물론, 다른 권리와 마찬가지로 이 권리도 포기될 수 있다.168쪽

우리의 신앙은 개인 차원을 넘어 사회 차원에까지 나아가야 한다. 예배당 안에만 머물고자 하는 종교적 구심력에 더 이상 속지 않아야 하리라.

생존을 위해 권리를 주장하는 이들을 공산주의자나 종북좌파로 취급하는 예배는 분단규율사회의 습속에서 비롯된 폭력 그 이상도 그 이하도 아닌, 그 자체다. 그런 예배가 버젓이 드려지는 고통과 아픔이 더 이상 가해지지 않으면 좋겠다. 그런 고통과 아픔으로부터의 구원이 있는 교회를 청년들은 살고 싶어 한다. 그래서 그들은 정치적 신념보다는 샬롬의 비전으로 설교를 듣고 기도하고 찬양하는 기쁨을 진정 누리고 싶다잠언12:20. 아, 그냥 짠하다.

하나님 나라를 산다는 것은 결국 평화로운 삶을 지향하는 것이다사32:17. 사는 것이 의로울 때 가능할 일이다. 정의는 언제나 약한 자에게 손을 내미는 것이다. 그런 의미에서 평화의 한 자인 '平和'의 뜻풀이가 좋다. 평평할 평平, 화할 화和. 平자에는 고르게 한다는 뜻이 있다. 和자는 禾벼 화자와 口입 구자가 결합되어 있다. 벼가 입으로 들어가는 것, 곧 먹고살 만한 것을 두고 화목하다고 여겼던 것이다. 결국 평화는 먹는 것이 고르게 입으로 들어가는 것이겠다. 그러니 정의는 먹는 것이 차별 없이 고르게 나누어지게 하는 삶의 방식신10:18, 14:29인 셈이다. 이게 혹 시중에 떠도는 '경제정의'나 '경제민주화'의 최고 경지인 것은 아닐지?

이러나저러나 이것이 이스라엘 백성들을 광야에서 먹이신 하나님의 방식이었고출16:18, 초대교회 성도들이 드러내었던 교회다움이었으며행2:43-47; 4:32-35; 고후8:14, 애초 에덴동산은 먹을거리가 차별 없이 잘 제공되는 세상이었으니창1:29-30, 성경이 말하는 평화는 이런 것이렷다.

코로나19의 전 지구적 재앙은 안타깝게도 수십만 명의 목숨을 앗아갔다. 특히 시장의 논리에 빠져 대처를 주저했거나 복지국가라는 환상에 빠져 공공의료를 소홀히 했던 선진국들에서 많은 희생이 발생했다. 반면, 공공의 논리로 투명하고도 재빠르게 대처했던 대한민국을 비롯한 몇 나라는 최소한의 희생으로 막아내었을 뿐만 아니라, 다른 나라를 돕는 정의로운 역할도 수행할 수 있었다.

이에 더해 코로나19 상황에서 IMF 등이 발표한 여러 경제 관련 지표에서 OECD 회원국 가운데 대한민국에 대해 가장 낙관적인 전망들이 쏟아져 나왔다는 사실이 우리에게 큰 위안을 주었다. 공공의 논리로 생명을 지켜내는 민주주의를 실현한 것이 먹고사는 문제'오이코스-오이코노미아-이코노미'로 이어지는 연계 속에서에 있어서도 상대적으로 좋은 결과에 이른 셈이다. 자본의 논리보다 국민의 안전과 건강을 먼저 살피는 공공성이 가져온 이러한 선순환은, 나의 착각이 아니라면, 마치 성경이 말하는 복음의 공공성, 곧 공의와 정의의 실현을 떠올리게 한다. 먹고사는 것의 고른 나눔이라는 창조적이고 교회적이어서 따뜻한 평화는 현실에서 이렇게 찾아오는 것 아닐까. 이 땅의 청년들은 이런 교회, 이런 국가에 마음을 주고 싶다.

그 손을 내밀어줘 Save me

사는 것이 아슬아슬한 사람들, 그래서 당장의 하루가 절벽인 사람들은 언제나 우리 주변에 존재한다. 그들은 소리를 내고 손을 내미는 것조차 버겁다. 힘없고 소리 낼 수 없는 사람들이고, 햇살 속으로 간신히 손을 내민 사람들이다. 강허달림이라는 가수는 그런 이들의 생존적 간곡함을 품고서 "그 손 맞잡고 같이 웃고 마음과 마음 안고 꼭 안아 주세요"라고 노래한다_{꼭 안아 주세요}. 중독성 강한 목소리로 묘하게 부르니, 잘 들어야 한다.

아무에게도 고침을 받지 못했던 혈루증으로 열두 해를 앓았던 여인이 자신의 손을 내밀어 예수님의 옷자락에 닿으려 했던 모습이 떠오른다. 신앙적 간곡함이다. 예수님께서는 그 여인을 향해 "딸아 네 믿음이 너를 구원하였으니 평안히 가라"라고 하셨다_{눅8:48}. 구원은 냉랭하기 그지없는 사회적, 종교적 시선을 넘어 손을 내미는 용기 있는 믿음을 외면하지 않고 손을 내민다. 오래 앓던 질병으로부터 치유됨으로써 삶이 회복되고 사회적으로 자유를 얻게 되는 것, 이것을 예수님께서는 구원이라고 말씀하셨다. 구원은 우리 삶의 자리에서 역동逆動하고, 그렇게 역동力動한다. 평화의 선물은 덤이다.

> 난 알았지 너란 구원이
> 내 삶의 일부며 아픔을 감싸줄 유일한 손길
> The best of me, 난 너밖에 없지
> 나 다시 웃을 수 있도록 더 높여줘 니 목소릴
> Play on
> ……
> 그 손을 내밀어줘 save me save me

I need your love before I fall, fall

방탄소년단의 「Save Me」라는 곡의 일부다. 이 부분에 대해 박지원은 『아이돌을 인문하다』SIDEWAYS, 2018에서 이렇게 설명한다.

세상의 수많은 기준들과 잣대들, '객관적인' 딱지들이 모두 지나간 이후의 그 자리에, '너란 구원이 내 삶의 일부며 아픔을 감싸줄 유일한 손길'이라는 따뜻한 느낌이 대신 자리합니다. 그것은 절대적인 신에 대한 감각과 다르지 않습니다.285쪽

여기에 하나를 덧붙이고 싶다. 우리는 '객관적인' 딱지로부터뿐만 아니라, 더 많은 선입견과 편견에 의한 '주관적인' 딱지들로부터도 구원받고 싶은 열망이 간절하다고. 뮤직비디오를 보면 7명의 멤버들이 절절한 몸부림으로 애원하듯 구원과도 같은 존재를 향해 "그 손을 내밀어줘 save me save me"를 외친다.

방탄소년단이 펼쳐내는 초절기교超絶技巧의 노래와 안무는 지구 곳곳 젊은이들의 마음을 뒤흔들고 있다. 이처럼 강단에서 쏟아내는 설교가 궁벽하고 외진 자리에서의 막막함으로 살아가는 이들을 따뜻하게 품어야 하지 않을까. 교회 문을 나선 성도들의 걸음이 교회를 향해 겨우 손을 내미는 이들의 삶에 가닿는 구원의 역사가 지금 여기에서 역동해야 하지 않을까. 교회가 세상과의 남우세스런 싸움을 위해 칼과 창을 들고서 전쟁을 연습할 것이 아니라, 샬롬의 비전으로 다가가야 하지 않을

까. 남과 북이 핵과 미사일과 경제제재와 같은 무기를 내세워 전쟁을 연습하는 일을 접고 진정한 생존을 위해 어렵게 내민 서로의 손을 꽉 붙잡는 일을 위해서만 교회는 기도해야 하지 않을까.

하여, 하나님 나라를 소망하는 시편 시인의 노래가 한반도의 노래가 되는 날이 속히 오기를 소망한다.

> 그가 다스리는 동안, 정의가 꽃을 피우게 해주시고, 저 달이 다 닳도록 평화가 넘치게 해주십시오.시72:7,『새번역』

정의에 대한 굶주림을 주소서

글이 길어졌다. 하나님 나라가 품고 있는 복음, 그 나라의 가치들과 관련된 성경 구절들을 묵상하고 오래전 읽었던 관련 글들을 기억해내는 지난 몇 날의 묵상여행 속에서 감흥이 컸던 까닭이다. 이 감흥을 정확하게 표현할 말을 나는 제대로 갖고 있지 못하다. 그런 연유로 갈음하며, 『정의와 평화가 입맞출 때까지』의 '머리말'과 '1장' 사이에 적혀 있는 '어느 라틴 아메리카인의 기도'를 덧붙인다.

오 하나님,
굶주린 자들에게는 빵을 주시고,
빵을 가진 우리에게는

정의에 대한 굶주림을 주소서.

6. 하나님 나라의 역동성

└ RE: 은밀하게 위대하게? 아니, 담대하게 거침없이!

신학논리가 경제논리를 웬만해서는 이겨내지 못하는 자본주의 시대입니다. 로마황제의 시혜가 하나님 나라의 복음을 압도하던 시대가 있었습니다. 그때 바울은 셋집살이 처지에서도 하나님 나라와 예수님에 관하여 '담대하게 거침 없이' 전하였습니다. 우리도!

바울이 온 이태를 자기 셋집에 머물면서
자기에게 오는 사람을 다 영접하고
하나님의 나라를 전파하며 주 예수 그리스도에 관한 모든 것을
담대하게 거침없이 가르치더라

사도행전 28장 30~31절

괴물에서 바보로

공화국에선 혁명전사, 이곳에선 간첩.
들개로 태어나 괴물로 길러진 내 남파임무는 어이없지만
동네 바보입니다.

2013년에 개봉했던 영화 「은밀하게 위대하게」장철수 감독를
소개하는 글의 일부분이다. 주인공인 김수현방동구, 원류환 역을 묘
사한 글이다. 남파임무南派任務, 북한에서 남한으로 간첩을 보내어 맡기는 임무
가 동네 바보로 사는 거라니, 어이없다. 그런데 저 카피를 보는
순간, 우리 그리스도인의 임무가 어이없지만 이 땅에서 바보로
사는 것 아닐까, 하고 생각했다. 남한에서 북한의 사상을 품고
살아야 하는 간첩처럼 이 땅에서 하나님 나라의 가치로 살아야
하는 존재이니. 영화 포스터에는 또 이런 카피가 있다.

들개로 태어나 괴물로 길러져 바보로 스며들다.

이 영화의 카피들을 보면서 바울을 떠올렸다. 너무 무리한

가? 유대인으로 태어나 예수님을 따르는 이들을 핍박하는 괴물로 길러졌다가, 도리어 예수님께서 전한 복음을 전파하는 바보 같은 삶을 산 까닭이다고전4:10. 남파간첩인 김수현이 위대한(?) 임무를 은밀하게 수행해야 했다면, 회심한 사도 바울은 하나님 나라의 복음을 담대하면서도 거침없이 전파했다. 로마의 셋집에서도.

흥미롭다. 사도 바울이 2년 동안 셋집에서 살았다는 사실이. 전세였을까? 월세였을까? 아니면, 재판으로 매인 몸이었으니 로마제국이 셋집살이를 마련해 준 것이었을까? 서울시가 집주인인 곳에서 오랜 세월 전세를 뒤채며 살다 보니 이 구절을 읽을 때마다 '셋집'이라는 말이 가장 먼저 피부에 와닿는다. 현실감 있는 이 단어만큼이나 "하나님의 나라"와 "주 예수 그리스도에 관한 모든 것"이 실감이 되는 삶이어야 할 텐데, 그게 그렇게 쉽지가 않다. 이 글쓰기의 이유인데…….

복음의 부유력과 일상의 중력 사이에서

사도 바울이 말년에 셋집살이를 했다는 사실 앞에서 내 집 장만의 흐릿한 꿈이 주춤했다. 천국시민이 겪어야 할 나그네의 삶이니 지극히 당연한 귀결인데, 현실은 그렇지 않다. 지난 몇 년 전세금의 급격한 상승에 얼마나 많은 젊은 부부들이 절망했던가. 캠퍼스 주변 자취방이나 하숙집의 방세 또한 천정부지로 올라 도통 내려갈 줄 모른다. 복음의 부유력과 일상의 중력 사이에서 가리산지리산하는 삶이다. 이게 이 땅에서 사는 기독청년의 리얼리티이다.

가난한 삶이다. 유유상종類類相從인지라 가까운 이들 중 빚 없는 이가 별로 없고, 집을 소유했더라도 은행이 더 많은 지분을 가진 경우가 대부분이다. 서울에서 청년사역을 하다 보니 머물 곳 아슬아슬한 청년들과 젊은 부부들이 주변에 많다. 버거운 살림살이에 찌든 그들의 어두운 낯빛을 볼라치면 괜히 속이 애려 온다. 세벌이, 네벌이를 해도 버겁다. "정치라도 할 것을", 객기 부리며 하는 말이 더 무의미하고 무안하다. 격렬하게 비분강개悲憤慷慨하는 만큼 무기력할 뿐이다. 그래서 그들은 무리한다. 무리해서라도 빚을 내어 집을 마련하는 게 현명하다, 이런 무모하고 무책임한 경제논리에 얼마나 많은 이들이 은행 문턱을 넘나들었던가.

글을 쓰는 지금, 금리상승과 집값 하락세로 인한 다른 문제들이 연일 뉴스에서 쏟아져 나오고 있다. 특히 많은 빚으로 집을 구입한 이들의 가중되는 이자 부담에 대한 경고성 기사들을 보노라면, 나와 아무 상관없음에도 불구하고 분노가 치밀어 오른다. 이른바 금융자본주의의 놀음에 번번이 놀아나는 꼴이 말이 아닌 서민의 삶을 도대체 어찌할 건가? 자본주의 한국사회의 달콤살벌한 민낯을 또 한 번 경험하게 될 모양이다.

돈이 없어서 연애, 결혼, 출산을 포기한다는 삼포세대. 그것도 모자라 인간관계와 내 집 마련까지 포기하는 오포세대. 여기에 꿈과 희망, 외모와 건강까지, 결국 삶 자체를 포기하는 세대가 출현해야 하는 것일까? 기독청년이라고 한들 별 수 있으

랴. 교회도 이런 청년들의 삶에 관심 없기는 매한가지 아니던
가. 삼포나 오포는 곧 삼중의 공포, 오중의 공포로 청춘을 갉아
먹는다.

번영복음의 바람이 분다

가수 이소라의 「바람이 분다」를 들으면 언제나 먹먹해지고
한없이 슬퍼진다. "바람이 분다 / 서러운 마음에 / 텅 빈 풍경
이 불어온다", 첫 소절부터 슬픔이 몰려온다. 아니, 아프다. 누
군가와 헤어진 후 듣는다면 울지 않을 도리 없는 가사와 멜로
디, 그리고 목소리다. 마치 흐린 날 바닷가 모래밭에 흩어져 있
는 속이 텅 빈 소라껍질을 통과하며 울려오는 썰물 파도소리
같기도 하다.

다른 바람이 불어온다. 교회에 불어오는 바람이다. 이소라
의 바람은 텅 빈 것이었는데, 교회에 부는 바람에는 무언가로
가득하다. 돈으로, 권세로, 명예로, 쾌락으로 꽉 찬 풍경이다. 가
수는 서러운 마음에 텅 빈 풍경이 불어와 내내 글썽이던 눈물
을 쏟는데, 교회는 있는 살림에 꽉 찬 복음까지 불어와 웃음이
넘친다. 이름하여, '번영복음繁榮福音'이다. 밀물 때 파도소리처럼
우렁차다.

시장지상주의라는 종교의 슬로건이 복음으로 변주되는 세
상, 그래서 이런 말들이 실감나게 와닿는다. '태초에 자본이 시
장을 창조하시니라.' '시장이 너희를 자유케 하리라!' '취업하

라, 그리하면 너와 네 집이 구원을 얻으리라!' '소비하는 자는
복이 있나니 천국이 그들의 것임이요.' '투자하는 자는 복이 있
나니 그들이 땅을 기업으로 받을 것임이요.' '생산을 위해 갑질
을 당한 자는 복이 있나니 천국이 그들의 것임이라.' 그리하여,
'모든 길은 자본과 시장으로 통한다'는 복음을 철썩 같이 믿고
따르면 번영할 것이라는 소망을 교회 안에서도 키워간다. 아,
이 성스런 삑사리를 어쩌나?

어둡고 찌든 청춘들에게 드리운 일상의 그늘이 짙어질수록
햇빛 같은 소식을 들려주는 교회들은 늘어가는 듯하다. 번영복
음의 창궐이다. 자본주의의 열매라고 해야 할까? 그렇다. 나보
다 나이 더 많은 조카뻘이 여럿 계시는데, 그래서 친해지기 어
려운 이들 중 그나마 통성명하고 지내는 권수경 교수가 『번영
복음의 속임수』SFC, 2019라는 제목의 책을 세상에 내놓았다. 이
러다 어쩌려나 싶은 내용으로 가득했지만, 갈피마다 넘치는 교
회에 대한 사랑에 공감하며 대번에 읽었다. 그는 번영복음에
대해 이렇게 설명하고 있다.

번영은 분명 하나님께로부터 오는 것이다. 그럼 '번영복음'
은 어떤가? 번영복음(繁榮福音, Prosperity Gospel)은 하나
님께 구원의 복을 받은 그리스도인은 이 세상의 좋은 것도
누린다는 메시지이다. 하나님께서 주시는 구원에는 돈, 출
세, 명예, 건강, 행복 등 이른바 '번영'에 속하는 것들도 포함
되어 있다는 이야기다. 주님께서도 구원은 지금 여기서 이
루어진다고 말씀하셨다(눅11:20). 그렇게 삶의 모든 영역에

서 좋은 것을 누리는 그것이 곧 전인격(全人格)의 구원이라고 번영복음은 주장한다. 이 말대로 번영과 풍요가 정말로 구원의 일부라면 예수 믿는 우리가 더 누린다고 나쁠 것은 없다. 아니, 안 믿는 사람보다 더 많이 누려야 하며 혹 많이 누리지 못한다면 그것이 오히려 잘못일 것이다. 우주의 보배인 구원과 함께 오는 것이라면 풍요, 번영, 성취 또한 당연히 귀하고 좋은 것이어야 한다.48-49쪽

이런 의미를 담고 있는 번영복음을 타켓 삼아 권수경 교수는 무자비한(?) 폭언을 서슴없이 퍼붓는다. '정신착란'이고 '죽음의 길'이라고. 일명, 사이다 발언이다. 비장한 각오와 빈틈없는 논리로 무장하지 않고서는 분명 힘들 일이다. 가난해서 포기의 삶을 사는 기독청년들이 슬쩍 눈길을 줄 법한 그 복음에 정나미가 뚝 떨어지게 할 내용을 가득 탑재하고 있다.

복음이라는 이름을 하고 있지만 사실은 복음이 아니라 질병이다. 사람을 아프게 하고 교회를 병들게 하는 것으로서, 보다 어울리는 이름은 '번영증후군(繁榮症候群, Prosperity Syndrome)'이다. 예수 이름으로 돈도 벌고 권세도 누리고 무병장수한 다음 영원한 천국에도 갈 수 있다고 믿게 만드는 일종의 정신착란이다. 이 병에 걸리면 홀린 듯 돈과 권세와 명예와 쾌락을 좇게 된다. 목사들이 먼저 본을 보이면서 강단에서 교인들에게 전하고 교인들은 또 그 말씀을 즐겁게 순종한다. 번영증후군에는 마치 중독이 되듯 걸린다. 술, 담배, 마약처럼 한번 두 번 맛보다가 나도 모르는 사이 헤어날 수 없는 지경에 빠

진다. 목사와 교인이 그렇게 뒤엉켜 죽음의 길을 달려가고 있는 것이 번영증후군을 앓고 있는 오늘 우리의 현실이다34쪽.

예수님께서 전한 복음에 대한 의존도가 낮으니 다른 복음이 틈새를 공략한다. 자본주의와 번영복음은 분명 잘 어울리는 짝이다. 다수가 찌든 현실에 눈감게 만들면서 온갖 매체를 통해 소수가 누리는 부귀영화의 환상을 상품으로 제공하며 우리의 욕망을 자극하는 방식으로 자본주의는 작동한다. 번영복음은 그 작동의 원리를 복음으로 둔갑시켜 재해석한 목사의 메시지와 그에 동조하는 교인들의 협업으로 교회가 내놓은 우리 시대 최첨단 'Good News'다. 예배당은 욕망의 축제장이 된다. 여기에 환호하고 열광하며 헌신하는 청년들도 있고, 절망하여 다른 그 무엇을 찾아 부유하는 이들도 있다.

아담과 하와가 하나님의 낯을 피해 에덴동산 나무 사이에 숨었던 그날, 그곳에는 바람이 불고 있었다창3:8. 예사롭지 않은 사건을 예감케 하는 복선이었던 셈이다. 그날 바람이 불기 전, 그 둘은 선악을 알게 하는 나무의 열매를 따먹고 눈이 밝아진 존재가 되었다창3:7. 밝아진 눈으로 처음 본 것은 벌거벗은 몸이었고, 처음 느낀 감정은 부끄러움이었다. 바람과 함께 나타나신 하나님 앞에서는 벗었으므로 두려워 숨었다는 이상야릇한 변명도 늘어놓았다창3:10. 그리고 보면, 바람은 참으로 용하다. 윤동주 시인도 잎새에 이는 바람에 괴로워했으니……

아담과 하와는 무엇에 눈이 밝아진 것이었던가? 하나님과 같이 되리라창3:5는 기대, 결국 하나님 대신 자신이 삶의 주인이 되고자 하는 욕망에 눈이 밝아졌던 게다. 눈 밝아지는 것先見之明이 언제나 좋은 것은 아닌 모양이다. 하나님께서 허용하시는 만큼만 보며 사는 게 지혜인 것을 이 땅의 교회가 알면 얼마나 좋을까. 모를 리 만무하다. 성경의 초장에 나오는 창세기의 교훈이니, 얼마나 자주 읽고 공부하고 설교했을까. 그럼에도 불구하고 눈이 밝아져 돈과 권세와 명예와 쾌락을 좇는 번영증후군에 홀린 교회들을 대놓고 비판하는 책이 출판되어야 하는 형국이니, 괜스레 아담과 하와가 원망스럽다. 그래서 기도한다. 에덴동산에 불어와 부끄러움을 알게 했던 그날 그 바람을, 시인이 괴로워했던 잎새에 이는 그 바람을 우리에게 보내주시도록.

호의호식이 아닌 조의조식의 정신으로

공자孔子가 말했던 바, "士志於道 而恥惡衣惡食者 未足與議也사지어도 이치악의악식자 미족여의야", 하여 "선비가 도에 뜻을 두고서 좋지 못한 옷과 맛없는 음식을 부끄럽게 여긴다면, 그와 더불어 말할 것이 없다"라는 뜻이다. 악의악식惡衣惡食은 거친 옷을 입고 좋지 못한 음식을 먹는다는 뜻의 조의조식粗衣粗食과 일맥상통한다. 흔히들 이렇게 말한다. 조금만 고개 수그리고 참을 줄 알면 호의호식好衣好食할 수 있을 것이라고. 좋은 옷을 입고 좋은 음식을 먹는 삶이 가능해진다는 거다.

출세와 성공, 일상에서 이런 유혹이 크다. 무엇을 먹고 마시고 입을까 하는 염려는 이방인들이 구하는 것이라고 예수님께서는 말씀하시지 않았던가마6:31-32. 철학자 디오게네스Diogenēs가 호의호식을 권하는 친구에게 했다는 말도 생각난다. "조의조 식하며 사는 법을 조금만 알아도 고개 숙이거나 알랑방귀 뀌는 짓은 하지 않아도 된다네."「이태원 클라쓰」의 박새로이가 권력을 가진 불의한 상대에게 무릎을 꿇지 않는 호기를 보였기에 청년들이 마음 주며 호응했던 것을 보면, 조의조식이 옛말이기만 한 것은 아닐 테다. 더해서, 회장이나 대표인 아버지가 무능하고 불의한 아들, 딸, 사위, 며느리에게 온갖 혜택을 제공하고 자리까지 물려주려 불법을 서슴지 않는 드라마 속 가족중심주의는 오늘날 교회 속 목회자들의 이야기로 우리 사회 청년들은 바라보고 있기도 하니, 조의조식이라는 말 앞에서 목사는 부끄럽고 아프다.

기성세대 그리스도인들이 가장 많이 실패한 지점이 바로 여기가 아닐까 싶다. 아, 참! 나도 기성세대의 길에 들어섰지. 그래도 조의조식의 정신, 곧 흔들리지 않는 삶에 대한 추구를 다시 청년들에게 권하고 싶다. 조심할 것은, 자신은 호의호식하면서 따르는 이들에게는 조의조식을 권하는 이중성을 가진 자들의 가르침이다. 속 다르고 겉 다른 이들의 음흉한 가르침이야말로 청년의 영혼을 갉아먹는 가장 강력한 보이스 피싱이다. 그런 이들의 한가한 낚시질에 자신의 인생이 걸려들지 않으려면 조의조식하는 태도가 필요하다. 어떻게 하면 될까? 먹고 마시고 입는 데 필요한 모든 것이 우리에게 있어야 할 줄을 아시는 하늘 아버지께서 더하여 주실 줄 믿으며 사는 도리를 굳게 붙잡아야 한다마6:32-33. 자본주의의 상식과 미덕을 거스르며 살아낼 용기 있는 믿음이 절실하다. 우리의 일탈이다.

그래서 번영복음의 마법에 홀린 교회들이 깨어나기를 간절하게 소망하는 권수경 교수의 진심에 호응하는 마음으로 천양희 시인의 「눈」이라는 제목의 시를 그대로 옮긴다.

바람소리 더 잘 들으려고 눈을 감는다
어둠 속을 더 잘 보려고 눈을 감는다

눈은 얼마나 많이 보아버렸는가

사는 것에 대해 말하려다 눈을 감는다
사람인 것에 대해 말하려다 눈을 감는다

눈은 얼마나 많이 잘못 보아버렸는가

경제논리를 이겨내지 못하는 신학논리 앞에서

의식주衣食住, 인간의 가장 기본적인 삶의 요소를 이르는 말이다. 사전적 의미는 이렇지만, 현실은 마냥 무색하다. 거주할 안식처 문제에 사로잡혀 인간다운 최소한의 삶을 부여잡을 기력도 잃게 만드는 방책 없는 세상이니, 다른 고상한 그 무엇이 무슨 의미겠는가. 인간의 기본적인 삶이라도 영위하고 싶다는 원초적 본능조차 '19금'처럼 민망한 처지니, 많은 청년들이 애비 어미 품을 떠나지 못한 채 속절없이 산다.

그래서 궁금하다. 과연 사도 바울은 집세 걱정 없이 지낼 수 있었던 것일까? 이런 물음이 자본주의에 물든 속물처럼 보이게 할지도 모르겠다. 먹고사는 것이 아슬아슬해서 당장의 하루가 절벽인 사람들, 그들에게 '하나님의 나라'에 대한 신학이나 '주 예수 그리스도에 관한 모든 것'이 던져주는 의미 같은 것이 얼마나 현실적으로 받아들여질까, 하는 궁금함 때문이다. 먹고살 만해서 고고하게 신학을 운위하는 이들에게는 이런 말조차 지질한 응석 따위로 여겨질 테지만, 목구멍이 포도청인지라. 그러고 보면 과거에 비해 교회 문턱을 넘나드는 이들의 사회적 계층이 높아졌다고 하니, 복받은 까닭이리라. 그런데 이런 말들의 크기만큼 비례해서 성경과 현실 사이의 괴리로 느껴지니, 삐딱한 게다.

'그럼에도 불구하고', 이 접속어를 붙잡아야 할까? 물론 사도 바울은 먹고사는 것의 형편에 상관없이 하나님 나라와 주 예수 그리스도에 관한 모든 것을 가르쳤을 것은 불을 보듯 분명하고 뻔하다. 의심의 여지가 없다. 그의 셋집을 드나드는 이들도 경제적 형편과 상관없이 복음에 대한 관심과 열정에 사로잡힌 자들이었을 거다. 그게 가능했던 것은, 분명 하나님 나라가 그들의 삶에 실감 있게 다가왔기 때문일 것이다.

그런데 자본주의가 득세하는 시대를 살아가는 오늘은 좀 다른 듯하다. 신학논리가 경제논리를 웬만해서는 이겨내지 못하는 양상이다. 예배당 안에서야 어찌 말이라도 해보지만, 밖에서는 턱없다. 갈수록 더 심해질 것은 뻔하다. 젊은 집사들이나 직장 다니는 청년들이 십일조를 잘 하지 않는다며 교회의 위기를 운운하는 걸 종종 듣는다. 십일조의 감소와 교회의 위기, 이 연계가 역설적이게도 자본주의 논리와도 묘하게 닮았다. 나만의 느낌일까? 요즘 청년들과의 대화에서 충분히 느낄 수 있는 감각이다.

우리의 신앙이 경제논리를 이겨내지 못하니, 불교에 몸담고 있는 이들까지 교회를 적나라하게 비판하고 나섰다. 재가불자在家佛者인 이제열 법사는 『불교, 기독교를 논하다』모과나무, 2016에서 기독교가 갖는 기복성祈福性에 대해 이렇게 지적하고 있다.

> 불교도 그렇지만 기독교의 경우 예수를 믿으면 복을 받는다는 신앙이 도를 넘어 일부에서는 예수를 믿으면 장사도 잘되고 출세도 하고 병도 낫고 팔자도 고친다고 믿는다. 심지어 불행한 일을 당한 사람에게 예수를 안 믿어 벌 받아 그런 것이라고 말하기도 한다. 이는 기독교의 본질을 모르고 편협하게 믿음을 가지게 된 데 원인이 있지만 그 근저에는 그만큼 기독교 교리에 여느 종교와 다르게 기복성이 짙게 깔려 있기 때문이다.199쪽

그는 기독교 교리의 근저, 곧 기독교의 뿌리에 다른 종교와 달리 기복성이 짙게 깔려 있다고 단언한다. 이 책이 대한불교 조계종과 불교출판문화협회가 선정한 2015년 '올해의 불서'라는 영예를 안은 것으로 볼 때, 불교계에서는 꽤 인기 있거나 잘 팔리고 있음을 짐작할 수 있다. 역시 남 비판하는 얘기는 재미있고 달콤한 법이다.

뒷맛이 씁쓸했다. 번영복음에 열광하고 있는 현실을 숨길수 없으니, 이 책을 읽는 내내 게거품 물고 달려들 기세를 품을 마음이 도통 생기질 않았다. 하지만 이것이 교리의 문제인지 현실과 타협한 행태의 문제인지는 구분해 드리고 싶었다. 그런데 임원주 목사께서 이 일을 앞서 수고해 주셨다.『불교, 기독교를 논한다』에서 지적하는 바를 순서에 따라 기독교 입장에서 능수능란하게 변명한 책인『불교에 답한다: 불교가 논한 기독교 신앙에 대해』가나다, 2017를 이내 출판하셨던 게다. 이 두 책은 짝이다. 논증의 일부만 그대로 옮긴다.

> 기독교의 축복은 그리스도 안에서 안식과 평강을 누리며 그리스도를 닮는 인격자가 되고 그러한 삶을 사는 것이 우선이다. 물질적인 복락과 형통은 부차적이며, 주어지지 않을 수도 있다. 고난과 능멸을 당할 수도 있다. 아니, 오히려 "하나님의 능력을 좇아 복음과 함께 고난을 받으라"라고 명령한다(디모데후서 1:8). "의를 위하여 고난을 받으면 복 있는 자"이기 때문이다(베드로전서 3:14).213쪽

다른 부분은 사서 읽어 보시라. 불교에서 기독교를 어떻게 보고 있는지, 그리고 우리의 입장은 어떠한 것인지 이해하는데 큰 도움을 얻을 수 있을 것이다. 나는 불교에 답하는 글이아니라, 영적으로 졸고 있는 우리 자신을 돌아보게 하는 죽비 소리로 받아들이며 읽었다. 교회가 어느 길을 걷고 있는지 도통 알지 못하니, 불자를 들어 사용하셔서 깨우치려 하는 하나

님의 손길이 아닐까 싶었다.

　다시 우리끼리 이야기로 돌아오자. 제 길을 걷지 못하는 교회. 예수의 길이 아니라 자본주의의 길을 걷는 듯한 교회. 그래서 불자마저도 비평하고 나선 교회가 걷는 갈지자걸음을 보노라면, 노래 부르는 5인조 남성그룹 'god'의 노래 중 「길」의 가사가 딱이다 싶다. 이런 쑥스런 글에 좋은 노래의 가사를 인용해서 그들에게 미안하지만, 일부를 옮기면 이렇다.

　　내가 가는 이 길이 어디로 가는지
　　어디로 날 데려가는지
　　그곳은 어딘지
　　알 수 없지만 알 수 없지만 알 수 없지만
　　오늘도 난 걸어가고 있네

　'알 수 없다', 교회 안 많은 청년들의 심정이 이러한 것은 아닐까 싶을 때가 잦다. 어떤 이유로 교회에 다니고 있는지 그 답을 알지 못해 이곳저곳 갸웃거리며 가리산지리산하는 청년들을 보노라면, 목사로서 그저 미안하고 미안하고 미안하다. 그래서 부끄럽다. '네가 가는 길이 예수의 길이 맞아!' 이렇게 말해주고 싶은데, 교회 안에서 진리를 만나고 생명을 얻는 길을 걷고 있다는 확신을 얻지 못해 애써 외면하는 청년들의 얼굴을 보노라면, 나의 목소리는 그들의 귓가에 울리는 모기소리처럼 무의미하게 앵앵거리는 것으로 여겨질 뿐이다. 그럴 때마다 되뇌는 물음이 있다. '나는 왜 이 길에 서 있나?'

나는 왜 이 길에 서 있나

이게 정말 나의 길인가

이 길의 끝에서 내 꿈은 이뤄질까

무엇이 내게 정말 기쁨을 주는지

돈인지 명예인지 아니면

내가 사랑하는 사람들인지

알고 싶지만 알고 싶지만 알고 싶지만

아직도 답을 내릴 수 없네

아직도 답을 내리지 못해 갈팡질팡하는 청년들에게 답이 되는 교회를 나는 많이 만나고 싶고, 또 소개하고 싶다. 무엇보다, 경제논리보다 신학논리가 적중한 삶을 보여 내는 우리 동네 교회를 청년들은 만나고 싶고, 나도 만나고 싶다. 하나님 나라는 먹는 것과 마시는 것이 아니라 오직 성령 안에서 의와 평화와 기쁨이라고 하지 않았던가롬14:17. 무엇이 정말 자신에게 기쁨을 주는지 깨닫고 누리며 사는 성령의 공동체, 곧 정말 사랑하는 사람들과 어울리는 교회를 모든 청년들이 만나면 좋겠다. 진정 하나님 나라를 사는 길을 걸으며 자신의 꿈을 이루는 삶이길. 혹 에움길로 돌아가더라도 결국 답인 삶이길. 그래서 복음에 흔감欣感하는 청춘을 만끽하는 삶이길. 이게 내가 청년사역자로 사는 이유다.

담대하게 거침없이

사도행전의 마지막 두 구절에서 경제적 사유의 이유만 읽어낸 것은 아니다. 사실 마음을 더 사로잡은 두 단어가 있다. "담대하게 거침없이", 이 말이 밀물처럼 강렬하게 마음속으로 파고들었다. 헬라어 성경을 보면 사도행전의 가장 마지막 단어들이다. 기록자로 알려진 누가는 분명 의도적으로 그렇게 배치했을 것이다.

황제가 베푸는 은혜와 평화가 복음인 로마제국의 중심지에서 하나님 나라와 예수님에 대해 전한다는 것은 분명 담대한 마음과 거침없는 용기 없이는 불가능할 일이다. 티끌 한 점과 같이 고립된 개인으로서 감히 시도할 수 있는 일이 결코 아닐 텐데, 정말 무겁無怯하다. "로마도 보아야 하리라"고 하더니행19:21, "로마에서도 증언하여야 하리라"고까지 말했던 것행23:11이 허언이 아니었던 게다.

로마의 셋집에서 연금 상태로 지내야 했던 사도 바울의 삶의 궤적을 세세하게 알 길이 없다. 다만 사도행전 마지막 장을 통해 아는 것이 대부분이다. 자기를 지키는 한 군인과 따로 개인숙소에서 지냈다. 그냥 티끌 한 점과 같이 철저하게 고립된 존재였다. 그럼에도 불구하고, 그곳에 있는 유대인 지도자들과의 접촉을 통해 아침부터 저녁까지 하루 종일 하나님 나라와 주 예수 그리스도에 관한 모든 것을 강론하는 삶이었다. 하루가 전부인 양 살았던 게다. 하루살이처럼. 적어도 2년을 그렇게 살았다. 그것도 담대하게 거침없이.

　사도 바울은 예감했을까? '론論'에 밝은이들이 재생산되는 시대가 오리라는 것을. 삶의 자리에서보다 이론이 설파되는 자리에서 더 실감 있게 하나님 나라의 열기가 넘치고 향이 퍼지게 되리라는 것을, 그는 결코 상상하지 못했으리라. 그들의 언어는, 실행하지 않음이 숨을 수 있는 깊은 숲과 같다. 그들의 이론은, 아직도 이미 역동하는 하나님 나라 안으로 편입되지 못하고, 또 그 나라를 떠나지도 못한 떠돌이 신세와도 같다.

　그럼에도 불구하고, '론'의 세계에 무리지어 전문가로 한 자리를 떡하니 차지하고 있다. 그들은 거기서 죽음을 각오했던 것일까, 삶을 각오했던 것일까? 예수님께서는 전자의 길을 걸으셨다. 바울 또한 마찬가지였다. 지식이나 이론을 익히면 그에 따른 실천은 자연스레 뒤따른다는 '상상력'이 문제다. 만약 이게 보편적 사실이라면 세상은 이미 완전에 가까운 상태에 이르렀을 테다. '박사=가장 온전한 사람'이라는 등식이 성립되지 않는 게 현실이니. 이론에 어두운 사람의 변명처럼 들릴까? 그럴 수 있고, 그렇기도 하다. 하여, 하고 싶은 말, 이론에 밝은 이들의 삶이 제발 나 같은 평범한 사람과 다르면 좋겠다.

　바리새인을 비롯해 형식화된 신앙인들의 논리와 삶에 대항해 예수님께서 설파하셨던 하나님 나라의 복음은 어떻게 작동했던가? 일상의 자리에서 삶에 도전하거나 삶을 바꾸었다. 사도 바울의 걸음도 마찬가지였다. 하지만 지금은 삶에 부대끼는 감각보다는 '바울신학'이라는 이름이 더 강력하게 느껴질 때가 잦다. 이론은 언제나 필요하다. 하지만 삶을 바꾸지 못하는 이론은 공허하다. 어떤 경우라도, 하나님 나라는 생활 실감이 있는 논리로 말해져야 한다. 많이 느끼되 섣불리 판단하지 않는 감각, 굳이 이름 붙여보자면, 생활신학生活神學이라 해야 할까? 앎의 진정한 기쁨은 삶과 어울릴 때임을 성경의 저자들은 누누이 밝혀 기록하고 있다.

어기찬 바울은 담대하게 거침없이 하나님 나라와 주 예수 그리스도에 관한 모든 것을 강론했다. 그가 쓴 서신서들을 볼 때 탁월한 논리로 설파했을 것이다. 단정히 앉아 옷깃을 여미며 받아들인 이들도 있었지만, 벌레처럼 경멸하며 전혀 믿으려 하지 않는 이들도 있었을 것이다. 믿음과 불신, 수용과 거부 사이의 건널 수 없는 말들이 팽팽하게 오고갔을 테다. 설득은커녕 말 붙이는 것조차 쉽지 않은 시대를 살다보니, 불신의 마음 놓지 않더라도 거처까지 찾아온 이들이 있었다는 것만으로도 그저 부럽다.

이론은 꼭 필요하다. 다만, 다른 삶을 가능하게 할 때 도드라지고 의미가 있을 터. 이론은 문제를 해설하고 해명하는 것보다는 새로운 문제를 던지는 것을 목적으로 한다는 알랭 바디우의 견해를 떠올리게 된다. 사도 바울은 찾아온 유대인 지도자들에게 새로운 문제를 던졌다. 확신컨대, 받아들인 자들은 분명 다른 삶을 살았을 것이다.

'안다'는 것은 실로 중요하다. 그러나 상황을 판단하고 사물을 음미할 때 이미 가진 지식이나 관념이 오히려 방해가 될 때가 있다. 따라서 보고, 맡고, 맛보고, 만지고, 체험하는 것에서부터 얻는 직감을 소중하게 여기는 것도 중요하다. 하나님 나라를 이렇게 체험하며, 다른 삶을 살 수 있음을 배제하는 이론 중심의 사고를 조금은 뒤틀어 보고 싶다. 생사生死와 존망存亡의 흐름이 거꾸로 뒤집히는 하나님 나라의 가치를 문자의 풀이에만 맡기기에는 너무 희미하다. 이론의 필요는 오직 다른 삶의 가능성을 여는 것에 봉사하는 것에 있다. 이런 이유로, 권연경 교수가 『갈라디아서 어떻게 읽을 것인가』성서유니온선교회, 2013에서 쓴 글을 의미 있게 읽을 만하다.

> 복음은 추상적 교리의 차원이 아니라 구체적 삶의 역동 속에서 그 진실성을 드러낸다. 누가복음과 사도행전이 보여주는 것처럼, 복음의 '확실함'이란 그저 '말이 되는 것'을 넘어 구체적인 삶의 문맥에서 그 생명력을 드러내는 것을 의미한다(눅 1:14). 세속적 힘의 과시와는 구별되지만, 복음 속에 담긴 새로운 생명의 능력은 분명 이를 믿는 자들의 삶 속에 그 나름의 족적을 만들어낸다. 이 부분은 오늘 우리 교회가 철저하게 곱씹고 반성해야 할 가장 중요한 주제에 속한다.95쪽

이런 맥락에서, 교리의 소중함을 되살리는 최근의 분위기는 낡은 좋은 것일 수도, 새로운 나쁜 것일 수도 있다. 깊은 성찰이 요청되는 이유다.

먼저 성령의 사람이어야

하나님 나라의 현존은 이론에 앞서 실감하며 사는 것을 이른다. 우리는 죄와 사망의 법에서 우리를 해방시키는 예수 그

리스도의 사역을 실존적으로 맛본 까닭에 하나님 나라의 완성에 대한 기대감을 품고 살 수 있다. 이 기대를 안고 사는 사람이라야 일상에서 정의와 평화가, 사랑과 나눔과 섬김이, 구원과 자유가, 치유와 회복과 기쁨이 실현되는 징후를 만들어낼수 있다. 그러니 지금 이곳에서 하나님 나라는 유토피아utopia, '어느 곳에도 없는 장소'라는 의미의 환상을 자극하는 무엇이기에 앞서 하나의 명징한 현실이다.

하나님 나라의 현존을 느끼지 못하는 이들에 대해 김회권 교수는 『하나님 나라 복음』새물결플러스, 2013에서 이렇게 설명한다.

> 하나님 나라의 현존이 안 느껴지는 것은 성령의 격려를 내적으로 받지 못하기 때문입니다. 성령의 감화감동에 노출되지 못한 사람들에게는 하나님 나라 건설 현실이 눈에 보이지 않습니다. 그러나 성령 안에 사는 사람들, 하나님의 감미로운 통치를 일상적으로 경험하는 사람들의 경우는 다릅니다. 그들의 시야에는 지금 세계의 모든 사태 가운데서, 그리고 그 너머에서 하나님 나라가 조금씩 점진적으로 완성되어가는 모습이 잡히기 마련입니다. 그게 참 중요합니다. 그러한 사람들은 우리 주님이 지금 하나님 우편 보좌에 앉으셔서 세계를 통치하고 계시며 이렇게 너저분한, 도덕적 슬럼 지대로 전락해가는 한국교회도 여전히 통치하고 계심을 믿을 수 있습니다.53쪽

사도행전의 맨 첫 장은 인간의 몸을 입은 예수님의 마지막 모습을 기록하고 있다. 살아 계심을 나타내셨고, 40일 동안 하나님 나라의 일을 말씀하셨다. 이 가르침 이후 제자들은 성령

의 도우심에 힘입어 하나님 나라의 복음을 전파하는 삶에 투신
했다. 사도 바울도 그렇게 산 게다. 성령의 감화감동에 노출될
때 가능할 일이기에 예수님께서는 성령을 보내주셨다. 결국 하
나님 나라를 일상의 감각으로 경험하기 위해서는 성령의 도우
심을 구할 도리밖에 없다. 우리는 이론의 사람이기를 갈구하기
이전에 먼저 '착한 사람', '성령의 사람', '믿음의 사람'이어야
한다행11:24, 바나바를 두고 "착한 사람이요 성령과 믿음이 충만한 사람"이라고 기록하고
있다.

떨림과 울림으로

하나님 나라는 하나님께서 주인이시고 왕이신 곳이다. 그러
니 하나님 나라를 산다는 것은 주인이신 하나님의 집에 세 들
어 사는 것이다. 셋집을 사는 사람이 자기 것이라 마음대로 주
장하는 것은 적절하지 않다. 하나님께서 왕이시라면 더욱 그렇
다. 왕의 마음에 정확하게 삶을 맞춰야 한다. 예수님께서 끝까
지 가르치셨던 하나님 나라를 사도 바울도 흔들림 없이 붙들었
다. 아니, 하나님 나라를 사는 뜨거운 열정으로 인해 주체할 수
없었던 그의 떨림이 찾아오는 이들의 가슴을 울리게 했다. 하
나님 나라는 바울에게 소명 속 소명the call within the call이었던 셈
이다. 우리에게도 그러해야 하지 않을까.

나는 지금 핸드폰으로 〈LG G7〉을 사용하고 있다. '붐박스'
라는 새로운 기능이 장착되어 있는데, 음악을 들을 때 자주 활

용한다. 이것은 박스나 테이블 같은 사물 위에 폰을 올려놓고 음악을 재생하면 자체의 떨림이 다른 사물에 전달되어 더 풍성한 소리를 들려준다. 풍성한 울림이 좋다. 이게 가능하려면 자체의 떨림이 있어야 한다. 떨림과 울림의 자연스런 연계가 일상에서, 공동체 속에서 풍성해야 하지 않을까.

그래서 묻고 답하는 삶을 산다. '과연 나라는 존재 속에 하나님 나라를 살아내는 떨림이 있는가?', 하고 자문自問한다. '떨리고 싶다', 이 자답自答의 진정성은 주변 사람들의 겹겹의 울림을 통해 확인되리라.

비록 셋집살이 같은 삶이지만

지금 20, 30대를 사는 이들의 경우 아버지 세대보다 가난한 삶을 사는 최초의 세대가 될 거란다. 셋집살이를 결코 벗어나지 못할 수 있다. 받는 월급을 아무것도 먹지도 않고 쓰지도 않은 채 5년, 10년, 혹은 20년을 모아야 제 집을 겨우 마련할 수 있단다. 이런 억척스런 현실이기에 오히려 '구원'이라는 말이 더 간절하고도 친밀하게 느껴지고, 또 사유하게 되는지도 모르겠다. 나의 서툰 해석이고, 바람 섞인 감상이다.

영화 「소공녀」의 주인공 미소가 했던 말을 다시 떠올려 본다. "집은 없어도 생각과 취향은 있어!" 집은 있어도 자신의 생각과 취향이 없는 사람들을 본다. 집을 기어코 장만하려다 자신의 생각과 취향을 잊거나 버리는 사람들도 있다. 기독청년들은 그러지 않으면 좋겠다. 거주할 곳이 다소 아슬아슬하더라도 자신의 생각과 취향을, 신념을 지켜가는 길을 선택할 용기를 내기 바란다. 하나님 나라의 가치를 추구하며 사는 까닭에.

"SFC 간사 오래 하면 경제적으로 힘들지 않느냐?" 짙은 걱정 묻어난 이 물음은 나에게, 또 동일 업종에 종사하는 동료들에게 익숙하다. 이 물음이 주어질 때마다 다짐 섞인 감사의 표현으로 친절하게 답한다. "하고 싶은 일을 하는데, 돈도 벌어지네요!" 취향과 사명이 포개진 삶에 일용할 양식까지 제공되는 삶이니 감사할 수밖에. 이런 얘기를 할 때면 백석 시인의 「흰 바람벽이 있어」라는 시를 떠올리곤 한다. 가난하고 때로는 고독하지만, 자부심을 느끼는 뜨거운 삶을 부여잡도록 이끄는 까닭이다. 시의 일부분이다.

나는 이 세상에서 가난하고 외롭고 높고 쓸쓸하니
살어가도록 태어났다
그리고 이 세상을 살어가는데
내 가슴은 너무도 많이 뜨거운 것으로 호젓한 것으로
사랑으로 슬픔으로 가득 찬다

그래서 기도할 수 있다. 셋집살이 같은 삶, 이를 하나님 나라를 배우고 익히는 일용할 양식 삼아 다른 삶을 멋들어지게 살아내는 이 땅의 기독청년들이기를. 로마제국의 통치를 능가하는 21세기형 자본주의 시대를 거스르는 역류의 궤적을 형성하는 기독청년들의 힘찬 걸음도 기대하며 응원한다. 하나님 나라는 세속적 가치가 거꾸로 뒤집히는 권능으로 작동하기 때문이다.

그러니, 담대하게! 거침없이!

7. 하나님 나라의 기도

└ RE: 주기도를 산다

무엇을 어떻게 기도해야 할지 모르겠다고 말하는 청년들이 많습니다. 이렇게 말해주고 싶습니다. "걱정 말아요, 그대!" 그래서 주님께서 직접 기도를 가르쳐 주셨습니다. 주기도로 기도하고 주기도를 따라 살면, 이제부터 핵꿀잼 하나님 나라가 됩니다.

그러므로 너희는 이렇게 기도하라

하늘에 계신 우리 아버지여

이름이 거룩히 여김을 받으시오며

나라가 임하시오며

뜻이 하늘에서 이루어진 것 같이 땅에서도 이루어지이다

오늘 우리에게 일용할 양식을 주시옵고

우리가 우리에게 죄 지은 자를 사하여 준 것 같이

우리 죄를 사하여 주시옵고

우리를 시험에 들게 하지 마시옵고

다만 악에서 구하시옵소서

(나라와 권세와 영광이

아버지께 영원히 있사옵나이다 아멘)

마태복음 6장 9~13절

기도 못하는 목사

말이 될까만, 나는 기도를 참 못한다. 안 하는 것이 아니다. 정확하게 말하면, 대표기도가 그랬다. 어릴 때부터 그랬다. 목사인 지금도 그렇다. 목사이신 아버지, 자연스레 사모님으로 불리셨던 어머니, 장남인 나, 그리고 남동생과 여동생, 이렇게 다섯 식구인 우리는 틈날 때마다 가정예배를 드렸다. 돌아보면, 영성 가득한 가족이었음에 분명하다.

어린 시절 가정예배를 드릴 때마다 힘겨웠던 것 두 가지가 있었다. 하나는, 반주 없이 찬송가를 부르는 것이었다. 가족끼리 둘러앉아 드리는 예배니 무슨 반주가 있으랴. 심각한 음치인 나에게는 고역이었다. 물론 반주가 있다고 해서 제 박자에 맞춰 제 음을 낼 수 있는 것도 아니었겠지만, 큐큐. 40년 이상을 애면글면했지만 음감은 여전히 제자리다. 그래도 어린 시절 가족들과 불렀던 그 찬송들, "주 안에 있는 나에게 딴 근심 있으랴 …… 내 앞길 멀고 험해도 나 주님만 따라가리"나 "내 영혼이 은총 입어 중한 죄 짐 벗고 보니 …… 주 예수와 동행하니 그 어디나 하늘나라"가 내 인생의 찬양이자 영감의 좌표가 되어 있다.

힘겨웠던 다른 하나는, 순서에 따라 대표기도를 하는 것이었다. 하루씩 돌아가며 대표로 기도할 때도 있었지만, 방학 같은 때에는 하루에 몰아서 다섯 모두가 돌아가며 기도하기도 했으니 어린 감각에 긴 예배였다. 그때 동생들보다 유창하게 기도하지 못해 몇 차례 직간접으로 지적받았던 기억이 있다.

"성욱아, 기도 좀 연습하거라." 이런 당부의 말씀이 있으셨을 때는 "네" 하고 넘어가면 될 일이었다. 하지만 동생들을 향해 기도 잘했다고 칭찬하실 때는 나를 꾸짖는 것처럼 들렸다. 비교의식, 패배의식이 작동했던 게다. 목사로 사는 지금도 여전히 남들 앞에서 하는 기도는 어쭙잖다. 노래 못하고 기도 못하니, 교회에서 한없이 움츠린 채 산다. 겸손하지 않고는 어쩔 도리 없다. 은혜로 목사와 SFC 간사로 산다.

하나님의 마음과 정갈하게 엮인 기도

혼자서 조용히 기도하는 것을 두고 잘한다 못한다 평가할 이유 없다. 애초 하나님과의 깊고도 녹진녹진한 대화에 누군가가 왈가불가할 게 아니다. 그럼에도 기도를 잘한다는 게 무엇인지 궁금하긴 하다. 어느 자리에서의 기도든 하나님과의 진솔한 마음 나눔이 있으면 최고이리라. 더해서, 공예배에서의 대표기도나 여러 모임에서 대표로 기도하는 경우엔 함께한 이들의 마음에도 울림이 있으면 금상첨화錦上添花일 테고. 중언부언하거나 외식하는 형태의 기도라면 유려한 수사를 능수능란하게 동원할지라도 당연 기준 미달이다. 우리는 어떤 기도를 두고 '잘한다' 하고 생각하는 것일까? 정말 궁금하다.

기도에 관한 책이 참 많다. 기도에 대한 신학적 내용을 담은 책뿐만 아니라, 공예배 대표기도부터 각종 예식과 모임에서의 기도 모범이 될 내용을 담은 책까지, 그야말로 없는 게 없다. 기도에 대한 정의도 다양하다. 제각각이지만 충분히 공감할 만하다. 구태여 나의 생각을 한 줄 보태자면, 일상에서 건져 올린 희망과 절망의 마음을 씨줄과 날줄 삼아 하나님의 마음과 정갈하게 엮어 아뢰는 것이 기도이리라. 주님께서 가르쳐주신 기도가 그렇다.

종종 예배 중 대표기도에 폭풍 공감하여 눈물을 흘리곤 한다. 그럴 때면 알 수 없는 카타르시스와 함께 나 자신을 톺아보게 된다. 타인의 기도가 나의 기도가 되는 경우다. 하지만, 화려한 종교적 어휘와 수사가 총동원된 근사한 기도들은 외려 현실과의 낙차를 더 크게 만든다. 하나님이 더 멀게만 느껴지게 되고, 예배 내내 나를 쓰라리게 한다. 설교까지 그 낙차를 만들어 내는 경우에는 버티는 예배, 견뎌내야 하는 예배가 되고 만다. 허구의 예배라고 할 수 있다. 내가 대표기도를 하고, 설교를 하는 경우에도 마찬가지일 테다.

하나님의 방식으로의 전향

하나님께서 외면하실 허구의 예배, 이런 예배의 반복에서 벗어나고 싶어 간절했던 때가 있었다. 나의 인생 여정에서 글로 밝히기 어려운 고통스런 때와 겹쳤다. 눈물겨운 심사를 털어놓기는 아직 이르다. 시난고난 앓는 상처가 덜 아문 탓이다. 철저한 고립의 시간이었다. 아내 외에는 그 어느 누구와도 진정한 대화가 불가능한 때였다. 주일에 교회 가는 것 외에 모든 활동을 접고 살아야 했다. 가차없이 실패한 사람이 되고 말았다. 목사가 아니었다면 주일예배도 쉽지 않았으리라.

그 고독한 시절에 김훈의 『칼의 노래』생각의나무, 2001를 읽었다. 그리고 책머리에 쓴 그의 글 앞에서 무너져 내렸다.

2000년 가을에 나는 다시 초야로 돌아왔다. 나는 정의로운 자들의 세상과 작별하였다. 나는 내 당대의 어떠한 가치도 긍정할 수 없었다. 제군들은 희망의 힘으로 살아 있는가. 그대들과 나누어 가질 희망이나 믿음이 나에게는 없다. 그러므로 그대들과 나는 영원한 남으로서 서로 복되다. 나는 나 자신의 절박한 오류들과 더불어 혼자서 살 것이다.

초야의 저녁들은 헐거웠다. 내 적막은 아주 못 견딜 만하지는 않았다. 그해 겨울은 추웠고 눈이 많이 내렸다. 마을의 길들은 끊어졌고 인기척이 없었다. 얼어붙은 세상의 빙판 위로 똥차들이 마구 달렸다. 나는 무서워서 겨우내 대문 밖을 나가지 못했다. 나는 인간에 대한 모든 연민을 버리기로 했다. 연민을 버려야만 세상은 보일 듯싶었다. 연민은 쉽게 버려지지 않았다. 그해 겨울에 나는 자주 아팠다.

그때, 모든 연민을 버리고픈 마음으로 가득하니 무엇을 기도해야 할지 흐리멍덩했다. 나 자신의 절박한 오류들을 헤아리는 것도 버거웠던 게다. 겨우 성경을 읽어가는 것 말고 다른 그무엇도 읽을 수 없었고, 생각할 수도 없었다. 어떤 삶이어야 하느냐에 이르지 못한 고뇌, 그리하여 어떻게 살아내야 하는가 하는 번뇌로 서글픈 저울질만 해야 했다. 몇 년 후 천명관 작가의 『고래』문학동네, 2004라는 소설의 끝자락을 읽다가 이 문장들에 막혀 몇 날을 멈칫했다. 그리고 읽고 또 읽으며 나의 고립무원孤立無援이 가야 할 길을 얼핏이라도 새기는 시간이었다. 더해, 문학을 곁에 두어야 할 이유가 여기에 있구나 하는 깨달음도 얻었다.

혼자 벽돌을 굽는 동안 그녀는 점점 더 고독해졌으며 고독해질수록 벽돌은 더욱 훌륭해졌다. 공장 뒤편의 너른 벌판은 점점 더 많은 벽돌들로 채워져 갔다.407쪽

그맘때 어느 부윰한 새벽에 읽었던 주님께서 가르쳐 주신 기도가 나의 빈약한 현실을 가려주는 듯 적요한 깨달음을 일깨웠다. 의지했고, 읽고 또 읽으며 의지했다. 그 기도를 더 깊이 헤아리기 위해 함께 읽었던 책들이 무력감을 마음 한편으로 걷어내 주었다.

스탠리 하우어워스와 윌리엄 윌리몬이 쓴 『주여, 기도를 가르쳐 주소서』가 그랬다. 책표지에 '주기도와 하나님 나라'라고 적혀 있다.

> 주기도를 드리는 것은 하나님의 방식으로—"주의 뜻이 이루어지고, 주의 나라가 오게 하소서"—우리 삶을 하나님께 전향시키려는 평생에 걸친 행위이다.34쪽

삶을 하나님의 방식으로 전향시키는 것 외에 나의 삶을 구원할 방법이 없음을 실감 있게 깨달았다. 머리로 몰랐던 것 아니었는데, 그때 그런 각오가 섰다. 절박하고 빈곤한 처지에서 얻은 깨달음이라 이해를 넘어 피부에 와닿았던 모양이다. 은혜의 시간이었고, 체험의 시간이었다. 그때부터 기도의 자리에서 주기도로 기도했고, 주기도를 따라 기도했다. 고독을 밥심 삼아 되알지게 만들고 쌓아가는 혼자 벽돌을 굽는 시간이었던 셈이다. 그 시간, 그 기도는 이렇게 "벽돌을 만들고 있으면 언젠가 사람들이 다시 돌아오리라"『고래』, 361쪽는 희망 섞인 주문 같은 것이었다.

이후 주일 오전에 드리는 예배에서 대표기도를 할 때마다

주기도의 흐름에 살을 붙여 기도했다. 하우어워스와 윌리몬의
제안을 받아들인 까닭이다.

> 진실해질 수 있는 한 길은 공중 앞에서 기도하는 것이다. 공중
> 앞에서 소리내어 기도한다는 것은 우리의 기도와 삶을 그리
> 스도 안에서 자매와 형제들 앞에 있는 그대로 드러낸다는 뜻
> 이다. 그럴 때 우리는 교정받게 되고, 또 성도들의 증언에 책
> 임을 지게 된다. 우리가 다른 이들 앞에 우리 믿음을 꺼내 놓
> 고, 다른 이들도 자신의 믿음을 우리 앞에 꺼내 놓을 때, 우리
> 모두는 제자로서 살아갈 힘을 얻게 된다.『주여, 기도를 가르쳐 주소
> 서』 180쪽

많은 성도들이 호응해주었고, 이유도 물어왔다. 인도에서
선교하시는 김유찬 목사님께서 얼마간 우리 교회에 출석하셨
는데, 주기도를 따라 기도하는 게 인상적이었고 너무 좋았다는
칭찬을 설교 중에 하시기도 했다. 얼마나 큰 격려가 되었는지
모른다. 오랜 세월 대중기도를 못해 허덕이다가 고립의 자리에
서 길을 찾았던 셈이다.

주기도를 따라 기도하는 스타일이 약간의 허세로 보였던지,
좀 이상하다며 에둘러 표현하는 이들이 없었던 것은 아니다.
그럼에도 더 좋았던 것은, 개인기도가 우왕좌왕하거나 멀뚱멀
뚱하지 않게 되었다는 것이다. 나에게는 가리산지리산하는 중
언부언이나 욕구성취의 지리멸렬支離滅裂이 훨씬 더 힘들고 괴로
운 일이었던 까닭이다.

영원에 대한 감각을 상실한 현대인

하나의 큰 어려움 앞에서 나는 지극히 왜소해지고 빈곤해지는 경험을 했던 것인데, 다행히 주님께서 가르쳐주신 기도를 따라 기도함으로 회복되었다. 이전보다 훨씬 자유로워졌다. 이런 유의 경험을 가진 이들이 적지 않을 것이다.

그때부터 장난삼아 '무위인無位人'이라는 닉네임을 틈틈이 사용하고 있다. 도교道敎에 심취한 것이냐 핀잔주는 이들이 꽤 있었다. 내가 철학 전공자라는 사실을 알았던 걸까? 그러나 도교에서 말하는 '무위無爲'와는 다소 다르다. '無位'는, 굳이 풀어 보자면, '정해진 자리가 없다'거나 '고정된 것에 매이지 않는다'라는 의미라고 할 수 있다. 하나님 나라를 사유하며 건져 올린 나의 해석이다막10:31, 고전9:19-23, 빌4:11-12, 딤전6:6-8. 일탈도 여기에 기인한다. 그러니 무위인은 일면 '경계인境界人'이라는 말과 비슷하다. '여기에도 저기에도 속하지 못한 채 넘나들며 사는 사람'이라는 뜻인데, 철학에서는 '주체主體'를 가리키기도 한다. 무언가에 고착하거나 매이기보다는 자유로운 삶에 대한 지향을 생각하며 멋대로 가져다 쓰고 있다. 새로운 흐름에 능동적으로 대처하려는 마음의 이유도 크다. 실상 경계에 있는 아슬아슬함과 불안함이 있고, 때로는 크다. 그럼에도 경계에 서있는 두려움을 견뎌내야 하는 어려움을 품더라도 보다 유연하고 자유롭게 살 수 있는 생동감을 선택하려 애쓴다.

그런데 이런 개인적인 차원을 넘어 왜소해진 현대인 전체의 문제를 지적하는 이가 있다. 미국 고든 콘웰 신학교에서 조직신학과 역사신학을 가르쳤던 데이비드 웰스David Wells가 그렇다. 『신학실종』부흥과개혁사, 2006에서 그는 이렇게 말하고 있다.

> 현대인은 왜소해졌다. 그리고 현대인은 자신의 형이상학적인
> 내용물을 상실했다. 좀 더 정확히 말해, 형이상학적인 실질은
> 현대인에게서 빠져 나와 버렸다. 현대인이 경험하는 그 어느
> 것에 대해서도 깊이나 높이나 전망을 줄 수 있는 것이 아무것
> 도 없다. 현대인은 많은 것을 알고 있지만, 그렇다고 해서 반
> 드시 현대인이 더 현명한 것은 아니다. 현대인이 믿는 것은 그
> 리 많지 않다. 그러나 현대인이 더 본질에 근접한 것은 아니
> 다. 현대인은 경험과 현상에 집착한다. 그러나 생각과 성품을
> 향해 있지는 않다.95쪽

'영원에 대한 감각', 웰스는 현대인이 이 감각을 잃어버렸다고 지적한다. 그러면서 "현대성을 어떻게 바라보느냐에 따라 신앙도 현격하게 차이가 난다"라고도 했다36쪽. 신학이 사라져가는 이유를 탐구하는 이 글에서 그 이유의 하나로 복음주의자들이 무의식적으로 수용하는 현대성의 영향을 지적한다. '현대성에 대한 무의식적 수용', 깊은 신학적 논의가 아니더라도 새겨보아야 할 문제임에 분명하다. 나의 왜소해짐의 경험 또한 여기에서 자유롭지 않은 까닭이다. 웰스가 쓴 표현대로, 현대인은, 혹은 새로운 인종은 "진리의 맥락에서가 아니라 이미지의 맥락에서 생각"하는 존재다286쪽.

'어떻게 기도해야 하고, 무엇을 기도해야 할지 모르겠어요.'

청년들이 자주 하는 말이다. 교회에서 성실하게 활동하는 청년들도 매한가지다. 성경을 읽지 않는 것 못지않게 기도도 하지 않고 산단다. 일상에서 꾸준히 성경을 읽고 기도를 하는 청년이 있다면, 그는 분명 외계인에 가깝거나 신학교로 진학할 가능성이 농후하다. 별종이거나 희귀종인 셈이다. 모태신앙이라도 별 수 없다. 성경을 읽거나 기도를 하는 것은 그들에게 예배나 모임 때 시행되는 잠깐의 경건한 의례일 뿐이다. 그때조차 내용은 공허하게만 느껴져 올 뿐이란다.

어거스틴처럼 기도하고 니체처럼 사니

우리는 어거스틴처럼 기도하면서도 종종 무신론 철학자인 프리드리히 니체(Friedrich Nietzsche)처럼 살아간다.

개혁주의 신학자인 마이클 호튼Michael Horton이 『오디너리: 평범함으로의 부르심』지평서원, 2015의 88쪽에서 쓴 내용이다. 어거스틴Aurelius Augustinus, 초기 기독교 교부처럼 기도한다고? 종종 무신론자처럼 산다고? 그럴 리가. 무신론자들처럼 기도하지 않는 일상이고, 주일에만 잠시 어거스틴처럼 기도한다고 해야 하지 않을까? 아니, 잠시 하는 그 기도도 어거스틴처럼 하지 못하는 게 현실이리라. 호튼의 저 문장은 꼬리를 물고 비튼 나의 글과 다소 맥락이 다르다.

호튼은 저 말을 "삶을 사랑하는 마음이나 하나님의 좋은 선물을 갈망하는 마음이나 욕구"가 없는 "요즘 사람들", 특히 그리스도인들을 가리키기 위해 사용했음을 밝혀 두는 게 좋겠다. 호튼은 나로 하여금 현실적인 개혁신앙을 깨닫게 한 마음의 스승이다. 아쉽게도 늘 책으로만 만났으니. 직접 만난다 해도 그가 한국어를 사용하지 않는 한 대화가 성립되지 않을 테니, 책으로 만나는 게 효율적이리라. 큐큐.

진리의 맥락이 형이상학적 사유에만 있는 것은 아니겠지만, 우리는 그것을 상실하면서 기도의 대상을 잃어버린 것이다. 청년세대는 신앙의 많은 것을 이제 이미지로 소비하거나 체득하고 있다. 이모티콘이나 짤방, 아주 간단한 카드뉴스 정도의 차원이라야 그나마 눈길을 준다. 유튜브로 세상을 보고 정보를 얻고 지식을 체득한다고 해도 과언이 아닐 터. 생생하게 현재화해내지 못하는 설교와 예배는 그들에게 무료하고 무의미하다. 그들의 감각에 닿지 못하기 때문이다. 그러니 청년들이 읽어주기를 바라고 쓰는 이 글도 꽝이다. 솔까말, 20대의 마음에 이 글이 가닿을리 만무하다. 내용도 핵노잼이지만, 어휘가 올드하다. 분명 형이상학만큼이나 재미없을 테다.

인격과 삶 전체로 호흡하는 기도

여호와를 가까이 하는 것은 이론이나 관념이 아니라 그리스도 안에 있는 자의 삶이기에 기도는 실질적인 삶과 무관하지 않다. 아랫책 30쪽

한병수 교수의 글이다. 이 글을 읽지 않았다면 길을 잃을 뻔했다. 『기도란 무엇인가』SFC, 2016, 제목은 무지 평범하다. "기도에 대한 통합적인 이해", 부제를 보는 순간 재미와는 거리가 딱 멀겠다 싶었다. 사실 힘겨운 마음으로 책표지를 넘겼다. 그런데 와우, 내용을 읽기 시작했던 것이 얼마나 다행이었는지 모른다. 지금 입에 발린 추천사를 쓰는 게 아니다. 기도 관련 책들 중 내 마음에 울림이 가장 컸다. 스탠리 하우어워스의 책과 함께.

> 기도는 단순히 종교적인 의식이나 행습과는 무관하다. 그것은 삶의 방향 및 내용 전체와 결부되어 있다. 기도는 삶의 방향을 설정하는 일이며, 한 사람의 일대기에 채울 삶의 내용을 선별하는 작업이다. 새벽기도, 수요기도, 금요철야기도를 드린다고 해서 제대로 된 기도의 삶을 산다고 말하는 것은 형식에 근거한 착각이다. 기도는 철저히 삶의 문제이다. 기도는 여호와를 가까이 하는 삶을 도모함을 의미한다.31쪽

기도가 여호와 하나님을 가까이 하는 삶을 도모하는 것이라면, 웰스가 새로운 인종이라고 했던 현대인, 더 나아가 지금의 청년세대라고 한들 기도라는 행위로부터 예외일 수 있을까? 혼자 삶을 영위할 수 있다고 믿거나 영원한 그 무엇은 존재하지 않는다고 확신하는 경우가 아니라면, 삶의 문제를 두고 어떤 식으로든 기도하지 않을까?

사실 새벽기도회, 수요기도회, 금요철야기도회와 같은 전통적인 방식은 20대뿐만 아니라, 40대도 버겁고 50대도 즐겁지

않아 보인다. 새벽에 예배당에 가보라. 수요기도회에 참석해 보라. 금요철야기도회를 하는 교회가 얼마나 남아 있는가? 그렇다고 삶의 문제에 관심 없을 리 만무하고, 나름의 방식으로 기도하리라 본다.

웰스의 진단대로 '영원에 대한 감각'은 희미해졌을지 모르겠지만, '삶의 문제'에 대한 관심까지 잃은 것은 아닐 테다. 그리고 하나님 나라는 미래에 완성될 그 무엇이기도 하지만, 이미 우리 삶의 자리에 도착해 있는 실체이니 접촉점이 상실되었다고 단정할 수는 없지 않겠는가. 나는 영원에 대한 잃어버린 감각을 대체할 희망을 한병수 교수의 글에서 건져 올린 셈이다. 특별히 기도를 산상수훈과 하나님 나라를 연결 지어 푼 부분과 주기도를 기도의 방법과 질서라는 맥락에서 쓴 내용에 많이 공감했다.

> 예수님이 말씀하신 기도의 질서는 인격과 삶의 전적인 거듭남을 요청하며, 발상의 근본적인 전환을 촉구한다. 하나님의 나라와 의를 우리의 모든 생각과 행실의 궁극적인 동기와 기준과 목표로 삼을 것을 가르친다. 기도는 하나님의 나라와 의가 나의 모든 의식을 관통할 때까지 구하고 또 구하는 작업이다. 그러므로 하나님의 나라와 의가 우리 심장에 새겨진 삶의 이정표가 될 때까지 추구하는 것을 중단하지 말아야 한다. 그것에 마음과 목숨, 뜻, 힘을 다 쏟아 부어야 한다. 기도는 인격과 삶 전체로 호흡하는 것이기에 지극히 사소한 일상사 속에도 하나님의 나라와 의의 숨결이 스며들지 않으면 안 된다.141-

142쪽

그렇다. '지극히 사소한 일상사', 이 안에서 하나님 나라를 느끼고 호흡하는 감각을 총동원하는 신앙이야말로 마음과 목숨, 뜻, 힘을 다하는 진짜배기다. 우리 부부와 지극히 사소한 일상사를 나누며 함께 어울리는 30대 초반 부부들이 있다. 그들 모두가 한 교회 안에서 만난 두루딱딱이 CCChurch Couple들이다. 그리고 나의 제자들이다. 그들 부부 모두가 나와 아내의 작업과 어떤 식으로든 연관되어 있다. 그들과의 대화는 언제나 삶에 대한 만족과 불만, 희망과 절망, 기쁨과 불안을 담은 구체적인 형편으로 채워진다.

오가는 대화 속에 종교적 용어는 드문드문하지만, 내밀하게 들여다보면 하나님 나라의 아름다운 가치들이 진하게 배어 있다. 자질구레한 일상과 거룩한 하나님 나라가 친밀하게 포개지고 부대끼고 어울리는 대화를 통해 하나님 나라의 숨결로 호흡하고 있음을 서로 느낀다. 우리의 관계는 그렇게 해서 유지되고, 그 나라의 가치를 소박하게라도 실천하는 것을 통해 확장된다.

다스림을 받아 다스리는 삶의 기도

주님께서 가르쳐 주신 기도로 기도해야 할 이유는 수없이 많다. 한 가지만 소개하자면, 정현구 목사가 쓴 「주기도문에 나타난 하나님 나라 복음」김세윤 · 김회권, 정현구 공저, 『하나님 나라 복음』, 새물결 플러스, 2013에서 발췌한 내용을 알리고 싶다. 주기도를 철저하게 하나님 나라의 관점에서 이해하도록 이끌기 때문이다.

> 그러므로 예수님이 가르치신 기도의 내용은 두 가지입니다.
> 첫째는 위로 하늘의 다스림을 받는 것, 둘째는 아래로 땅을 다
> 스리는 것입니다. '하나님의 다스림을 받아 내 삶의 현실을 다
> 스리며 살게 해주소서.' 이것이 주기도문의 핵심 내용이자, 구
> 약과 신약을 통한 하나님의 말씀 전부에 흐르는 가장 중요한
> 메시지입니다.352-353쪽
> 하나님은 인간이 하나님의 은혜와 지혜와 능력의 다스림을
> 받아 삶의 땅에서 하나님의 형상으로 왕 노릇 하도록 만드신
> 것입니다. 그러니까 하나님의 형상을 회복하는 길은 예수님
> 이 가르쳐주신 주기도문대로 사는 것에 달려 있습니다. 이것
> 을 현실에 적용해야 합니다.354-355쪽

아무리 에덴동산 같은 하나님 나라를 상상하며 살더라도,
현실은 힘들고 고달프다. 몸 하나 기댈 곳 없는 현실의 틈바구
니에서 순간순간 마주하는 많은 상황은 우리를 절망케 하고,
환멸과 거부의 감정에 사로잡히게 만든다. 마음 하나 편히 내
려놓을 구석도 없는 게다. 그때마다 주님께서 다스려 주시기를
기도하고 실제 그 다스림 가운데 거한다면, 그 어떤 상황도 헤
쳐 나갈 힘을 주실 뿐만 아니라, 하나님 나라 백성답게 살아가
게 하실 것이다.

주기도 속의 하나님은 그런 분이시다. 그런 하나님을 의지
하며 기도하도록 예수님께서는 우리를 이끄셨다. 하나님 나라
의 백성으로 살아가는 것, 이것이 애초 우리를 창조하시고 당

신의 형상을 따라 살아가도록 하셨던 하나님의 계획이지 않았던가.

청년들은 이를 알고 주기도로 기도하고 있을까? 그러하기를 진심으로 바란다. 교회와 캠퍼스에서 만났거나 만나고 있는 모든 청년들의 기도가 이러하다면, 나의 사역과 삶은 대단히 성공적이다. 그들의 삶까지 주기도의 의미를 따라 채워져 가고 있다면, 더 이상 바랄 것이 없다. 족하다. 그러나 실상 쉽지 않고, 그렇다 말하기도 쉽지 않으니, 확인하기 어렵고 단정 지을 수도 없을 터. 아무쪼록 주기도를 따라 살아가는 과정이 인생길이라 여기며 마음과 생각을 담아 기도한다면, 분명 의미 있는 생이 되리라.

교리를 공부하는 이유 중 하나가 여기에 있지 않을까. 2018년 여름, '전국SFC 대학생대회'에서 성경강해 강사로 섬기던 남편을 따라왔던 사촌 여동생으로부터 책 한 권을 선물받았다. 스타 미드Starr Meade가 지은 『365일 웨스트민스터 소교리문답』부흥과개혁사, 2018이었다. 부제가 "매일 가정에서 부모와 함께 공부하는 소교리문답"이다. 이런 유의 책들이 최근 몇 년 쏟아져 나오는 것은 분명 좋은 일일 터. 바라는 바는, 부모가 자녀들을 영어나 수학 공부를 위해 학원 보내는 것보다 그들과 함께 이런 책으로 공부하는 것이 우선되는 것이다. 가능할까? 쉽지 않은 현실이라 안타깝다. 그래도 이런 종류의 책들이 잘 나간다고 하니, 영 절망스러운 상황은 아닌 모양이다.

사글사글한 사촌 동생이 이 책을 목사인 나에게 선물한 것은, 자신의 공을 들여 번역했기 때문이었다. 가까운 이가 귀한 일을 감당하고 있어 기쁘고 감사하다. 소교리문답의 순서를 따라 끝부분을 찾았더니 주기도문과 관련한 내용이 잘 정리되어 있다. 정말 초등학생이나 중학생 정도의 자녀와 함께 매일 시간을 정해서 읽고 나누면 좋겠다 싶게 적혀 있다. 교리가 잘 정리된 청년이라면 뻔해서 시시할 수 있겠으나, 그렇지 않을 경우 깐깐한 묵상 속에서 찬찬히 읽으면 유익할 것이다. 일부분을 그대로 옮긴다.

> 우리가 주기도문을 사용하는 두 가지 방법이 있는데, 그 자체를 기도로 사용하는 것과, 기도의 본으로 삼는 것입니다. 우리는 주기도문을 그대로 말함으로써 기도할 수 있습니다. 종종 예배 가운데 성도들이 주기도문을 함께 말합니다. 회중과 함께 주기도문으로 기도할 때, 외우고 있기 때문에 자신이 하는 말에 대해 생각하지 않고 말하기가 쉽습니다. 생각하지 않고 기도하는 것은 항상 잘못된 일입니다. 주기도문으로 기도할 때, 각 단어와 의미를 생각하며 말해야 합니다. 우리가 하는 말에 대해 생각하지 않은 채 하나님께 기도할 때마다, 하나님의 이름을 망령되게 부릅니다. 기도를 시작하며 하나님의 이름을 불러 놓고, 정신을 집중하지 않고 기도합니다. 마음에 의미 없이 기도하며 말하는 것은 하나님을 경외하지 않고 모욕하는 행위입니다. 성경은 우리의 마음과 생각이 담기지 않은 무의미한 말을 내뱉는 것에 대해 경고합니다.471쪽

"우리에게 기도를 가르쳐 주고자 하나님이 주신 지침은 무엇입니까?"「웨스트민스터 소교리문답」의 제99문이다. 그에 대

한 답은 이렇다. "하나님의 모든 말씀이 유용하지만, 그리스도가 제자들에게 가르쳐 주신 기도가 특별한 지침이 되며, 보통 '주기도'라 합니다." 이미 주기도를 따라 기도하며 살고 있지만, 특별한 지침으로 받아 기도의 풍경을 조금 더 바꾸어야겠다. 각 단어와 구절과 행간의 의미를 생각하고 삶에 새기면서.

주기도를 따라 사는 삶이기를

이 글을 쓰면서 많은 이들의 글을 함께 소개했다. 그래서 갈지자z로 흘러가는 글이기는 하지만, 그래도 하나님 나라 백성으로서 우리의 신앙 정체성을 잘 지켜가는 기도를 드리는 삶이기를 바라는 마음을 눅이며 썼다. 주기도를 따라 기도하며 앞서 사는 이들의 글이니 도움이 클 테다.

부디 우리의 자녀들도 주님께서 가르쳐 주신 기도를 따라 사는 삶이기를, 그래서 생각이 딴 곳으로 향하지 않고, 오직 바른 교리 안에서 하나님 나라를 사는 삶이기를. 하늘에서 그 뜻을 이루신 것처럼 우리의 삶에서도 이루어 가시는 분의 은혜를 구한다. 진심으로.

성령이여 도우소서!

8. 하나님 나라의 소통

↳ RE: 90년생이 온다고? 70년생은 간다!

90년대생이 옵니다. 80년대생들을 제치려 합니다. 70년대생은 물러가야겠지요. 세상은 이렇게 돌아갑니다. 현실보다 앞선 담론은 관계를 나누고 구분합니다. 하나님 나라도 그러할까요? 이사야 선지자는 너나 구분 없이 함께 어울리는 세상을 선포하고 있네요.

그 때에 이리가 어린 양과 함께 살며
표범이 어린 염소와 함께 누우며
송아지와 어린 사자와 살진 짐승이 함께 있어
어린 아이에게 끌리며
암소와 곰이 함께 먹으며 그것들의 새끼가 함께 엎드리며
사자가 소처럼 풀을 먹을 것이며
젖 먹는 아이가 독사의 구멍에서 장난하며
젖 뗀 어린 아이가 독사의 굴에 손을 넣을 것이라

이사야 11장 6~8절

그리움을 안고 사는 인생

일탈은 어쩌면 동화 속 청개구리처럼 사는 것 아닐까, 하는 순진무구한 생각을 해 본다. 누구나 하지 말라고 말리면 더 해 보고 싶은 마음 조금씩은 품고 살아가지 않는가. 살아오면서 가끔은 몰래 실행해 보기도 했을 테다.

지금 SFC 간사로 살고, 청년사역자로 불리는 삶을 사는 것도 부모님의 만류를 뿌리쳤기에 가능했다. 가볍게 져주셨지만, 지금 생각해도 반대의 이유들은 타당했다. 나의 자질이나 성품은 사역자로서 아직도 턱없다. 다만, 나는 나름 생각과 취향이 있었고, 고집도 있었던 게다.

가지 말라는데 가고 싶은 길이 있다
만나지 말자면서 만나고 싶은 사람이 있다

하지 말라면 더욱 해 보고 싶은 일이 있다

그 길은 어디일까? 그 사람은 누구이며, 그 일은 무엇일까? 나태주 시인은, 「그리움」이라는 제목의 시에서 이렇게 말한다.

그것이 인생이고 그리움
바로 너다.

정해진 길로만 가는 인생이라면 참 무미건조하겠다. 만나고 싶은 사람과 어울릴 수 없다면 참 외롭겠다. 해보고 싶은 일을 포기하고 산다면 참 심심하겠다. 그런데 70년대에 태어난 우리는 '인내'와 '절제'라는 아름다우면서도 아픈 이 말을 철석같이 지키려 애쓰며 살아왔다. 부모님을 위해, 대학진학을 위해, 성공을 위해 얄팍한 시간을 보냈다. 그래서 그리움을 많이 안고 사는 인생들인지도 모르겠다.

아들이 초등학교를 다닐 때 가장 자주 했던 말이 있다. "아빠, 심심해." 시도 때도 없이 쏟아내는 그 말에 대한 나의 반응, "인생은 원래 심심하고 지루한 거야." 수백 번도 더 주고받은 선문답이다. 그러면 아들은 울상이 되고 만다. 아빠의 무미건조한 반응에 거의 반죽음에 이르곤 한다. 물론 아들의 그 얼굴을 활짝 펴게 만들 비장의 무기가 무엇인지 안다. 나의 스마트폰을 쥐어 주어 게임을 하게 하면 만사오케이다. 인생 다 산 듯 지루해하던 얼굴이 이내 활짝 핀 해바라기처럼 바뀐다.

요즘 청년들이나 어린 아이들은 경박단소輕薄短小, 가볍고 얇고 짧고 작다는 뜻가 편하고 즐겁다고 한다. 그래서 잘 팔리는 상품도 이런 경향으로 생산된다고 한다. 이런 트렌드에 적응하지 못한 채 중후장대重厚長大, 무겁고 두껍고 길고 크다는 뜻를 덕으로 삼는 기성세대에게는 가볍고 얇고 짧고 작은 것을 추구하는 세대나 세상이 못마땅하고 곤혹스러울 수밖에 없다. 아니, 이런 아빠가 아들에게는 무미건조할 수밖에 없겠다.

언젠가 여느 때처럼 구파발역에서 3호선 지하철을 타고 앉아서 고속터미널역으로 가는 중이었다. 경복궁역에서 노부부가 올라타고서는 내 주변으로 와서 멈춰 서셨다. 아직 많은 거리가 남았다는 생각에 잠시 주춤하다 자리를 양보하려 일어나자 남편으로 보이는 어르신께서 다시 앉으라며 호통치듯 말씀하시는 게 아닌가. "머리 허연 아저씨는 앉아 있어요. 옆에 새파랗게 젊은 것들이 꼼짝 않고 앉아 있는데, 왜 당신이 일어나는 거요." 순간, 다행이라는 안도감보다는 서글프다는 비애감이 내 마음을 덮쳐 왔다. '아, 난 이제 지하철에서 자리도 양보할 수 없는 나이가 되어버렸구나.' 젊다 생각하며 사는 게 착각이었던 게다. 웃픈 감정 추스르느라 주변 '젊은 것들'의 표정을 미처 살피지 못했다. 큐큐. 나이가 들어가며 살다 보면 무미건조하기만 한 게 아니라 다이나믹한 일도 종종 생긴다고 아들에게 말해줘야겠다.

놀자에 심취했더니

대학 다닐 때 철학을 전공했다. 성적이야 어떠하든, 소크라테스나 플라톤, 아리스토텔레스의 글을 읽었고, 데카르트나 칸트, 니체의 논리를 익히는 시간을 가졌다. 서양철학만 공부했던게 아니다. 중국철학, 불교철학, 인도철학 등 동양철학을 공부하면서 공자, 맹자, 노자, 장자의 문장 몇 개 겨우 외우며 마냥아는 척도 꽤 했다. 물론 너나없이 가장 심취했던 건 역시 '먹자'와 함께 '놀자'였지만.

그때 철학과 친구들은 철학이 밥 먹여주기 어렵다는 현실앞에서 가장 깊은 철학적 사색에 빠져들곤 했던 것을 기억한다. 어떻게들 살고 있는지 궁금하다. 어떤 삶이든 철학적 인간으로 살고 있으리라.

'놀자'에 심취해 지냈던 그 시절이 10여 년 흐른 후 '더 자두'라는 듀엣팀이 「놀자」라는 노래를 내놓았었다. 고려대학교SFC에서 사역할 때인데, 어느 날 학생회관 앞에서 학생 몇이어울려 왁자그르르하게 이 노래를 부르며 춤까지 추는 것을 한참 구경했었다. 가사가 재미있어 기억에 남아 있다. 몇 부분 그대로 옮긴다.

우우우 놀자 우우우 놀자
내친김에 계속 놀아버리자 웃어버리자
우우우 놀자 우우우 놀자
노는 것도 보통일이 아니다 힘든 일이다

우우우 놀자 우우우 놀자
지겨워도 놀 수밖에 없잖아 일이 없잖아
우우우 놀자 우우우 놀자
이러다가 늙어서도 놀까봐 걱정되잖아

이 노래의 가사를 쓴 작사가와 의도는 다를지 모르겠지만, 늙어서도 놀지 못하면 어떻게 하나 싶어 걱정이 더 크다. 내 생각엔 이 노래의 하이라이트는 마지막 부분이다.

청년실업 50만 남의 얘기 아니다
청년실업 50만 남의 얘기 아니다

이 노래가 나왔던 그맘때쯤이었으리라. 드라마 「논스톱4」에서 고시를 준비하는 법대생으로 등장하는 앤디6인조 남성그룹 '신화'의 멤버가 무뚝뚝한 표정으로 툭하면 내던졌던 대사가 유행이었다. "아시다시피 장기화된 경기 침체로 인해 청년실업이 40만 명에 육박한 이때, 미래에 대한 철저한 준비를 하지 않고 어떻게 살아남을 수 있단 말입니까?" 참 재수 없게 찰진 멘트였다. IMF 이후 경제문제가 삶의 모든 가치를 흡수하는 블랙홀처럼 작동했던 게다. 먹고 사는 문제, 밥벌이를 마련하는 문제가 알파이자 오메가였다. 아, 청년실업자가 얼마나 되는지 이제 더 이상 알고 싶지 않다. 그냥 아프다.
대학에 다니던 당시, 나는 과 친구들과 어울려 놀면서도 진로와 관련하여 일찍이 마음을 정했었다. '청년'이었다. 젊어서는 청년답게 살고, 나이 들어가면서는 청년과 맵자하게 어울리며 살자는 거였다. 그래서 SFC 간사가 되었고, 교회에서도 지금껏 청년부를 섬기고 있다. 철학이 밥 먹여주는 것 아니라는 현실만큼이나 청년 또한 그러할 것을 그때는 미처 짐작하지 못했다. 그래도 돌아보면, 밥만이라도 먹여주는 삶이었으니, 감사하다. 일용할 양식을 구하는 나의 간절한 기도가 유효했던 게다.

근래 들어 가장 많이 듣는 말들이 있다. 하롱하롱하여 일 없이 지내지 말고, 이제 그만 교회에 담임목사로 가는 게 어떠냐는 말. 청년사역이, SFC가 노후를 보장해주지도 못할 테니 그만 접는 게 어떠냐는 말 운운. 나를 걱정해주는 말들이니 감사하다. 저런 말을 들을 때마다 나 스스로에게 묻는다. 왜 여태껏 청년과 어울리며 살고 있느냐고. 그때마다 나는 스스로에게 주저 없이 답했다. 잘 살기 위해서라고. 청년만큼 나를 설레게 하고, 나를 살려주는 게 아직 없다고.

정말 그렇다. 청년은 시인 박희진의 「디오게네스의 노래」에 나오는 햇빛과 푸른 그늘과 나무통처럼 나를 행복하게 해준다.

오늘은 왜 이리 기분이 좋은가
이 햇빛과
바람에 설레이는 푸른 그늘과
나무통만 있으면
나는 행복한 디오게네스

여전히 디오게네스에 이르지 못한 삶이다. 그래서 작은 염려 안고 사는 부족한 인생인지라 삼시 세끼 먹을 일용할 양식을 구하는 기도를 멈추지 못하고 있다. 청년, 나의 목적이자 사명이며 삶이다. 친구이자 반려자이며 밥벌이다. ㅎㅎ.

마음 짠한 어른이 되어 간다

90년대생이 온단다. 평생 청년으로, 청년과 더불어 살기로 작정한 삶이니 무슨 문제일까 싶었다. 새로운 세대가 나의 밥벌이 영역 안으로 들어온다니, 실상 개이득을 넘어 핵이득이 아닌가. 얼핏 이런 생각에 젖기도 했다. 그러나 그게 그렇지 않았다. 이내 안일했던 생각을 접었다. 이 글을 쓰며 솔직하고도 냉철하게 돌아보니, 80년대에 태어난 이들과 어울리기도 버거워하며 아등바등했던 하루하루였다. 그런데 이제 90년대생이 몰려온다고? 캠퍼스에는 벌써 2000년대생이 발을 들여놓기 시작했다. 캠퍼스는 사회보다 5년에서 10년 빠르다.

이제 어떻게 하나? 어쩌다 어른이 되어 자꾸 사회부적응자마냥 취급받는 것 같아 불편하고 불안하다. '꼰대'라는 말이 나와는 거리가 멀다 여기며 청년들과 어울리려 애썼는데, 그냥 용쓴 것일 뿐이라니, 허탈하다. 시쳇말로, '존재 자체가 꼰대'라는 이 걸쭉한 느낌을 지울 수 없다. 무의식 중 '라떼는 말이야 Latte is horse'를 연발하는 나 자신을 보며 섬뜩함마저 느낀다. 이렇게 검기울어 가는 초저녁 어스름달이 되어간다. 정녕 세월을 이길 방도가 없는 것일까!

'꼰대'라는 말이 갖는 함의를 생각해 본다. 특히 청년사역자로 사는 내가 꼰대라는 말을 듣게 될 가능성 앞에서 생각은 더 깊을 수밖에 없다. 주변 어른들은 청년들과 어울리며 사는 나를 향해 '언제 철들 거냐?'며 나무란다. 오랜 시간 함께했던 청년들은 '변하신 것 같아요'라며 보챈다. 어른들의 꾸지람이야 어제 오늘 일이 아니니 그런대로 버틸 만하다. 하지만, 청년으로 살기를 강요받는 말들 앞에서 그들처럼 생생하게 몸부림치며 마음 짠한 어른이 되어 간다. 더펄이로 살고픈 청년사역자의 비애라고 해야 할까? 꼰대는 나이의 많고 적음보다 타자에 공감하는 능력의 문제라고 하지 않는가.

이런 게 있는지 없는지 모르겠으나, 타자(他者)는 타인의 자유를 인정하는 지칭이라는 거다. 타인의 자유에 대한 의식이나 공감이 없는 말은 공허하거나 무례하기 마련이다. 기성세대나 청년세대나 모두 서로의 자유에 대한 공감까지는 아니더라도 의식은 해야 하지 않을까, 하고 생각해 본다.

90년생이 온단다

『90년생이 온다』웨일북, 2018, 저자가 임홍택이다. 사실 누군지 전혀 모른다. 소개하는 글을 보니 82년생이다. 그럴 줄 알았다. 70년대생과 90년대생 사이를 갈라놓으려는 80년대생의 불온한 음모이리라 예상했는데, 역시 그랬다. 게다가 문화코드로 마케팅 잘하는 CJ그룹 출신이다. 그래서 의심도 했다. 목차를 대충 훑어보니 상업성 짙은 말들이 난무했다. 역시 세대론으로 책 팔아먹고자 하는 것임을 확신했다. 이런 종류의 책들이 얼마나 쏟아져 나왔던가. 더 이상 속지 않으리라. 그래서 베스트셀러 목록에서 이 책을 확인했지만, 주문만은 단호하게 사절했다.

아, 지금 뭐하고 있는 건가. 난 왜 이러고 있지? 몇 년생 운운하며 뜬금없는 한탄을 늘어놓고 있으니. 곰곰이 생각해보니 이유가 있었던 게다. 여하간 사정은 이렇다.

어느 날 누군가가 SFC 간사공동체의 '밴드'에 저 책 이미지를 올렸다. 함께 사역하며 돈가이 지내는 김경수 간사였다. 나보다 한 살 위 선배간사이자 형님이다. 함께 어울리다보면 부러울 정도로 자유로운 정신의 소유자임을 매번 느끼게 되는데, 그 이유를 타고난 소루한 기질에서 찾을 수도 있겠지만, 나는 그의 다독에 있다고 생각한다. 그는 엄청난 다독가多讀家다. 장르를 불문하고 마구 읽어낸다. 그야말로 삽상한 잡식성이다. 그럼에도 읽은 책의 내용을 설명할 때는 거침없다. 약간의 과장과 허세가 개입되는 경우가 종종 있기는 하지만, 그래서 그의 이야기는 더 맛깔나다. 함께 있으면 찰지게 조근조근 풀어내는 썰說에 시간 가는 줄 모르고 어울리게 되는 인물이다. 쏟아내는 그 말들을 책으로 내자는 제안에 반응하는 말도 가관이다. 글쓰기에 거리 두고 살아 책 한 권 직접 내신 적 없으신 예수님을 닮은 삶이어야 한다는 거다. 나와 같은 물에서 노는 이가 예수님과 동급의식을 갖고 있다니, 역시 가관이다.

그런 그는 평소 후배간사들이나 대학생들을 가장 잘 이해한다는 듯 SNS에서 관련 자료를 퍼붓는 습성을 가지고 있다.

어쩌다 그와 내가 함께 엮여있는 단톡방에서도, '이 책은 90년대생들보다 청년사역자인 우리가 꼭 읽어야 한다'며 윽박질렀다. 정신갈이가 필요하다는 게다. 분명 그는 저 책의 저자와 모종의 관계로 엮인 협잡꾼이리라. 근거 없는 의심을 하면서도 결국 샀다. 그리고 아슬아슬한 마음으로 읽기 시작했다. 기분 나쁘게, 잘 읽어버렸다.

간단함, 병맛, 솔직함으로 무장한 세대

'간단함, 병맛, 솔직함으로 기업의 흥망성쇠를 좌우하는 90년생이 온다', 표지에 있는 카피와 제목이다. 90년대생의 세 가지 특징을 간단함, 병맛, 솔직함으로 담아낸 것이다. 목차를 보니, '간단하거나', '재미있거나', '정직하거나'로 고쳐 표현했다.

읽어가는 중 지금 나의 감각에 물음표를 던지게 하는 표현들과 설명들이 넘쳤다. 나를 무기력하게 만든 표현들도 있었다. 여전히 이해되지 않고, 수용되지 않기 때문이리라. 몇 가지 표현을 그대로 옮기면 이렇다.

스압으로 다 읽지 못하겠음. 세 줄 요약 바람.
더 이상 책 읽기를 할 수 없게 된 뇌
어디서 진지국 끓이는 소리가 들리는데?
기본적인 자아실현의 충족을 위해 힘쓰는 '유희 정신'
완전히 무결한 정직

신뢰의 시스템화

진실의 순간을 잡아라

화이트 불편러와 프로 불편러

이 책의 저자가 제시한 수많은 개념과 예들을 꼼꼼히 읽어
가다 이 문장에 걸려 넘어졌다. "이 세대를 이해하고 싶다고 그
들이 쓰는 말들을 알아두는 것은 큰 의미가 없다"75쪽. 어쩌란
말인가? 나는 이 대목에서 몹시 속이 쓰리고 뼈가 저리게 아팠
다. 이해의 불가능성 앞에서 이러지도 저러지도 못하게 만든
저 말 앞에서 한참을 꼼짝할 수 없었다. 착잡한 감흥에 휩싸였
다. 되레 마음이 삐딱해진 것일까? 그렇지는 않다.

수긍이다. 그래, 이해하는 것은 불가능에 가깝다. 이해했다
고 생각하거나 말하는 순간 꼰대가 되고 만다. 그러니 그냥 느
끼며 범박하게 읽자는 마음을 갖게 됐다. 90년대생들을 이해하
려 하기 보다는, 그냥 부대끼는 대로 느낌을 갖는 게 훨씬 효율
적이고 정확하겠다는 마음이다. 사실 이 마음도 지켜갈 수 있
을지 자신은 없지만. 이런 나의 마음과 태도를 멀찍이 떨어져
보노라니, '성찰적 겸연쩍음'이라는 말이 떠올랐다. 이 말은 최
종렬 교수가 쓴 『복학왕의 사회학』오월의봄, 2018에서 사용된 개념
어다.

'복학왕'으로 대표되는 지방대생의 최고의 가치는 '가족의 행
복'이다. ······(중략)······ 지방대생은 스스로 공부를 안 한 사
람으로 정의하고 그 때문에 자신의 삶을 영원히 경쟁 밖에 놓

는다. 경쟁해도 안 될 게 분명한데 뛰어드는 것은 뻔뻔한 일임을 알기에, 오히려 겸연쩍다. 이러한 '성찰적 겸연쩍음'이라는 에토스가 지방대생을 붙잡아 맨다. 변화, 혁신, 자유, 책임과 같은 자유주의적 이상을 통해 자기 통치하는 길로 나아갈 이유가 없다. 대신 행복할 수 있는 길을 찾는다.80쪽

이 대목에서 경쟁을 대하는 지방대생이 갖는 '성찰적 겸연쩍음'이라는 에토스ethos를 언급하는 것은 청년세대를 대하는 기성세대의 그것과 닮았다는 생각이 든 까닭이다. 청년세대와 직접 대면하고 부대끼기보다 슬며시 외면하고 회피하려는 경향이 더 강한 까닭이다. 여차하면 '꼰대'라 취급하는 시대상에 대한 불만을 표출하는 하나의 방식으로서 성찰적 겸연쩍음이라는 태도를 취하는 게다. 청년들과 아근바근 부대끼려다 괜히 속 시끄럽기보다 오히려 그냥 나만 편하면 되는 길을 찾는 것이다. 그러나 청년사역자인 나는 그럴 수 없다.

애매하니 한마디 덧붙이자면, 청년들과 부대낄 수 있는 힘이 있는 한 그렇게 살려 한다. 청년은 흐르는 물과 같기 때문이다. 흐르는 물은 썩지 않는다. 거꾸로, 고인 물은 썩는다. 꽉 막힌 까닭이다. 청년의 비길 데 없는 천진난만 속에 담긴 역동성과 생명력은 무릇 발랄하게 노는 데서 툭 튀어나온다. 잘 노는 게 청년의 본연本然이다. 잘 놀아야 청년이다. 이런 청년들과 어울리기를 포기할 때 나의 정신과 몸은 급격히 퇴보하고 썩기 시작하리라는 것을 안다. 그래서 어울려 주는 청년들이 늘 고맙다.

펭수의 인기가 하늘을 찌른다. 특히 2030세대가 열광하고 있다. 이른바 '펭수현상'이다.『90년생이 온다』가 담고 있는 내용을 잘 반영해주는 캐릭터로 보인다. 펭수의 말과 행동은 재미있고 솔직하며 재기발랄하다. 합리적이면서도 탈권위적이다. 무엇보다, 그의 자유주의적 개인주의에 바탕을 둔 수평적 사고방식이 2030세대의 마음을 사로잡는다. 기독청년들도 교회에서 이런 분위기를 느끼고 싶어 펭수에게 마음을 주고 있는 것은 아닐까 싶다. 위아래 구분 없이 할 말은 하는 '사이다 화법'을 거침없이 구사하는 펭수가 마냥 부럽기도 하고. 그들의 이런 얼비친 마음을 기성세대는 여전히 헤아리기 어렵다.

사탄의 전략, 세대 간의 틈 벌리기

90년대생을 분석한 글을 대략이라도 이해할 수 없고 짐짓 깨닫지 못했으니, 일단 여기에서 멈춘다. 세대차를 극복하지 못한 것이리라. 대신 마이클 호튼의『오디너리: 평범함으로의 부르심』에서 몇 문장을 빌려와 얘기해 보고 싶은 게 있다. 심리적 수세를 면하기 위해 잠시 우회하고자 함이다. 그대로 옮긴다.

젊은이들이 교회가 자신들의 비위를 맞춰 주기를 바라는 것은 새로운 현상이 아니다. 오히려 새로운 현상은 교회가 그런 요구를 적극적으로 수용한다는 것이다.74쪽

이 악한 시대의 정사와 권세는 세대를 특정한 시장으로 분리

해, 언약이라는 실로 짜인 하나님의 새로운 연합체를 좀먹는다. 사탄은 교회 안에서 세대 간의 틈을 벌려 놓으려고 애쓴다. 서로의 간격을 넓혀 부모가 자녀에게 바통을 넘겨주지 못하도록 하는 것이 사탄의 전략이다.84-85쪽

세대 간의 틈 벌리기, 사탄이 교회 안에서 사용하는 전략이란다. 그렇다면 충분히 성공하고 있는 양상이다. 세대 사이의 부정적 감정이 확산되는 방식이니, 장대익 교수가 말한 이모데믹emotion+epidemic, 부정적 감정의 집단감염이라 할 만하다. 그는 이를 한 개인의 혐오가 아니라 혐오의 집단적 동조라고 했다.

『90년생이 온다』의 후반부는 경영적 관점에서 정리되어 있다. 90년대생들이 직원이 되었을 때와 소비자가 되었을 때의 특징들을 콕 집어서 제시하고 있다. 이 책이 분석하고 있는 내용을 따라 교회와 청년 사이의 관계가 움직일 가능성은 지극히 농후하다. 지금껏 그렇게 흘러왔으니.

게다가 호튼의 글을 곁들여 살펴볼 때도 그렇다. 교회가 청년들의 취향에 따른 요구를 맞춰감으로써 세대 간 간격이 더 벌어질 가능성 말이다. 현재 다수 교회는 기성세대가 청년세대에 비해 수적으로 압도하기 때문이다. 실상 청년들의 취향에 맞추다가 발생할 기성세대의 토라짐은 어찌 감당할 것인가, 하는 고민도 크다. 세대 간 간격이 더 벌어질 가능성이 높아질수록 언약의 맥락이 아니라 종교시장의 흐름에 따라 경영이 이루어지는 교회로의 변신은 더욱 가속될 거다. 청년들의 잘못일까, 아니면 기성세대의 잘못일까? 아니면 목회자들의 잘못일까?

수치화할 수 없겠지만, 나는 기성세대나 목회자의 몫이 더 크다고 말하고 싶다. 그러나 경험상, 이것은 해결책이 될 수 없다는 것을 안다. 그런 까닭에 우리 모두의 몫이라고 두루뭉술하게 말하며 산다. 하지만, 호튼은 훨씬 더 분명한 입장을 피력하고 있다.

> 젊은 세대는 공동체를 갈망한다고 말하지만, 그들의 인격 안에서 깊이 뿌리내려 형성된 성향 때문에 특정한 집단에 지속적으로 진지하게 헌신하기 어렵다.102쪽
> 젊은 세대는 즉각적인 만족을 원하는 경향이 부모나 조부모 세대보다 훨씬 더 강하다. 그들이 의식적으로 그렇게 하는 것이 아니라, 사회적 관습이 그들을 지금의 상태로 이끌어 그런 태도를 형성한 것이다. 이런 사회적 관습은 우리의 삶의 양식을 크게 바꾸어 놓았다.103쪽

젊은 세대의 특징들을 지적하면서 호튼이 강조하는 것은 '사회적 관습'이다. 이것은 당대에서보다는 앞선 세대에서부터 형성된 것이다. 그러니 젊은 세대의 특징들에 의해 교회가 지켜가야 할 보화들을 잃어버리는 현상을 두고서 그들 탓으로 돌릴 일이 아닌 게다. 교회공동체에 의해 형성되고 질펀해진 나쁜 습관을 먼저 고치는 게 바람직하지 않을까. 시장논리에 맡긴 것들을 추출抽出해내고, 공동체로부터 축출逐出하면 될 일이다. 기성세대가 이해할 수 없는 그들이지만, 하나님 앞에서는 더 빠른 속도로 정직하게 서려고 애쓸 세대임을 믿는다.

같음과 다름의 콜라보

이런 맥락에서 호튼의 글을 더 보태고 싶다.

새롭고 혁신적인 것을 추구하는 젊음의 열정이 우리의 가정과 교회를 지배하게 하지 말고, 성숙한 성인으로서 우리가 감당해야 할 역할을 회복해야 한다. 우리는 평범한 데서 벗어나려고 하다가 지나쳐 버린 숨겨진 보화들을 찾아내 후손들에게 전달해야 한다.106쪽

이 글을 읽으면서 질 들뢰즈Gilles Deleuze의 '차이와 반복'을 떠올렸지만, 그의 사상을 거의 이해하지 못한다. 학부에서 공부할 때 그의 이름을 처음 들었고, 대학원에서 부분 살폈지만, 이해불가라고 하는 게 솔직하리라. 그의 이론보다 말을 빌려 이야기를 이어가려 한다.

차이는 서로 같지 아니하고 다름을, 반복은 같은 것을 되풀이하는 것을 뜻한다. 시간과 공간이라는 일상의 좌표 위에서 완전히 똑같은 것이 엄밀하게 반복되는 것은 근원적으로 불가능하다. 예를 들면, 어제 어느 카페에서 먹었던 커피를 오늘 또 같은 장소에서 마시는 나는 어제의 나와 이미 다른 나이기 때문이다. 그러니 모든 반복은 차이의 반복이라고 할 수 있다. 사실 똑같은 것의 반복은 어느 시대나 젊은 세대에게 관심과 흥미를 주지 못한다. 어떤 것이 똑같이 반복되고 있다고 느끼는 순간, 본능적으로 이전의 것과 어떻게 같고 다른지를 묻거나

사고한다. 차이 때문에 동일함이 흥미로워진다.

제대로 쓰고 있는 걸까? 말을 조금 바꾸어 써야 할 것 같다. 같음과 다름의 콜라보를 말해보고 싶은 게다. 그것은 같음의 공유와 전수를 원하는 기성세대와 다름에 대한 욕구의 실현을 원하는 젊은 세대 사이에 발생하는 차이를 잘 녹이는 작업이다. 그런 의미에서, "젊음의 열정"과 "성숙한 성인"을 비교하며 쓴 마이클 호튼의 앞의 글은 다소 무색해진다. 요즘 같은 사회 분위기에서 잘못 읽으면 꼰대질처럼 이해될 수 있기 때문이다. 차이가 의미를 발생시킨다고 하지 않는가. 다름 때문에 같음이 흥미로워질 수 있는 방식의 교회를 디자인하는 게 필요하지 않을까.

평범한 데서 발견할 수 있는 보화를 공유하기 위해 성립 불가능한 동일함의 반복을 주장하는 것의 어려움이 느껴진다. 일면, 청년들의 거부감이 크다고 보기 때문이다. '꼰대'나 '아재개그', '라떼', '노털'과 같은 말들의 급속한 확산이 세대 간의 차이를 더 공고하게 벌려놓는 양상이다.

이런 맥락에서 볼 때, 독특하게 여길 수 있는 현상이 교회에서 일어나고 있다. 교리에 대한 강조와 전통적인 개혁교회의 예배 등을 살리고자 하는 목소리와 움직임이 활발하다는 거다. 그리고 확산되는 양상인 듯해서 놀랍다. 정확한 실상은 모른다. 내가 이해하고 있는 통계의 흐름과 어긋나는 현상이라 다소 옹송망송하다. 전통적인 교리에 대한 신뢰보다는 다원주의적 인식이 교회 안에서도 더 강력하게 확산되고 있는 것으로 알고 있기 때문이다. 양극화 현상이 일어나고 있는 것일까?

다만 더 궁금한 것은, 교리와 교회의 전통에 대해 90년대생들이 어떻게 느끼고 받아들이고 있는가 하는 것이다. 교리나 전통을 강조하는 기성세대와 현대의 감각에 빠르게 적응하는 청년세대 사이에 의미가 발생하는 일이 많이 일어나기를 바라면서 예레미야 선지자의 외침을 떠올린다. 결국 주께로 돌아감으로써 우리의 날들이 다시 새롭게 되는 일이 발생하게 될 것을 믿으면서.

여호와여 우리를 주께로 돌이키소서 그리하시면 우리가 주께로 돌아가겠사오니 우리의 날들을 다시 새롭게 하사 옛적 같게 하옵소서 애5:21

감수성 있는 자발성

나는 1971년 5월에 태어났다. 이제 50대에 들어섰다. 2020년 지금 한국 나이로 딱 50세, 굳이 만으로 몇 살이라 우기고 싶지는 않다. 큐큐. 살아온 세월로 치자면 기성세대라 불러도 결코 모자람이 없으리라. 우리 세대는 흔히 '386세대'라 불렸던 60년대생들과 '밀레니얼 세대'Millennial Generation라 불리는 80년대생 사이에 '낀 세대'처럼 불리기도 한다. 그래서 'X세대'라는 정체성이 익숙하다. 뭔가를 정확하게 설명하기 어려운 모호한 세대라는 의미를 반영하며 곱다시 살아왔다. 지금 나의 감각이 딱 그렇다. 기성旣成이란 '이미 이루었다'는 뜻이니, 인생에서 나름 뭔가를 성취했거나 정립했다는 것인데. 나에게 그런 뭔가가 없다. 후회하는 거냐고? 그렇지는 않다.

사회적으로는 70년대생들이 중추적인 역할을 맡기 시작했다는 기사를 보곤 한다. 그러나 나의 감각으로는 여전히 60년대생들이 압도하고 있다. 그런데 80년대생들 뿐만 아니라 90년대생들까지 몰려온다고 하니, 솔직히 기겁할 수밖에 없다. 지금 상황은 분명 긴 세대가 맞다. 그래서 세대교체라는 말이 나올 때마다 필요에 공감하면서도, 아니 공감하는 척하면서 속으로는 걱정과 섭섭함으로 가슴이 먹먹해진다. 세대교체의 대상이라는 불안한 감각이 본능적으로 작동한다. 혼란스러운 게다. 아직 이룬 게 없는데, 벌써?

내가 몸담고 있는 SFC에도 이런 흐름이 엄연히 존재한다. 밥벌이가 달린 문제이니 관심이 클 수밖에 없다. 조금 다른 차원에서 '학생자발성'이라는 개념이 이 흐름의 중심에 있다. 학생과 간사 사이의 리더십과 관련된다. 캠퍼스선교단체들이나 교회 청년대학부마다 제각각 방식으로 고민과 해결이 있을 것이다. SFC는 이 문제에 가장 민감한 기독학생운동 그룹들 중 하나다. 최근에는 중요한 하나의 화두로 자주 등장한다.

'학생자발성'을 두고 '학생들이 자신들의 일을 최종적으로 결정하는 것'이라고, 나는 가르친다. 그런데 최근 아쉬운 부딪침을 겪곤 한다. 가르치는 것과 다른 의견을 내가 내고 있다는 거다. 한마디로 사람이 변했다는 것인데, 최근 이런 적나라한 평가가 담긴 뒷담화를 둘러 들었다. 권위의 토대는 신뢰라는데, 학생자발에 대한 태도에 의심을 받고 있으니 신뢰를 잃은 셈이리라. 할 말 많지만 추하지 않을 만큼이라도 해 보려 한다. 레알 꼰대가 되어가는 과정이 될 수도 있겠지만.

자발성自發性이란, 『표준국어대사전』에 따르면, "남의 교시나 영향에 의하지 아니하고, 자기 내부의 원인과 힘에 의하여 사고나 행위가 이루어지는 특성"이다. 이런 의미에서 '학생자발성'을 생각해 보자면, 어느 조직이 학생으로만 구성되어 독립적으로 활동하는 경우라면 사전적 의미를 따르면 되리라. 하지만, 여러 세대의 구성원으로 공동체나 조직을 이루고 있는 경우라면 어쩌나? 이야기가 조금 달라져야 하지 않을까, 하는 것이 나의 생각이다.

여러 세대와 주체가 어울려 함께 구성된 곳이라면, '어울림 있는 자발성'이 발휘되어야 한다고 본다. 자발성의 반대편에 수용성受容性과 함께 감수성感受性이라는 개념이 있다. 사전을 보니, '외부 세계의 자극을 받아들이고 느끼는 성질이나 성향'이라고 되어 있다. 상대에 대한 공감 능력이겠다. 감수성 없는 자발성, 여차하면 독선과 아집이 되고 말리라. 온전한 지도력으로 성립될 수 없을 테다. 이것을 꼰대라고 하지 않는가. '젊은 꼰대'라는 말도 출현한 것을 보면, '자발성'이라는 말에 대한 의미 있는 재정립이 필요하겠다. 아, 내가 변한 것일까?

기왕 여기까지 온 걸음이니 덧붙이자면, 전통은 끈질기게 살아남은 것이다. 전통을 고리타분하다거나 올드하다며 섣불리 비판하거나 무시해서는 안 될 일이다. 그 살기등등한 비판과 무시를 뒤로하고 수십 수백 년을 앙버티며 지금까지 살아남은 까닭이다. 대신 수십 수백 년이 흐르는 동안 헤아릴 수 없이 많이 등장했던 그 비판과 무시가 시나브로 사그라졌을 테니. 새로운 것이 좋은 것은 진부하거나 낡은 것이 아니기 때문이다. 오래되었거나 전통적인 것이 최근 것보다 더 좋은 경우는 얼마든지 많다. 청년세대의 자발성과 창의성이 빛을 발하려면 앞선 세대의 전통에서 유익한 것을 건져올 줄 아는 감각도 있어야 할 테다.

오래된 이들의 남루함도 마찬가지가 아닐까, 싶다. 그들의 결핍이 초라하거나 비루하기보다 떳떳한 경우를 더 많이 본다. 세월을 살아낸 흔적이 인내하는 정신이나 겸손한 자존自尊과 썩 잘 어울릴 때 더욱 그렇다. 그들의 희로애락喜怒哀樂을 듣노라면 답습하는 것만으로는 결코 이를 수 없는 삶의 경지를 느끼곤 한다. 이런 느낌을 잘 전달할 수 있는 기성의 언어를 갖추면 얼마나 좋을까, 하고 내 삶을 돌아보는 시간이 점점 많아져 간다.

개독교? 개목사!

앞서 내가 몸담고 있는 조직의 내부 이야기를 얼핏 꺼냈다. 내부고발자로 취급받을까? 그보다는 꼰대 대변인으로 취급받을 수 있다는 염려가 훨씬 부담스럽다. 『90년생이 온다』의 저자도 일반 직장에서 겪게 될 세대차에 의한 문제와 그 대안을 말하고 있으니, 나의 말이 불필요한 것은 아니리라.

사실 세대차에 의한 나뉨이 더 심각한 곳은 교회라고 할 수 있다. 어릴 때부터 세대별로 예배를 드리니, 청년이 되어 기성세대와 함께 어울리는 것이 여간 힘든 게 아니다. 최근, 대학에 진학해서 주일에 어른들과 함께 예배를 드리는 친구들을 보노라면, 애처롭다. 외국인 앞에서 꿀 먹은 벙어리가 되어버리는 나처럼, 그들은 거의 외계어를 수신하는 것처럼 설교를 듣는다. 단, 눈 뜨고 있는 경우에 그렇다. 눈을 감고 있는 경우가 훨씬 비일비재하다는 게 리얼리티에 가까울 테다. 예배당 한구석에서 한뎃잠이라도 자듯 한다. 알아듣는 것 자체를 포기한 것이다. 그렇다고 해서 신앙 없다 말하고 싶지는 않다. 예배드리려 간절한 마음으로 예배당까지 왔으나, 해독불가한 언어에 마음을 내려놓고 만 것일 뿐이니.

　프랑스의 정신분석학자인 라깡Jacques Lacan은 세계를 상상계想像界, imaginary, 상징계象徵界, symbolic, 실재계實在界, real로 구분했다. 그리고 언어가 중요하게 작동하여 구조화된 세계를 상징계로 설명하는데, 지금 우리의 일상 활동이 이루어지는 소통의 영역으로 대충 이해할 수 있다. 언어가 그만큼 중요하고, 이를 통해 소통이 이루어지고 관계가 형성된다. 말이 통하지 않는다는 것은 관계의 단절을 의미하는 것이니, 지금 예배의 풍경은 교회가 공동체라는 관점에서 볼 때, 절망에 더 가깝다. '단절의 공동체'인 셈이다. 세대담론을 둘러싼 상징계의 균열내지 붕괴가 교회의 실재성에 대한 청년세대의 심각한 회의로 이어지는 것으로 보인다. 교회 안 언어가 허구로 느껴지는 것이다. 이렇듯 관계의 끊어짐을 뜻하는 '단절'과 생활이나 목적 따위를 같이 하는 집단을 이르는 '공동체'라는 이질적인 말이 한데 얽혀 이상야릇한 조합을 이루고 있으니, 한편으로는 '기적의 공동체'임에 틀림없다.

세대차를 표현할 때 너나없이 '말이 안 통한다'며 소통疏通 단절로 그 답답함을 드러낸다. 일방향이라기보다는 쌍방향인 경우가 허다하다. 불통不通이니 서로를 향해 분통憤痛이 터질 수밖에. 서로의 말이 결국 분통糞桶, 곧 이름하여 똥통에 빠지고 만다. 세대 간의 긴장, 갈등, 분노, 무시는 이렇게 말이 통하지 않음에서 비롯되고 있다. 어느 때보다 소통 방식이 활발하게 제공되고 있는 시대 흐름에 역행하고 있으니, 참 아이러니하다.

"개목사다!" 10여 년 전, 교회의 청년들에게서 이런 소리를 들었다. 그맘때쯤 '개독교'라는 말이 한창 유행이었다. 그러니 저 말에 얼마나 놀랐겠는가. 나더러 개목사라니? 사연은 이랬다. 그 어간 두 차례에 걸쳐 25명 정도의 교회 청년들과 함께 안동으로 농촌봉사활동을 갔었다. 안동 서후면에 있는 가야교회에 머물며 그 동네에서 여러 활동을 했었다. 그 교회로 들어가는 길목 어느 지점에서 한 청년이 '개목사다'라고 외쳐서 모두 놀랐던 것인데, 그곳에 있는 한 작은 표지판에 '개목사開目寺'라고 적혀 있었던 게다. 그 지역에 있는 역사 깊은 사찰의 이름이 그랬다. '開目'은 '눈이 열린다', '눈을 뜬다'는 뜻이겠으니, 그 의미는 참 좋다. 그런데 목사가 듣기에는 영 불편했던 것인데, 봉사활동 기간 내내 '개목사' 소리를 들을 수밖에 없었다.

오랜 시간이 지난 지금도 나는 개목사이고 싶다. 청년들의 눈을 뜨게 하는 일을 꼭 해내고 싶은 게다. 하나님 나라에 그들의 눈이 열리고 홀려서 정말 복된 삶을 살아가게 하고프다. 그러려면 일단 서로 말이 통해야 할 테다. 그렇지 않으면 정말 개목사가 되든지 똥통에 빠질 말들만 쏟아내게 되지 않을까.

상순과 효리, 말이 통하는 즐거움

tvN의 「어쩌다 어른」에서 인기 강사인 김창옥 교수의 강연을 재미있게 본 기억이 있다. 그때 그는 이런 에피소드를 들려줬다. JTBC의 「효리네 민박」정효민, 마건영 등 연출, 2017년 방영에서 이효리가 남편 이상순에게 "오빠는 나랑 왜 결혼했어?"라고 묻자, 이상순은 "너랑 결혼한 건 비행기 마일리지 한 번 써보려고"라는 농담으로 답했고, 이에 이효리는 "나는 오빠랑 말하는 게 제일 재미있어"라고 말했다는 얘기였다. 말이 통하는 게 얼마나 즐거운 일이기에 결혼까지 할까 싶을 수도 있겠지만, 이거 진짜다. 우리 부부가 그렇다. 아내가 외모, 경제력, 성격 등 모든 것 턱없이 떨어지는 나와 결혼해 준 이유도 '말이 통하는 것'에 있기 때문이다. 쓰고 보니 웃프다. 그래서 큐큐.

방송촬영 관련 일을 하는 제자가 「효리네 민박」 촬영에 참여했을 때의 여러 에피소드를 들려주어 흥미진진하게 들은 적이 있다. 그때 가장 인상적이었던 것 역시 출연하는 다른 연예인들에 비해 이상순과 이효리 부부의 행동은 꾸밈이 별로 없었다는 거였다. 우리가 영상으로 본 장면들이 거의 자연스러운 것이었던 셈이다. 말이 통하는 커플, 그래서 대화하는 게 제일 재미있는 사이라니, 그들이 더 좋아 보였다. 언뜻 브리스길라와 아굴라 부부도 그러하지 않았을까 하는 생각이 스쳐갔다. 이효리와 이상순 부부가 찾아온 손님들을 대접하고 힐링을 제공했듯, 브리스길라와 아굴라 부부도 요한의 세례만 알던 아볼로를 데려다가 하나님의 도를 더 정확하게 풀어주며 돕는 역할을 했던 까닭이다행18:24-26.

그래도 혹시나 싶어 제자에게 얄궂은 질문을 던졌었다. 그들 부부가 말이 통하지 않아 싸울 때도 있었지 않았냐고. 웬걸, 촬영하는 동안은 거의 볼 수 없었다고 한다. 우리는 이 프로그램을 예능으로 보았지만, 어쩌면 다큐documentary에 더 가까웠던 것 아닐까 하는 생각을 해보았다.

그러면 통하지 않는 말은 어떻게 해야 할까? 하지 않는 게 상책이다. 그런데 살다 보면 그게 그리 쉽지 않다. 그러니 아예 무덤에 묻어버리는 것도 좋을 듯하다. 지난 몇 년 베스트셀러의 자리를 차지했던 이기주 작가의 『언어의 온도』말글터, 2016에 좋은 제안이 담겨있다. 언총言塚, 곧 '말 무덤'에 쓸데없는 그 말들을 파묻어버리는 거다. 실제로 경북 예천군에 가면 말 무덤이라는 게 있단다. 통하지 않을 말들, 마음에 가닿지 않을 말들, 그리고 상처를 주는 말들까지 모두 말 무덤에 묻어버림으로써 소중한 사람의 가슴에 따뜻한 말들을 남길 수만 있다면 얼마나 좋을까…….

사실 말이 통한다는 것은 세대 구분의 절대적 기준이 될 수 없다. 나이에 따른 구분은 장유유서長幼有序를 강조하는 유교적 사고에서나 통할 법한 것이다. 장유유서라는 말도 어른과 아이 사이에 질서가 있어야 한다는 뜻이지 어른이 언제나, 혹은 무조건 옳다는 말은 아닐 테다. 평균 수명이 길어지고 삶의 다양성이 확산되는 오늘날에는 나이보다 오히려 비슷한 가치나 취향, 생활방식을 가진 사람들 사이의 경험 공유가 더 중요해지고 있다. BTS의 팬덤 아미ARMY에는 주로 20대 전후가 많겠지만, 내가 아는 60대이신 분도 정말 열정적으로 활동하신다. 최근 불고 있는 트로트 열풍에 밀레니얼 세대가 흠뻑 빠져있는 현상도 그렇다.

'펭년배'도 마찬가지다. 이것은 어린이부터 중장년층까지 펭수를 좋아한다면 펭수와 동년배라는 뜻을 가진 신조어다. 경험을 공유함으로써 관계를 맺어가는 방식이 우리 시대의 큰 흐름 중 하나인 셈이다. 아무래도 수직적으로 서열화된 집단주의적 사고방식보다는 수평적 관계 중심의 정서가 지금 우리에게는 더 친숙하다. 공동체성을 강조하는 교회가 이런 흐름에 더 빠르게 반응하고 있는 청년세대를 붙들고자 한다면 꼭 연구하고 새겨야 할 트렌드임에 분명하다. 펭수가 어느 언론사와의 인터뷰에서 했던 말이다.

나이가 중요한 게 아니고, 어른이고 어린이고가 중요한 게 아닙니다. 이해하고 배려하고 존중하면 되는 거예요.

하나님을 아는 지식으로 통하는 세상

말이 통하지 않는 사회는 결국 정글과 다를 바 없는 세계인데, 어찌해야 할까? 그래서 함께 읽고 싶은 것이 이사야 11장 6

절에서 9절까지의 말씀이다.

> 이리와 어린양이 함께 뛰놀며,
> 표범과 새끼 염소가 같이 잘 것이다.
> 송아지와 사자가 같은 여물통에서 먹고,
> 어린아이가 그들을 기를 것이다.
> 암소와 곰이 목초지에서 함께 풀을 뜯고
> 새끼들도 서로 어울려 지내며,
> 사자가 소처럼 짚을 먹을 것이다.
> 젖 먹는 아이가 방울뱀 소굴 위를 기어 다니고,
> 걸음마하는 아이가 독사 굴에 손을 넣으며 놀리라.
> 나의 거룩한 산에서는 어떤 짐승이나 사람도
> 남을 해치거나 죽이는 일이 없을 것이다.
> 온 땅에 하나님을 아는 지식,
> 대양처럼 깊고, 대양처럼 넓은
> 산 지식으로 차고 넘치리라.

이사야 11장 6-9절, 『메시지(구약): 예언서』, 유진 피터슨, 복있는사람, 2014, 94쪽

하나님의 다스림이 임하는 그날이 올 때 일어날 일이다. 정글 같은 짐승의 세계도 하나님의 다스림이 이루어지면 더불어 어울려 노는 놀이터로 변한다. 이미 임한 하나님 나라를 살아가는 교회가, 완성되었을 때의 하나님 나라를 앞서 보여내야 할 교회가 이런 세계를 만들어내지 못하니 안타깝고 부끄럽다. 예수님께서 선포하신 하나님 나라의 복음을 가르칠 때마다, 'ㅇㄱㄹㅇ?'이거 진짜? 하고 묻는 청년들의 의구심 가득한 표정을

읽는다. 그럴 때마다 '교회를 보라'고 말하고 싶은데, '이 땅의 교회는 연약하고 불완전해'라는 온갖 레토릭이 동원된 신학적 변명만 늘어놓게 된다.

혹 이사야 11장의 세계가 70대생과 80년대생, 그리고 90년대생을 각각 분류해서 또래집단끼리 어울리도록 구성된 세계인 것은 아닐까? 이런 어이없는 물음마저 던져 본다. 분명 얼토당토않은 물음일 터. 종種과 세대와 상관없이 어울릴 수 있는 곳이 하나님 나라임을 꼭 붙들고 살고 싶다. 공의와 평화의 가치가 실현되는 세계를 하나님 나라로 보여주고 싶었던 이사야 선지자의 그 마음을 품고 살고 싶은 게다.

어른인 척하며 어른이 되기

그동안 청년세대에 대한 이야기를 주로 하며 살았다. 그래서인지 나 자신이 이렇게 나이 든 줄도 모르고 살아왔다. 생물학적 나이는 삶의 의지와 방식으로 극복 가능하다며 애써 젊음을 자부해 왔다. 그러나 놓친 게 있었다. 사회적 존재임을 간과한 것이다. 내가 생각하는 나만 존재하는 게 아니라, 다른 사람이 보는 나도 있다는 것을 더 깊이 헤아려야 했다. 이제, 어른살이에 대해 진지하게 고민할 필요를 느낀다. 이미 너무 늦은 감이 있지만, 언젠가는 해야 할 일이다.

그런 의미에서 베스트셀러의 자리에 계속 머물고 있는 김수현 작가의 『나는 나로 살기로 했다』를 다시 읽었다. '냉담한

8. 하나님 나라에서 통용

현실에서 어른살이를 위한 to do list', 이 글의 부제처럼 보인다. 책표지 제목 위에 작은 글씨로 적혀 있으니.

에필로그에서 이렇게 말하고 있다.

어른이 되어보니 세상은 냉담한 곳이었다.
부조리가 넘쳐났고, 사람들은 불필요할 정도로 서로에게 선을 긋고,
평범한 이들조차 기회가 있으면 차별과 멸시를 즐겼다.
돈을 벌기 위해 감정을 모른척해야 했고,
사회의 헐거운 안전망에 늘 불안감을 느껴야 했다.282쪽

현실을 더 깊이 알고 체험하게 된 어른으로 살기가 만만치 않음을 고백하는 그의 마음이 애잔하다. 애처롭고 애틋한 어른 살이지만, 어른으로 살아야 한다. 그런 까닭에 김수현은 이렇게 말 건넨다.

그러니 먹고 살기 위해선 하기 싫은 일도 해야 하고,
지겨움이든 불안함이든 견뎌야 한다.
아직 어른이고 싶지 않다 해도
우리의 부모님이 그랬듯 그렇게 어른인 척하며
어른이 된다.281쪽

청년사역자라는 이유로 철들고 싶지 않아 다소 거친 몸부림으로 살아왔다. 그러나 이제는 어른으로, 기성세대로, 필요하면 꼰대로라도 살고자 마음먹고 있는 중이다. 이렇게 살고자

작심하고 나니 '90년생이 온다'는 말이 더 이상 불편하지 않다.

2018년을 휩쓴 조남주 작가의 『82년생 김지영』민음사, 2016이 100만 부를 돌파하며 다시 화제가 되었다. 정유미와 공유가 주인공인 영화 「82년생 김지영」이 상영되었고, 관객은 300만 명을 훌쩍 넘어섰다. 『90년생이 온다』의 저자가 82년생이더니, 작품 안에서도 82년생이 대세다. 82년생의 연대가 끈끈하다 싶어 저자 소개를 보니, 조남주 작가는 78년생이다. 아내보다 한 살 어리다. 나와 같은 70년대생이라 뭔가 마음이 놓였다. 70년대생도 사회 흐름 속에서 뭔가 할 수 있다는 위안도 얻는다. 어른살이도 눈치껏 하면 시대의 흐름에 뒤처지지 않을 수 있을 뿐만 아니라, 주도할 수도 있겠다는 용기도 내어본다.

이 글쓰기가 그렇다. 뒤처지는 글쓰기가 아니기를 바라는 마음으로 이리저리 살피며 생각을 길어 올리고, 노트북 자판을 두드린다. 『90년생이 온다』나 『82년생 김지영』과 같은 작품이 나 같은 기성세대 남성에게 다소 불편한 그 무엇으로 다가온다는 식의 평론이나 기사를 여럿 보았다. 불편하다는 것은 반대급부反對給付로 누리는 게 있다는 것일 터. 깨어져야 할 부분을 찾아내기 위해서라도 마음 담아 읽어야 할 테다. 이 글쓰기가 그 과정일 수도 있겠다. 나의 글이라는 게 내 안에 어떤 식으로든 침투한 남들의 말에 나의 고민을 섞어 상황에 맞춰 표현한 것에 불과할 테다. 불과하다는 것은 부족한 것이 있다는 의미를 내포한다. 저 책들을 힘껏 읽었으니 무언가 새로운 생각들로 소복하게 채워지고 묻어나리라.

2019년 6월, 친한 동료이자 형님인 세 명의 SFC 간사들과 함께 예술의전당 한가람미술관에서 '베르나르 뷔페 展'을 관람하며 눈이 호강했다. 20세기 프랑스를 대표하는 화가인 베르나르 뷔페Besnard Buffet의 작품 전시회였다. 비록 그림에는 까막눈이었지만 딱 내 수준에서 작품들 하나하나에 눈길을 주며 나름 감상했다. 전시관 곳곳에 작가와 관련된 글들도 열심히 읽으며 이해하려 애썼다.

나는 영감을 믿지 않는다. 나는 단지 그릴 뿐이다.

뷔페가 한 말이다. 공감했다. 지금 나의 글쓰기가 딱 그렇다. 그래서 살짝 고쳐 쓰자면, "나는 영감을 믿지 않는다. 나는 단지 쓸 뿐이다." 다만, 나는 공감을 어렴풋이라도 믿는다. 이 글쓰기의 이유들 중 하나다. 관람은 대만족이었다. 함께한 사람들이 좋아서이기도 했지만, 뭔가 말로 표현하기 어려운 묘한 느낌에 사로잡혔던 까닭이다. 해석되지 않고, 굳이 그렇게 할 이유도 없다. 이해할 이유 없었고, 그냥 느꼈던 게다. 호탕한 웃음을 갖지 못한 내가 입이 귀에 걸린 듯 웃으며 전시관 출구를 나왔으니, 영감은 몰라도 공감은 했던 게 아닐까 싶다. 세대공감이 이러하지 않을까.

오래된 미래

이 글을 쓰기 전, 『90년생이 온다』를 무거운 마음으로 읽기 시작했었다. 그리고 열심히 읽었다. 이해하려는 노력이 별무소용別無所用이라니, 그냥 느끼려 했다. 그리고 용기를 끄집어내려 한다. 몰려오는 90년대생들을 향해 간 큰 소리 한번 내질러보려 한다. 객기라 해도 어쩔 수 없다. 할 말은 해야 하지 않겠는가. 소심한 꼰대질이라 해도 괜찮다. "신에게는 아직 12척의 배가 있사옵니다." 절박한 상황을 관통하는 이순신 장군의 비장한 목소리를 상상하며 외치듯 쓴다. 나일리지'나이+마일리지'의 합성어로 나이만 앞세워서 우대받길 바란다는 의미의 신조어를 쌓는 꼰대로 취급받을지라도 꼭 쓰고 싶다.

지금 나는 너희들이 앞으로 두려워할 2007년생과 더 난감하게 맞아야 할 2014년생을 공들여 키우고 있다. 이 애들이 몰려올 때 니네들 어찌하나 두고 보자! ㅋㅋ

아들 하나 딸 하나 키우고 있는 평범한 아빠다. 대代를 잇는 복수를 위한 칼을 소심하게 갈고 있다. 아니, 펜을 휘두르고 있다. 아니, 자판을 두드리고 있다. 결국 소통을 위한 몸부림이리라. 일면, '나 아직 살아 있어', 하고 존재감을 드러내고 싶은 게다. 공연한 소리를 너무 길게 늘어놓았다. 이게 나이가 들어가면 자연스레 배어나오는 증세라고 하는데, 정말 그런가 보다. 왜 이럴까? 돌아보건대, 중학교 1학년인 큰아들 시우는 아기 때부터 얼마 전까지 우리 교회 청년들 손에서 자라지 않았던가. 청년들을 마치 기성세대의 적대敵對라도 되는 양 취급하는 이 고약한 심사를 언제쯤이면 버릴 수 있을까?

사실, 기성세대라는 존재 자체가 꼰대로 취급되는 사회적 풍토 속에서 나와 같은 70년대에 태어난 이들에게 가장 고통스러운 것은 조직으로부터의 퇴진이 아니다. 정서적 고립이다. 그러니 '세대교체'나 '꼰대'와 같은 말들이 야박하게 느껴진다. 헉헉거리며 죽을힘 다해 후반전을 달려가는 지친 인생에게 따뜻한 위로가 아닌 가혹한 채찍처럼 여겨질 수밖에. '달리는 말에 채찍질해서 힘껏 더 하게 하라'는 뜻의 주마가편走馬加鞭이라는 사자성어가 마치 사자의 성난 소리처럼 들려 무섭다. 여태껏 곁눈 한번 주지 않고서 앞만 보며 달려온 인생인데, 이제 와서 뒤에 오는 이들의 눈치까지 보며 살라고? 이런 뒤틀린 심사와 함께 불안한 마음이 공존한다. 그런 까닭에, 함께 어울리며 사는 세상, 이사야 11장이 그려준 하나님 나라를 사는 리얼리티가 더 간절하다.

'무엇이 하나님 나라인가?', 앞선 글에서 이 물음을 던졌다. 답한다. '밀레니얼 세대'나 'Z세대'어릴 때부터 디지털 환경에서 자란 '디지털 네이티브' 세대로 불리는 90년대생과 'X세대'로 불린 70년대생이 함께 어울리며 평화를 일구어가는 것이 하나님 나라라고. 90년대생이 온다고? 좋다. 그러면 70년대생은 간다. 다만, 오고가는 그곳이 하나님 나라이기만을 빈다.

그런 의미에서, 나는 최근 유행하는 '다음세대를 위한 교회'라는 말을 그리 좋아하지 않는다. 청년들이나 젊은 부부들 중심으로 모이는 교회가 유행이라는 말도 귓결로 듣는데, 비정상적이라는 생각을 해 본다. 교회는 모든 세대가 그리스도 안에서 한 몸을 이루며 서로 지체가 되어야 마땅한 까닭이다롬12:5.

교회의 미래가 암울하다는 전망으로 인해 '다음세대'를 강조하는 것을 이해하지 못할 바 아니지만, 복음은 특정 세대에게만 특혜처럼 주어질 수 있는 게 아니니, 모든 세대가 다붓다붓 한데 어울리는 교회를 다시 꿈꿀 수 있으면 좋겠다.

우리의 예배에서도 마찬가지다. 최근 세대별로 분절된 예배가 주는 비정상성에 대해 반성하는 논의가 활발해지고 있는 것으로 안다. 예배의 의미를 다시 돌아보게 하는 제임스 스미스 James K. A. Smith의 글이 주는 함의가 크다. 최근 나온 『왕을 기다리며』IVP, 2019에서 그대로 옮겨 쓴다.

예배는 그리스도 안에서 세상을 자신과 화해시키시는 하나님의 이야기 안으로 우리를 이끄는 공교회적 신앙의 살아 있는 수행이다. 따라서 예배는 시간을 가로질러 세계 전역의 그리스도의 몸과의 연대를 재연하는 방식이며, 동시대적인 것의 부침 외부에 우리 믿음의 닻을 내리는 수행적 방법이다. 예배는 궁극적·근본적으로 왕께서 명령하고 초대하시는 하나님 중심적 행동이다.346쪽

시간을 가로지르는 연대를 재연하는 예배, 동시대적인 것의 성쇠 그 바깥을 지향하는 예배, 그래서 세대차를 뛰어넘는 하나님 중심적 행동을 수행하는 교회를 꿈꾼다. 가능할까? 가능해야 하리라.

정재영 교수는 『한국교회의 미래 10년』SFC, 2019에서 한국 교계에 출현하는 새로운 유형의 교회들을 소개한다. '문화사역에

초점을 맞추는 교회', '사이버 교회', '평신도 교회', '다문화 교회', '가나안 교회', 이렇게 다섯 유형의 교회가 우리 시대에 출현하고 있다는 것이다. 새로운 유형의 교회가 출현할 때마다 시기상조를 운운하는 것을 본다. 그때마다 떠오르는 사자성어가 만시지탄晩時之歎이다. 청년세대를 대하는 기성교회의 여전한 모습을 보노라면, 사후약방문이라는 말이 떠오를 수밖에 없다.

코로나19 이후 세계는 원격시스템을 활용한 비대면 접촉과 소통이 급격히 활성화될 예정이다. 코로나19는 세대 구분 없이 사이버강의, 온라인예배, 온라인회의와 같은 문화에 적응하도록 사이버세계를 확 앞당겨왔다. 적잖이 출현하고 있던 사이버교회의 급증은 물론이고, 이제 곧 대세가 될 가능성도 농후하다. 특히 밀레니얼 세대나 Z세대는 이런 흐름에 이미 익숙하고, 일면 환영하고 있을지도 모른다. 기존 우리의 신학과 교회는 어찌할까? 궁금하고, 고민도 크다.

이런 맥락에서 '언택트untact' 혹은 '언컨택트uncontact'의 시대라는 말이 급작스레 확산되고 있다. 비대면, 혹은 비접촉 시대의 양상이나 생존법에 대한 글들도 쏟아져 나오고 있다. 눈에 띄는 것은, 기존의 권위는 무력해지면서 불편한 소통 대신 편한 소통으로 대체될 것이며, 많은 것이 투명해지면서 진짜 실력으로 살아남는 시대가 될 것이란다. 쉽게 말하자면, 권위나 전통이 아니라 내용contents의 진정성이나 유효성이 중요해진다는 것이다. 그러니까, 목사의 권위가 아니라 복음이 중요해질 가능성이 높아진다는 것이다. 코로나19 상황에서 드린 온라인예배의 양상은 이것을 분명 잘 보여주었다. 어느 교회에게는 위기였겠지만, 어느 교회는 기회를 맞은 셈이다. 앞으로 하나님 나라의 복음을 제대로 담아내는 실력이 더 중요해진다. 복음을 담아내는 설교, 복음으로 구성되는 프로그램, 복음으로 교제하는 공동체여야 교회가 살아남을 테다. 아, 이렇게 적고 보니 우리에게는 너무나 당연하고 오랜 진실이어서 당혹스럽다. 그러니 코로나19로 인한 변화는 모든 교회에게 기회이고 축복이어야 마땅하리라.

모세는 "우리에게 우리의 날을 세는 법을 가르쳐 주셔서 지혜의 마음을 얻게 해주십시오."라고 간구했다시90:12, 『새번역』. 모든 것이 숫자와 그래프로 표현되는 시대 속에서 삶의 가치와 의미를 붙들지 못해 흔들리는 우리의 절실한 기도여야 하지 않을까. 언컨택트의 시대 속에서도 '우리의 날을 세는 법', 그러니까 제대로 사는 법을 하나님께 배울 때 단절과 고립이 주는 고통을 뛰어넘는 삶의 진실과 대면할 수 있을 테다. 대부분의 경우 시대의 변화는 교회가 자신을 돌아보며 새로운 사유를 시작할 기회이기도 하다. 진실한 교회라면 시대가 어떠하든 하나님 나라의 가치를 품고서 지혜롭게 잘 사는 법을 구하리라. 모세처럼.

다른 유형의 교회는 이해가 되는데, '가나안 교회'는 언뜻 이해가 되지 않았다. '가나안 성도'는 신앙은 있지만 제도권 교회에는 안 나가는 이들을 가리키는 말이니, 교회가 성립된다는 것은 모순처럼 보이는 까닭이다. 앞으로 지켜볼 일이지만, 사람들이 모이는 곳에는 나름의 규칙과 제도가 만들어지기 마련인데, 어디로 흘러가게 될지 궁금하다. 이러구러 세월이 흘러가더라도 어떤 유형의 교회든 모든 세대가 한데 어울리는 공동체로서의 모습만은 잃지 않았으면 하는 게 나의 사적 바람이다.

하나님의 영이 임하시면 세대의 벽을 넘어 모두가 하나님 나라를 꿈꾸는 대동大同의 공동체로 어울리는 역사가 가능할 테다욜2:28-30. 그런 역사를 종종 경험한다. 오후예배 때 오래된 추억의 찬양곡을 한 번씩 부르곤 한다. 어른들은 여느 때보다 깊은 감상에 젖어 찬양하고, 청년들은 생소한 얼굴로 겨우 따라 부른다. 그런데 예배 후에 이상한 상황이 발생하곤 한다. 새 찬양 너무 좋다며 자주 부르자는 청년들이 있다. 레트로Retro 감성이 자극되었던 것일까, 아니면 뉴트로New-tro의 창출이었던 것일까? 어쨌거나 그럴 때면 '오래된 미래'라는 말이 딱 어울리는 상황이 된다. 현실의 복잡다단한 마디를 하나님 나라의 리듬으로 채워가는 상상력, 뒤바뀐 시공이 던지는 아이러니다. 옛것과 새것이 뒤범벅되는 대동의 시공간인 게다. 소통이라는 말이 따로 필요 없다.

기성세대와 청년세대를 잇는 끈이 끊어진 단절, 그 끊어진 자리에서 누군가는 양손 벌려 이쪽저쪽 끈의 끄트머리를 부여 잡고서 어떻게든 잇고자 십자가에 매달린 듯 발버둥질해야 하지 않을까.

소통할 수 있는 따뜻한 언어를 갖게 하소서

내가 아는 한 청년들의 특성은 이렇다. 단순성, 유희성, 정직성, 공정성, 창의성, 안정성 운운. 그러니까, 단순하고, 재미있고, 정직하고 공정하며, 창의적이되 안정적이고자 한다. 하여, 그들은 결국 자유로운 삶을 살고자 한다. 먹고 마시는 경제적 가치에만 매몰된 세상에서 조금은 다른 삶을 추구하는 세대다. 그러니 어떤 의미에서 우리 세대보다 하나님 나라를 더 잘 살고 있는지도 모르겠다.

쏟아지는 뉴스 속 참담하고 불편한 세계의 바깥에 자신의 자리를 마련할 수 있다고 생각하는 사람이 아직 있을까? 그곳이 하나님 나라라고 여기는 것은 자기기만에 불과할 테다. 주님께서 보혜사로 보내신 성령과 더불어 이 땅에서 다른 삶을 사는 것, 하나님 나라 백성의 자연스런 삶의 문법이다. 기독청년들의 삶이 이러하기를 소망한다.

하나님의 나라는 먹는 것과 마시는 것이 아니요 오직 성령 안에 있는 의와 평강과 희락이라롬14:17

기도하는 마음 담아 글을 갈무리하고 싶다.

영어는 못해도 좋으니, 70년대생인 나에게 부디 80년대생과 90년대생들뿐만 아니라 2000년대에 태어난 이들과도 소통할 수 있는 웅숭깊고 따뜻한 언어를 갖게 해 달라고. 오고가며 그들과 마주칠 때 나눌 말이 있게 해 달라고. 세대 간 데면데면한 침묵을 깰 말거리를 달라고. 그래서 공감의 실타래가 닿게해 달라고. 결국, 권위주의를 배제한 리얼리티, 그러니까 겸손한 현실주의를 품게 해 달라고, 비는 기도를 드리고 싶다. 각설하고, 위세가 아닌 삶으로 이어질 공감 언어를 가진 사역자로 살고 싶다. 좋은 설교는 그것이 끝나는 순간부터 일상 속에서 계속되는 법 아닌가.

실상, 이 땅에서 죽는 것보다 더 힘든 것은 사는 것 아닐까? 그 힘든 삶을 하나님 나라의 가치로 가꾸는 존재가 있어 세상이 살만한 곳으로 바뀌어가는 것, 이것이 복음이다. 비교와 경쟁으로 뒤덮인 이 땅의 살풍경으로부터의 일탈. 그래서 이리와 어린 양이 함께 뛰노는 것처럼 어울리는 살맛나는 세상의 리얼리티. 아니, 판타지일까? 환상 같은 이야기를 품고 사는 생이야말로 '지금 여기에서 하나님 나라를 사는 삶'이리라. 그런 까닭에, 지금 여기를 '서로 지체'롬12:5로서 살갑게 살아갈 소망 품고서 청년들에게 이 말 하나 건네기 위해 기도를 멈추지 않는다.

"오늘 우리에게 일용할 양식뿐만 아니라 일용할 환상도 주시옵소서!"

황제 변기의 추억

- 어떤 곳이 하나님 나라인가?

아내와는 대학에서 만났다.
같은 동아리, 그러니까 SFC에서 선후배 사이로 만나
4년 이상 연애 끝에 결혼했다.
신혼은 서울 성북구 고려대학교 부근
종암동 게딱지같은 반지하방에서 시작했다.
둘 다 첫 서울살이였다.

박후기 시인이
「종이는 나무의 유전자를 갖고 있다」라는 시에서 말했던,
"내 몸은 지상의 모든 발아래 놓여 있어
늦은 밤 사람들의 발소리가 뚜벅뚜벅
내 깊은 잠 속까지 걸어 들어온다"를 몸소 체험할 수 있었다.

여름에 비가 오면 물이 넘쳐 안으로 들어올까 노심초사했고,
겨울에 눈이 오면 막힌 문을 열기 위해 잔뜩 힘주어야 했다.
하루 종일 비워두었다가 밤늦게 귀가하여 현관문을 열면

곰팡이 냄새와 하수구에서 올라오는 냄새가
뒤섞여 집안 가득했다.
영화 「기생충」을 통해 세계적으로 유명세를 탄 그 향기,
계급이나 신분이라는 선을 결코 넘어서는 안 되는 것,
이름하여, '반지하 냄새'다.

집안에서 사용한 물은
평지와 비슷한 높이에 설치된 수조통의 어느 수위까지 차면
모터가 작동하여 하수구로 배출되었다.
하지만 여기에 문제가 생기면
집안으로 물이 역류하여 들어오곤 했다.
중요한 물건을 높은 곳에 올려놓는 습관은
자연스레 몸에 배었다.

아주 건조한 철이 아니면 땅에서 올라오는 습기로 인해
온 방바닥이 물기로 흥건하게 젖어들었고,
벽지는 물을 머금어 짙어졌다 뒤엔 누렇게 변해 갔다.
나무 책장은 습기를 흡수한 까닭에 물러져
책의 무게를 견뎌내지 못해 U자로 점점 휘어졌고,
꽂힌 책들은 체지방이 늘어
부피와 무게를 더하듯 점점 부풀어 올랐다.
가장 바닥에 자리한 책들은 습기와 혼연일체 되어
결국엔 곰팡이가 기생살이 하는 것인지 곰팡이 자체인지
분간할 수 없게 되어 폐기처분할 수밖에 없었다.

그래도 비 피할 곳이 있어 감사했고,

둘이 속닥속닥 알콩달콩하게 지낼 안식처가 있어 행복했다.

아, 그런데

이건 순전히 나만의 생각이었던 것을 한참 후에야 알았다.

다소 불편하기는 했지만

그래도 사용할 만했다고 생각했던 게 문제였다.

화장실 변기,

지상과 높이를 맞춰야 배수에 어려움이 없는 까닭에

대여섯 칸의 계단을 올라가는 아슬아슬한 높이에서

생리적 볼일을 해결할 수 있는 구조였다.

높은 곳에 위치한 까닭에

이를 '황제 변기'라 부른다는 사실도

한참 후 TV를 보던 중 알게 되었다.

2019년 칸영화제에서 황금종려상을 받은 영화 「기생충」을

아내와 함께 보려 했으나

극구 보지 않겠다고 해서 혼자 관람했다.

황제 변기,

그것을 스크린을 통해 다시 보게 되었다.

반지하살이에 황제 변기까지,

오랜만이니 반가워야 했는데,

아니,

잠시 추억에라도 젖어들어야 했는데,

그냥 움찔했다.

천만다행이라는 생각과 함께 가슴을 쓸어내렸다.

아내는 이것을 알았던 것일까?

집에서 영화에 대해 말도 꺼내지 못한 채

그냥 가슴에 묻어 두었다.

남자의 경우는

소변을 볼 때 오히려 평평한 바닥에 있는 것보다 훨씬 편했고,

하루 종일 나가서 활동하는 까닭에

대변을 볼 일이 그리 잦지 않아

큰 불편을 느끼지 못했다.

하지만 아내의 경우는 달랐다.

더 자주 오르내려야 하는 까닭에

불편을 더 많이 느끼며 감수할 수밖에 없었다.

그 정도라고 생각하며 4년을 살았고

아파트 1층으로 이사했다.

지상 거주인으로 살던 어느 날,

아내가 웃으며 하는 말에 밀려든 미안함과 부끄러움 앞에서

어찌할 바 몰라 휘청거렸다.

하는 말이,

종암동 지하방에 살 때

화장실 계단에서 몇 번이나 미끄러져 다쳤고,

한번은 머리까지 크게 부딪혀 위험했던지라

너무 아프고 너무 서글퍼서

그 자리에 그대로 주저앉은 채로 펑펑 울었다는 게 아닌가.

나에게는 차마 말하지 못했고,

형편이 좋아지는 대로 이사할 기회만 기다렸다고 한다.

생활의 버거움과 현실의 묵직함을

남편으로서 비참하게 실감했다.

그러니까, 그게

황제 변기가 아니라 곡예 변기였던 게다.

손님이 올 때마다

그들이 당황해 하며 웃음거리 소재로 삼아 이야기했지만,

또 어떤 경우는

곤란해 하며

집 부근 우체국이나 병원 화장실을 찾아가기도 했지만,

나는 그것이 그렇게 위험한 것이라고 생각하지 못했고,

아내가 힘들어하는 줄도 모르는

무심하거나 무능한 남편이었던 게다.

아내와 단 둘이서 마음이 통하고 말이 통하면

마파람 부는 하나님 나라인 줄로만 알았다.

그런데 그게 아니었던 거다.

높은 곳에 자리해서 아슬아슬한 그 변기,

그것에 대한 아내의 그 서글픈 경험,

그리고 뒤늦게 전해 듣고서 아슴아슴했던 나의 부끄러운 추억은,
물리적 생활환경도 하나님 나라에 걸맞게 갖추어져야 한다는
현실적 생각을 하게 만들었다.

그래서
마음이 천국이면 충분하다는 그런 설교 같은 거짓말,
먹고사는 것이 아슬아슬한 형편에 있는 이들에게,
열악한 환경에 처해 있는 이들에게,
더 이상 하지 않는다.
결코.

나의 생활신앙의 진솔한 사유다.

반성문 쓰는 마음으로

'하나님 나라에 홀리고 청년에 미치다', 이 주제에 합당한 삶이었는가 하고 돌아보며 맺는 글을 쓴다. 하나님 나라에 목숨을 걸지도 않고 청년들에게 순정을 바치지도 않아놓고서는 제목만 요란하게 뽑은 것 같아 다시 원점으로 돌아온 느낌이다. 그러나 고쳐 쓰지 않아도 될 듯하다. 지난 몇 개월 헉헉거리며 쓴 글이 생명을 걸지도 않고 순정을 바치지도 않은 삶의 허위를 그대로 드러내 줄 테니까. 그러하기에 반성문 쓰는 절실한 마음으로 바라는 것 한 가지만은 꼭 새겨 넣고 글을 맺고 싶다.

이 땅의 모든 기독청년들이, 그러니까 교회 안에 몸담고 있는 청년들뿐만 아니라 21세기형 '가나안'을 떠도는 청년들까지 모두, 부디 이 책의 부족함을 뛰어넘어 하나님 나라에 홀린 삶을 살기 바란다.

하나님 나라를 살 때 주어지는 삶의 신비에 사로잡힌 기독청년의 일상, 이게 이 책의 이유다. 솔직히 까놓고 말하자면, 걸

림돌이 아닌 디딤돌이 되고자 하는 마음 간절하다. 하지만, 안타깝게도 나의 문장의 악력握力이 턱없이 떨어진다. 그러하기에 하나님 나라의 복음이 갖는 본래 의미를 제대로 움켜지지 못해 놓치거나 훼손한 것들이 많을 테다. 그럼에도 불구하고 우리가 존재하는 모든 곳에서 활동하시는 성령님께서 부끄럽고 부족한 이 글을 디딤돌로 사용하실 줄 믿는다. 끝까지 읽은 이들의 삶에 하나님 나라의 가치들이 깃들도록. 그래서 그들의 삶이 하나님 나라의 복음을 전파하는 여행이 되도록. 결국 그들의 평생이 하나님 나라에 홀린 삶이도록.

하여, 하나님 나라를 명랑하게 상상하고, 쾌활하게 질주하고, 자유롭게 비약하는 청년이기를!

고마운 분들을 떠올리며

처음으로 출판하는 책이다 보니 그동안 쌓여온 나의 사유와 감정과 삶이 사담私談 같이 그득 담겼다. 그만큼 고마운 분들이 많이 떠오른다. 지금까지의 성장에 도움을 주신 모든 분들에게 고마움을 표현하는 게 마땅하나, 쓰자면 그것만으로도 책한 권 훌쩍 넘을 테다.

고국에서 40여 년 목사와 사모로서의 사명 다하고 지금은 미국 동부 메릴랜드에서 사랑하는 딸과 함께 거주하며 은혜 가운데 평온한 노후를 보내시는 부모님, 두 분의 한없는 사랑과 계속된 기도에 항상 감사드린다. 이 책에 담긴 신앙과 사상과 글의 근원에는 두 분께서 몸소 보여주셨던 신실한 삶이 배어 있음을 고백 드린다. 전주인후교회의 목사로 부름받아 섬기는 띠앗 좋은 아우 최경욱 목사와 제수씨 이은희 사모의 우리 가정을 향한 관심과 응원과 기도에 늘 힘입는 바가 크다. 오빠들을 대신해 미국에서 자기 사업 꾸리며 부모님을 곁에서 지극정성으로 애틋하게 모시는 여동생 그레이스에게도 항상 고마운 마음 가득하다. 못난 사위에게 사랑하는 딸을 보내고 노심초사하며 늘 관심과 기도로 살펴주시는 장인어른과 장모님께도 감사드린다. 나의 제자이자 처남과 처남댁으로 우리 가족 곁에서 서로 의지하며 함께하는 고영민과 전자연 부부의 진득한 애정이 늘 고맙다.

서울로 올라온 이후, 19년여 청년사역으로 줄곧 섬길 수 있도록 배려해주신 서울강남교회 강영진 목사님과 모든 성도님들의 변함없는 사랑 덕분에 캠퍼스선교를 위한 SFC사역도 맘껏 펼칠 수 있었음을 밝히며 감사의 마음을 꼭 전하고 싶다. 부족한 젊은 목사의 개떡 같은 주일오후예배 설교를 19년 동안 찰떡같이 여기며 참고 들어준 성도님들의 성숙한 신앙은 나에게 하나님의 마음을 넉넉히 느끼게 해주었다. 나이 들어가며 고리타분해져 가는 목사를 외면하지 않고 함께 어울려주는 우리 청년들은 하나님 나라를 일상에서 되알지게 살려는 꿈의 소중한 동반자들이다. 나의 제자로서 교회 안에서의 아름다운 교제를 통해 부부가 되어 가정을 이루고 여전히 좋은 성도로 신실하게 각자의 교회를 섬기는 제자 커플들은 소중한 열매들이다. 동욱과 은경, 영민과 자연, 홍일과 아름, 지원과 강은, 승훈과 정원, 준호와 희윤, 지환과 수연 등등.

이름도, 명예도, 돈도, 권력도, 노후보장도 없는 줄 알면서도 무모하게 뛰어들어 인생 바쳐 사는 까닭에 철없다는 소리 들으면서도 SFC 간사로 살아가기를 주저하지 않는 동지들이 있어 늘 신명나는 사역이고 삶임을 생각하면, 그저 눈물겹도록 고맙다. 학생 시절 SFC 전국위원장으로 섬기던 때부터 간사로 사는 지금까지 길안내자가 되어 부족하나마 영적 안목과 통찰력을 갖게 해주신 조종만 간사님은 내가 오를 수 없는 고봉준령高峰峻嶺이다. SFC사역을 시작한 이후 지금껏 변함없이 기도와 재정으로 돕는 강명진 장로님과 김은애 권사님, 이만영 장로님과 백희숙 권사님, SFC 후배부부인 조필호와 유명숙, 서울남부노회 여전도회, 부산의 동상중앙교회와 신영훈 목사님을 비롯한 모든 후원자들의 땀과 눈물 묻은 사랑이 너무 크다. 나의 몸과 마음과 모든 사유에 SFC를 통해 만난 이들이 안긴 것들을 깊이 삭혀 빚어낸 문장을 구사하려 애썼음을 밝힌다.

아무런 정치적 계산이나 경제적 이해득실을 따짐 없이 만나 인생만사 놓고 수다 떨며 서로의 논리와 삶의 허점들을 순전하게 까발렸던 김경수, 유동휘, 이의현 세 형님들은 뭐랄까, 목적 없이 놀자며 이루어진 어이없는 도원결의桃園結義를 핑계로 맺은 늦바람 난 지고지순至高至純의 관계다. 시시덕거리는 와중에 얼른 책 내라며 윽박지르다 못해 홍보며 판매까지 책임져 주겠다는 공갈 격려에 못이기는 척 으쓱거리며 끝까지 쓸 수 있었다. 이들과 만나 시시덕시시덕했던 것들 주워 담아 쓰면 몇 권 분량 책은 거뜬할 게다. 그들의 주눅들지 않는 상상력과 함께 이 책 곳곳에 알짬으로 눅진하게 묻어 있을 게 당연하다. 그들은 청년세대에 대해 어느 누구보다 활짝 열린 이해를 가진 기성세대 진입자들이다.

각 캠퍼스선교단체와 교회의 청년사역자들이 함께 참여하는 〈학원복음화협의회〉 산하에 있는 〈캠퍼스청년연구소〉 연구위원들과의 어울림을 통해 얻은 청년사역에 대한 지식과 감각과 추세에 대한 밀도 높은 정보는 이 책을 쓰는 데 큰 도움이 되었다. 그들 자신은 전혀 눈치채지 못했겠지만, 교회에서 함께 사역했던 박일목 목사님과 청년부 제자이자 SFC 동료인 오승훈 간사는 가까이에서 함께하며 청년문화와 사역에 대한 친밀한 의견을 나누는 중 이 책의 방향을 잡고 글을 쓰는 내내 기막힌 아이디어들을 수시로 제공해 주었다. 고려신학대학원에서 공부하는 동안 어울렸던 56회 동기들과의 부대낌 속에서 얻은 사역에 대한 뜨거운 열정과 계속된 격려도 언급하지 않을 수 없다.

내가 활동하는 여러 영역에서 신실하면서도 탁월한 사역을 감당하시는 분들께서 과분한 추천의 글을 써 주셨다. 고신교단의 총회장으로 섬기시는 신수인 목사님, 서울영동교회에서 담임으로 섬기며 기독교윤리실천운동 공동대표로 활동하시는 정현구 목사님, 고려신학대학원에서 변증학을 가르치시는 권수경 교수님, 오디세이학교 교사와 기독교윤리실천운동 공동대표로 활동하시는 정병오 장로님, 학원복음화협의회 산하에 있는 캠퍼스청년연구소 소장으로 활동하시는 김성희 목사님, SFC에서 대표간사로 섬기시는 허태영 간사님, 그리고 시광

교회에서 담임으로 섬기며 많은 청년들에게 선한 영향력을 끼치시는 이정규 목사님께 존경과 감사를 마음 다해 표한다.

별스런 글 내놓지 못할 걸 알면서도 나의 이 글쓰기를 끝까지 격려하며 완주하도록 도와주신 SFC출판부의 책임을 맡고 있는 유동휘 간사님, 그리고 책의 시작을 독려해주신 이의현 편집장님과 여러 좋은 의견으로 글의 부족을 채워준 송드바램 간사님과 글에 비해 과분한 디자인편집을 해준 최건호 간사님에게도 감사드린다. 미완의 원고를 앞서 읽은 사랑하는 제자들인 김지환, 신강은, 현예린, 정종원은 청년의 입장에서 알토란 같은 지적을 가감 없이 해주었기에 기성세대가 빠질 수 있는 오류들을 조금이라도 수정할 수 있었다. 미처 떠올리지 못해 빠트린 이들까지 더해 언급한 모든 이들은 어떤 식으로든 이 책에 영향을 주었음이 분명하다.

무엇보다, 지금은 고인故人이 되셨지만 언제나 따뜻한 친형님처럼 대해 주셨던 배도환 목사님의 글로 말로 다 표현할 수 없는 사랑과 우정은 평생 잊을 수 없다. 암으로 투병하는 중에도 '물 댄 동산 같고 마르지 않는 샘과 같은 교회'사58:11를 세우고 싶다는 간절한 소망을 나눈 후 함께 개척하자며 서로 손을 맞잡고서 굳게 맺었던 그 아련한 약속은 여전히 나에게 가장 큰 빚이자 빛이다. 더불어 꿈꾸었던 그 교회는 분명 청년과 노인이 함께 즐거워하는 공동체였다렘31:13. 그러하기에 이 책이 그 약속을 지켜가기 위한 첫걸음임을 하늘 향해 보고 드린다.

집 나가 떠도는 날 숱하고, 집에 머물라치면 설교와 강의 준비한답시고 허구한 날 골방에 처박히고, 툭하면 야밤에 갑작스레 손님 같지 않은 아이들 몰고 오고, 번번한 집 한 번 살아보지 못하고, 떵떵거릴 명예도 주지 못하고, 가져다주는 돈도 거의 없고, 있는 돈마저 공부하랴 밥 사랴 돌아다니랴 갖다 쓰며 다정한 남편 노릇 한 번 제대로 못해도 한결같이 곁과 편便이 되어주는 사랑하는 아내 고선영에게 이 책을 가장 먼저 보여주고 싶다. 아들 시우와 딸 시윤이가 훗날 이 책을 기쁜 마음으로 읽으며 아빠와 엄마의 생각과 삶을 이해하고 박수쳐줄 성숙한 날을 기대하며 기도한다.

감사를 이유로 나의 삶의 풍경을 길게 늘어놓았다. 이 모두가 하늘의 선물이다. 그리고 몇이 되었건 이 책을 읽는 이들로 말미암아 그 풍경의 폭이 확장될 테다. 글을 쓰는 사람보다 더 중요한 것은 읽는 이들이다. 글을 써야 할 목적이자 이유며, 글을 존재하게 하는 근원이다. 읽는 이 없는 글은 초라할뿐더러 아무 의미를 갖지 못하기 때문이다. 따뜻한 공감이든 냉철한 비판이든, 이 글을 읽어주신 것만으로 쓴 자로서 감사의 마음을 전하는 게 마땅하다. 진심으로 감사드린다!

하나님 나라의 밥상지교를 꿈꾸며

보잘것없는 이 글을 읽느라 귀한 시간을 들인 모두를 위해 겸손하고도 간절한 마음으로 기도할 것을 약속한다. 이 글 읽기가, 아무쪼록 우리가 구하는 일용할 양식이 하나님의 뜻을 온전히 이루어가는 것에 맞닿아 있음을 깨닫도록 차려 주신 예수님의 밥상에서 가진 풍성한 나눔의 시간이었기를 바란다. 더불어, 어떤 식으로든 일상을 공유하는 모든 청년들과 함께 하나님 나라의 밥상지교가 계속 이어지기를 소망하며 글을 맺는다.

하나님을 찬양합니다!

<기독서적 및 자료>

권수경, 『번영복음의 속임수』, SFC출판부, 2019.

_____, 『변하는 세상 영원한 복음』, SFC출판부, 2020.

권연경, 『갈라디아서 어떻게 읽을 것인가』, 성서유니온선교회, 2013.

김근수, 『가난한 예수』, 동녘, 2017.

김근주, 『복음의 공공성: 구약으로 읽는 복음의 본질』, 홍성사, 2017.

김세윤, 김회권, 정현구 공저, 『하나님 나라 복음』, 새물결플러스, 2013.

김형국, 『청년아 때가 찼다』, 죠이선교회, 2012.

김회권, 『하나님 나라 관점에서 읽는 모세오경』, 복있는사람, 2017.

니콜라스 월터스토프, 『정의와 평화가 입맞출 때까지』, 홍병룡 역, IVP, 2007.

대천덕, 『대천덕 신부의 하나님 나라』, CUP, 2016.

데이비드 웰스, 『신학실종』, 김재영 역, 부흥과개혁사, 2006.

루스 헤일리 바턴, 『하나님을 경험하는 고독과 침묵』, 윤종식 역, SFC출판부,
        2015.

마이클 리브스, 『꺼지지 않는 불길』, 박규태 역, 복있는사람, 2015.

마이클 호튼, 『오디너리: 평범함으로의 부르심』, 조계광 역, 지평서원, 2015.

미로슬라브 볼프, 『배제와 포용』, 박세혁, IVP, 2012.

박수암, 「신약성경에 나타난 하나님 나라」, 『그말씀』, 두란노, no.288.

송영목, 『하나님 나라 복음과 교회의 공공성』, SFC출판부, 2020.

스타 미드, 『365일 웨스트민스터 소교리문답』, 김혜경 역, 부흥과개혁사, 2018.

스탠리 하우워어스, 『덕과 성품: 좋은 삶을 일구는 핵심 미덕 14가지』, 홍조락
        역, IVP, 2019.

스탠리 하우어워스·윌리엄 윌리몬, 『주여, 기도를 가르쳐 주소서』, 이종태 역,
        복있는사람, 2006.

월터 브루그만, 『안식일은 저항이다』, 박규태 역, 복있는사람, 2015.

유진 피터슨, 『그 길을 걸으라』, 양혜원 역, IVP, 2010.

_____, 『다윗: 현실에 뿌리박은 영성』, 이종태 역, IVP, 1999.

_____, 『메시지(구약):예언서』 이종태 역, 복있는사람, 2014.

_____, 『메시지(신약)』, 김순현·윤종석·이종태 공역, 복있는사람, 2014.

이정규, 『야근하는 당신에게』, 좋은씨앗, 2017

자크 엘륄, 『요나의 심판과 구원』, 신기호 역, 대장간, 2010.

정재영, 『한국교회의 미래 10년』, SFC출판부, 2019.

정현구, 『다스림을 받아야 다스릴 수 있다』, SFC출판부, 2017.

존 매튜스, 『디트리히 본회퍼의 그리스도 중심적 영성』, 공보경 역, SFC출판부, 2006.

존 스토트, 『예수님의 산상 설교』, 김광택 역, 생명의말씀사, 1999.

짐 월리스, 『하나님의 정치: 기독교와 정치에 관한 새로운 비전』, 정성묵 역, 청림출판, 2008.

최종원, 『텍스트를 넘어 콘텍스트로』, 비아토르, 2019.

크리스토퍼 라이트, 『현대를 위한 구약윤리』, 김재영 역, IVP, 2016.

팀 켈러, 『팀 켈러의 복음과 삶』, 오종향 역, 두란노, 2018.

_____, 『팀 켈러의 인생 질문』, 윤종석 역, 두란노, 2019.

_____, 『팀 켈러의 일과 영성』, 최종훈 역, 두란노, 2013.

_____, 『팀 켈러의 정의란 무엇인가』, 최종훈 역, 두란노, 2019.

하재성, 『긍휼: 예수님의 심장』, SFC출판부, 2014.

학원복음화협의회, 『청년 트렌드 리포트: 우리 시대 청년들은 무엇으로 사는가』, IVP, 2017.

한병수, 『기도란 무엇인가: 기도에 대한 통합적 이해』, SFC출판부, 2016.

H. M. 콰이터트, 『모든 것이 정치이나 정치가 모든 것은 아니다』, 오현미 역, 나침반, 1992.

SFC대학사역콘텐츠개발팀, 『알아보자! 개혁신앙』, SFC출판부, 2018.

_____, 『살아보자! 개혁신앙』, SFC출판부, 2018.

<일반 서적>

김수현, 『나는 나로 살기로 했다』, 마음의숲, 2016.

김응교, 『그늘: 문학과 숨은 신, 김응교 문학에세이 1990-2012』, 새물결플러스, 2012.

김훈, 『칼의 노래』, 생각의나무, 2001.

무라카미 하루키, 「랑겔한스 섬의 오후」, 『무라카미 하루키 수필집 3』, 김난주
　　　역, 백암, 1994.

박준, 『운다고 달라지는 일은 아무것도 없겠지만』, 난다, 2017.

박지원, 『아이돌을 인문하다』, SIDEWAYS, 2018.

사사키 아타루, 『잘라라, 기도하는 그 손을』, 송태욱 역, 자음과모음, 2012.

에릭 호퍼, 『맹신자들: 대중운동의 본질에 관한 125가지 단상』, 이민아 역, 궁
　　　리, 2011.

이기주, 『언어의 온도』, 말글터, 2016.

이덕일, 『송시열과 그들의 나라』, 김영사, 2000.

이제열, 『불교, 기독교를 논하다』, 모과나무, 2016.

이철, 『욕망과 환상: 한국 교회와 사회에 관한 문화사회학적 탐구』, 시대의창,
　　　2014.

임원주, 『불교에 답한다: 불교가 논한 기독교 신앙에 대해』, 가나다, 2017.

임홍택, 『90년생이 온다』, 웨일북, 2018.

정수복, 『한국인의 문화적 문법』, 생각의나무, 2007.

조남주, 『82년생 김지영』, 민음사, 2016.

천명관, 『고래』, 문학동네, 2004.

최종렬, 『복학왕의 사회학』, 오월의봄, 2018.

최진석, 『경계에 흐르다』, 소나무, 2017.

헤르만 헤세, 『데미안』, 전영애 역, 민음사, 2000.

<시>

기형도, 「우리 동네 목사님」

김경후, 「코르크」

나태주, 「그리움」

도종환, 「담쟁이」

_____, 「흔들리며 피는 꽃」

박희진, 「디오게네스의 노래」

백석, 「흰 바람벽이 있어」

신동문, 「'아니다'의 酒酊」

안도현, 「너에게 묻는다」

조동화, 「나 하나 꽃 피어」

천양희, 「눈」

폴 발레리, 「해변의 묘지」

허연, 「간밤에 추하다는 말을 들었다」

<기타 자료>

이것은 〈월간고신 생명나무〉(2020년 3월)에 '교회, 청년의 대학생활을 도와야
할 시간'이라는 제목으로 필자가 기고했던 글의 일부분이다. 교회에 대해 갖는
청년세대의 생각에 대한 자료들을 세심하게 살핀다면 그들이 교회에 더 마음
을 줄 수 있는 길이 보이리라 믿는다.

'문제 안에 답이 있다'는 말, 우리 모두는 인생 선배들로부터 자주
들으며 자라왔습니다. 그러니 청년들이 교회에 대해 갖는 부정적인 의
식과 태도를 살펴보는 게 우선이겠습니다. 그들이 교회를 떠나고 싶어
하는 그 빤한 이유들, 그러니까 그 엄혹한 문제들을 다룬 의견들을 전
문성에 의탁해 그대로 옮깁니다. 청년들과 부대끼며 어르고 달래며 따
져 물은 결과이니, 신뢰해도 좋습니다. 너무 손쉬운 일이라 염치없어
보이지만, 이 글이 원하는 답까지 보아내면 더 좋겠습니다.

먼저, 청년사역 전문가인 전경호 목사는 다섯 가지를 제시했습니
다. '중고등부 시절의 신앙교육 약화(신앙의 기본기 부실)', '교회와 지
도자들에 대한 실망(목회자, 중직자, 그리고 부모)', '청년들의 삶의 자
리에 대한 몰이해(교회의 필요에 응하지 않는다고 정죄만 하는 교회
분위기)', '목회의 대상이나 동역자가 아니라 소모품으로 취급(교회
성장을 위한 마당쇠)', '청년사역자의 전문성 부재와 잦은 교체(목회
자 양성을 위한 실습대상)'입니다.

다음으로, 학원복음화협의회에서 2017년에 실시한 '한국대학생의
의식과 생활에 대한 조사 연구'에서는 그 결과를 이렇게 내놓았습니
다. '신앙생활에 회의가 들어서(38.4%)', '교회의 비도덕적인 모습 때

문(25.2%)', '교회 밖에 대해 지나치게 배타적이어서(23.6%)', '헌금을 강요해서(18.2%)', '교인/목회자에 대한 실망 때문에(16.7%)', '율법적/강압적이어서(14.7%)', '기독교 의심하는 사람에 대해 우호적이지 않기 때문에(11.2%)', '권위주의적이고 비민주적이어서(10.1%)' 등의 순입니다.

마지막으로, 최근 어느 기독교계 신문에 실린 '청년 안 모이는 교회 특징 10가지'라는 제목의 기사도 참고해 볼 만합니다. '시험받은 청년들이 많다', '청년들에게 교회 소모품이라는 인식들이 있다', '교회가 청년들을 위한다는 느낌이 없다', '은혜와 갈급함에 대한 채워짐이 없다', '설교 말씀이 별로다', '담임목사와 중직자들의 청년들에 대한 관심이 부족하다', '다년간 청년 사역자들의 자질에 문제가 있었다', '부모만 그 교회를 다니고, 자녀들은 다른 큰 교회에 다닌다', '"예전에는 청년들이 많았다"고 한다', '부모들은 "자녀들이 다시 오길 원한다"고 말한다'라고 하니, 정말 이유도 가지가지입니다.

앞에 제시된 항목들은 청년들이 교회를 향해 던지는 불만이고 물음이고 문제제기이며, 신음입니다. 뒤집어 읽으면 나름 답이 됩니다. 문제 안에 답이 있다는 저 말이 유효하다면, 제시된 항목들을 대충 뭉개지 않고 곱씹으면 좋겠습니다. 청년들에게 칭송받기 원하는 교회를 위한 빤한 제안인 셈입니다.